【巻頭言】

消費者法の来し方・行く末

河上 正二

＊本稿は，2018年6月29日に青山学院大学において開催した青学消費者法研究会（第1回）において基調報告したものに若干手を加えたものである。

1 「消費者法」と消費者問題の歴史から

(a) 消費者は生活者

消費者法の外延は，今も必ずしも明確ではなく，しかも，「消費 (consumption)」，「消費する (consum)」という表現は，ややミスリーディングもある。今日の消費者法が対象としている領域からすると，「消費者」とは「生活する個人」としての自然人であり，いわゆる「生活世界」での人々の活動全体が，投資・預金などを含め，消費者法の対象となっている。消費者問題の歴史は，事物関連的に発展しており，人々の生活世界における安全・安心に対する関心とともに，次々と広がりを見せている（「消費者」概念と「消費者」の定義の揺らぎについては，消費者法研究1号，消費判百10頁［谷本圭子］など参照）。

(b) 消費者問題の変遷

日弁連『消費者法講義（第4版）』第1章で示された消費者問題の歴史年表（齋藤雅弘弁護士作成）は，（Ⅰ期）生活密着型被害への運動論，（Ⅱ期）消費社会の展開と商品の品質・安全・価格への関心，（Ⅲ期）消費者信用と投資・利殖への関心，（Ⅳ期）ネット社会の到来，遺伝子操作など，（Ⅴ期）消費者庁・消費者委員会設置と消費者行政の一元化として観察されている。

より一般的に，この変化を特徴付けるとすれば，おそらく，

(1) 「モノ」から「サービス」へ，「サービス」から「情報」へ
(2) 統合（一元化）と分散（類型化・個別化）
(3) 規制の「多様化」（民事・行政・刑事・自主規制など）
(4) 単純な個人的消費の「安全・安心」から「社会的消費」・「倫理的消費」へ
(5) 個々にカスタマイズされた消費者法と「適合性原則」

といった諸点に標語化することも許されよう。

［消費者法研究 第5号（2018.9）］

　少しだけ，敷衍すると，今日では，モノやサービスにおける安全・安心のみならず，情報商材や情報・データの流通・拡散にともなうトラブルが増加していること。消費者庁への消費危害情報の一元化や品質表示の一元化などが進む一方で，対応能力や木目の細かい措置を念頭に置いた類型的個別的処理も求められるようになっていること。その規制を実効性あるものにするために，様々な規制手段が動員され，それらの最適な組み合わせが求められていること。しかも，その規制目的は，単に消費者個人の被害救済のみならず市場全体の適正化や不等な事業活動の抑止に向けられるようになったこと。さらに，消費行動は単なる個人的行動ではなく，選択を通じて市場に一定の影響を及ぼす社会的行為とも考えられるようになり，環境問題を始め社会の在り方を考慮しなければならないことが語られるようになったことは，「倫理的消費」や「フェアー・トレード」への関心の動きにも見てとることができる。その上，消費者といえば，これまで集団（マス）としての平均的・合理的消費者が念頭に置かれていたところ，むしろ個人の多様なニーズ（もちろん，それが真に個性的なものか，流行などに操作されたものかは疑問であるが）を前提に，それぞれの人にカスタマイズされた消費の在り方，消費財の開発が進んでおり，ビック・データの利活用は，この傾向を推し進め，個人の属性に合わせた「適合性原則」の持つ意味合いが，ますます重要性を高めているように思われる。消費者法は，否応なく，こうした大きな潮流の中で，変化に適応した内容を求められているといえよう。

(c)　社会構造的格差の中で必要なセーフティーネット

　とはいえ，「消費者」の「事業者」に対する特性は，少量・多品種の商品・サービスの購入・消費をなし，その情報・交渉力には自ずと限界があること，情報の事業者への偏在，消費者の交渉力劣位など，大きく変わらない。近時の消費者行動論や心理学の成果によれば，必ずしも合理的行動がとれない人間像が中核にあり，被害を転嫁できない最終消費者は，被害回復もままならず，これを回避する取引コスト面でも限界があることが指摘されている。安全面では，ある程度類型化された消費者像を前提とした安全基準や表示基準が模索され，取引の局面では，とりわけ消費者契約法などは，情報・交渉力の社会構造的格差を介入の根拠にしているわけで，「情報アプローチ」の限界に配慮しつつ，一定範囲で，民法レベルとは異なるセーフティーネットを張ることが企図されざるをえない。

(d) ノーマルな消費者問題と詐欺的被害への対応は分けて

　以上のような展開を前提とした今日の「消費者法」は，高度化・複雑化・情報化した現代社会に活きる「生身の人間」を対象にした消費者の保護と支援に関する法律・判例・実務・自主規制等の複合体とでも呼べるものに成長しており，そこには，民事・行政・刑事の規制のモザイク（「規制の多様性」消費者法研究第4号参照），消費者被害の救済法と，市場行動規範の連結としての消費者法を見出すことができ，究極的に，消費者の自己決定権・実質的選択権の確保・被害からの救済が目指されているといえよう。もちろん，ノーマルな取引社会での事業活動・消費行動における新たなルール形成のみならず，これとは別に，詐欺的・犯罪的な消費者被害への対応も必要である（両者の混同は，誤解と相互不信の原因となることをわきまえておかねばなるまい）。

(e) 消費者庁・消費者委員会の設置と「三本の矢」

　こうした変化の中で，2009年の消費者庁・消費者委員会の設置の意義は，小さくない。消費者行政に横串を指す消費者庁の設置は，一元化・情報集中を加速させたが，まだまだ体制が完備された状態とはいえず，その執行力にも多くの課題が残されている（その功罪に留意）。消費者委員会もまた，比較的大きな権限を持ちながらも，小さな組織での全員野球による人的・物的限界は否めない（河上・消費者委員会の挑戦［信山社2017］参照）。当面は，消費者庁・消費者委員会・国民生活センターが「3本の矢」となって，良い意味での緊張関係と連携強化をはかって問題に対処する必要がある。

2　消費者基本法を頂点とする階層をなす消費者法
階層構造をなす消費者法

　制度的に見た場合，今日の「消費者法」は，消費者基本法を頂点とし，消費者安全法と消費者契約法（商品の安全と契約の適正化），そして消費者教育推進法を中核に据えて構築されており，これに特定商取引法，割賦販売法などの特別法と，各種業法から成り立つ法の複合体である。いうまでもなく，行政的措置のための要件と，民事的消費者紛争解決の要件は性格が異なるため，一般法・特別法の関係にも留意しながら，全体としてその役割分担と制度間競合における矛盾が生じないように規範間調整が求められる（昨今の消費者契約法の特商法化に注意）。さきころの，民法改正による新民法は，立法担当者の説明とは裏腹に，明らかに契約自由を原則とする事業者法にシフトしているとの印象

を受けるものだけに，事業者・消費者の特性を前提としつつ，常に生身の個人を視野の中心においた消費者法固有の法政策的配慮が今まで以上に重要になっているように思われる。誤解を恐れずに言えば，**いまや消費者法が民法に代わる必要がある**。それだけに，きわめて広範囲な法領域に関わる消費者法にとっては，その理念と果たすべき役割を明確にしていく必要があろう。

3　消費者法の変容

もう少し，実質的に消費者法の変容を考え，そのあるべき方向性を探ってみよう。

(a)　保護の主体から，主体性をもった「消費者市民」へ

周知のように，「消費者の権利」が語られるようになって久しい（「**消費者の権利**」については，正田彬『消費者の権利（第2版）』（岩波新書）参照）。ジョン・F・ケネディが提唱した消費者の「4つの権利」（「①安全である権利」，「②知らされる権利」，③「選択できる権利」，④「意見を反映させる権利」）は，1975年に，ジェラルド・R・フォードによって，「⑤消費者教育を受ける権利」が追加され，現在は，1980年に国際消費者機構（CI）が追加した「⑥生活の基本的ニーズが保障される権利」，「⑦救済を求める権利」，「⑧健康な環境を求める権利」を含め，「消費者8つの権利」と呼ばれるようになり，これらの権利は，2004年施行のわが国の消費者基本法2条にも明記され，国内において消費者が持つ基本的な権利であることが明文化された。これが，ある種の「幸福追求権」（憲法13条）の現れであることは疑いない。「消費者保護基本法」から「消費者基本法」への変化は，明らかに，「保護の客体」としての消費者が，社会を動かす「主権者・義務者」としての「消費者」像を要求していることに留意しなければならない。現在でも，消費者の「責務」を語ることに抵抗感のある消費者団体は少なくないが，おそらく，今以上に「消費の社会化」が意識されるべきであろう。個人的には，昨今の消費者に求められる「倫理的」消費には違和感をぬぐえないが（国が「倫理」を語るときには注意が必要である），少なくとも社会的行動としての消費について「自ら考える消費者」にはならなければなるまい。その限りで「消費者市民」という表現の持つ意義は大きい。

(b)　クロス・ボーダー化する消費者問題

消費者法が，日増しにクロスボーダー化しているという印象も強い。「違法ドラッグ」問題は犯罪的行為と日常的取引行為がその境界線を危うくし，渉外

消費者問題などでは国境を越えた消費者問題が増加しているからである。ここでは，最低限引かれるべき共通ルールを，強く意識する必要がある。クロスボーダーへの対応は，今後の重要な課題である。

(c) 「平均的合理的人間」から「具体的人間」へ

主体である「消費者」に着目すると，課題となる論点が多い。

(i) ひとつは，「生身の人間」の「限定合理性」と「脆弱さ」への配慮である。子供・高齢者・若年者・障害者・外国人など，知識・経験・判断力の不足や劣位・「依存心」・「不安心理」への配慮は，ますます必要となっている。

(ii) これに関連して，具体的人間としての**消費者の心理とその操作**に関心を向ける必要がある。人間の心理と消費者行動の関係については，近時の「消費者行動論」の分析が興味深いが，特に「脆弱な消費者」（高齢者・若年者・障害者など）に着目したヨーロッパの政策動向から学ぶべき点は多いように思われる。通常人であっても，商品の希少性・話題性・微妙な損得感・曖昧な記憶・時間に追われての判断などによって，冷静な判断や選択がゆがめられることは多い。その意味では，**開示規制・不意打ち規制**にも限界があり，最低限のセーフティーネットを張っておくことが必要となる。単なるマーケティングを超えて，「つけ込み型」勧誘と不当な利益追求が結合したところでは，「暴利行為」に匹敵する問題状況が生じよう＊。

> **＊執拗で巧みな手口**（好奇心・欲求・夢・不安・引け目・依存心，無知・急迫への「つけこみ」）は，直ちに違法とまでは言えなくとも至る所で観察される。断り切れない気持ちを利用した「優しさ」の押し売り，「今だけ」「残り僅か」「なんてお得な！」「ご存知のように」「今から30分以内に」といった表現の裏にある相手を焦らせる誘い，「これだけのことをさせておいて」「何とかなりませんか」とった負荷をかけた訴えかけ，さらには，無料鑑定を実施（写真を携帯送信又は郵送する遠隔鑑定）するとして「あなたには怨霊と生首が張り付いている。このままだと大変なことになる。」などと消費者の不安を煽る不実を告げたり，「除霊」と称する役務サービスを執拗に勧誘する「霊感商法」など。ちなみに，都内遊園地の観覧車で「乗車記念写真」をとり，「要らないなら捨てますが」というのも，いかがなものか。

(iii) **個の尊重**　さらに，今日では，消費における「個」の尊重にも注意が必要である。横並びを嫌い，個性的であることに価値を見出す人は多い。何が「個性」かは，大きな問題であるが，他人と違うことを良しとする社会では，

[消費者法研究 第5号(2018.9)]

（それが仕掛けられたブームやマーケティング戦略に過ぎないとしても）**個人の欲求・生き方にカスタマイズされた商品選択が拡大する**傾向にある。勢い，個人の意思決定に比重がかかり，客観的な市場適合性・安全性と，主観的な適合性・安全性が重視されることになる。消費者契約においても，契約交渉過程，選択の基礎情報が重要となろう。事業者によって掘り起こされる「欲求」に，何が「幸福」かに戸惑う「人間」が登場する。消費者法は，こうした具体的人間像にも目配りすることが必要となる。さしあたり，客観的な市場適合性や安全性を前提としつつ，そこで付加された個人的需要への適合性を重ね合わせていく必要がある（たとえば，「瑕疵」や「欠陥」の有無の全てを合意に還元することは危険である）。

（iv）「高齢者」と「若年成人」の問題　　現代における「高齢者」と「若年成人」の問題については多言を要すまい。

　超高齢社会における**高齢者消費者**の多くが，健康・金銭・人間関係に不安を抱いていることは，様々な機会に論じられている。とくに，一人暮らしの高齢者の不安やリスクは深刻であり，そこにつけ込まれる隙がある＊。

　　　＊65歳以上の高齢者のいる世帯は，平成25（2013）年現在，2,242万世帯と，全世帯（5,011万2千世帯）の44.7％を占める。特に65歳以上の一人暮らし高齢者の増加は男女共に顕著であり，昭和55年には男性約19万人，女性約69万人，高齢者人口（65歳以上）に占める割合は男性4.3％，女性11.2％であったが，平成22年には男性139万人，女性約341万人，高齢者人口に占める割合は男性11.1％，女性20.3％。「日常生活の不安」については，健康や病気のこと（58.9％）とする者が最も多く，次いで，寝たきりや身体が不自由になり介護が必要となる状態になること（42.6％），自然災害（29.1％），生活のための収入のこと（18.2％），頼れる人がいなくなること（13.6％）となっており，一人暮らし高齢者のリスクとして指摘されている「介護」，「社会的孤立」，「貧困」に関連した不安が挙げられている。中でも健康状態が大きな不安要因であることがわかる。

　今ひとつの注意すべき階層が「**若年成人**」である。2022年4月に迫った成年年齢引き下げと若年消費者の保護・自立支援の問題は喫緊の課題となっている。これまで，未成年者取消権で守られていた19歳，18歳の若者が，悪質な事業者の新たなターゲットになるであろうことは容易に推測される。若者の消費者被害の代表であるキャッチセールス・マルチ取引・美容整形等が，高校にまで広がることは何とかして避けねばならない。若者のクレジット取引にも注

意が必要である。早くからの消費者教育が必要となることは言うまでもないが，消費者契約法や特定商取引法での手当が不可欠であり，2018 年改正で残された諸課題に急いで取りかかる必要があろう。

(d) 契約締結に向かうプロセスと「広告」問題

消費者と事業者の接点である契約関係についても，見直しが必要である。かねてより，消費者契約法における「勧誘」概念については，議論のあったところであるが，広告表示に関しては，最判平成 29・1・24（民集 71 巻 1 号 1 頁）が登場したことは周知のとおりである。最高裁は，

> 「勧誘」について法に定義規定は置かれていないところ，例えば，事業者が，その記載内容全体から判断して消費者が当該事業者の商品等の内容や取引条件その他これらの取引に関する事項を具体的に認識し得るような新聞広告により不特定多数の消費者に向けて働きかけを行うときは，当該働きかけが個別の消費者の意思形成に直接影響を与えることもあり得るから，事業者等が不特定多数の消費者に向けて働きかけを行う場合を上記各規定にいう「勧誘」に当たらないとしてその適用対象から一律に除外することは，上記の法の趣旨目的に照らし相当とはいい難い。／ したがって，事業者等による働きかけが不特定多数の消費者に向けられたものであったとしても，そのことから直ちにその働きかけが法 12 条 1 項及び 2 項にいう「勧誘」に当たらないということはできないというべきである。」

と明言した。消費者基本法は，国は，消費者が商品の購入若しくは使用，役務の利用に際しその選択を誤ることがないように「商品及び役務について，品質等に関する広告その他の表示に関する制度を整備し，虚偽又は誇大な広告その他の表示を規制する等必要な施策を講ずるものと」している（同法 15 条）。そこでは，**消費者の実質的な選択権の保障**が求められている。これまでのところ，広告に関しては，私法上，一般的な規制は存在しない。そのため，不当な広告によって損害を受けた場合には，広告主・広告推奨者・広告媒体業者などの責任を不法行為法によって追及するほかない状態にあった（最判平成元・9・19 集民 157 号 601 頁 [広告掲載新聞社の責任]，大阪地判昭和 62・3・30 判時 1240 号 53 頁 [広告出演者の責任（肯定）]，東京地判平成 6・7・25 判時 1509 号 31 頁 [広告出演者の責任（消極）]）。しかし，ターゲティング広告などの，広告の現状からすれば，広告を契約内容として取り込んだ上で，完全履行を請求したり債務不履行責任を問う可能性があるだけでなく，表示が契約締結にとって重要な動機であった場合には要素の錯誤を，表示が虚偽であることを事業者が認識し，

［消費者法研究 第5号（2018.9）］

かつ，それによって消費者を欺罔しようとする故意のあるときは取消を認める
など不実表示を理由に契約の効力を否定するなどの手段が，容易に可能となる
よう工夫をする余地があることは明らかである。消費者契約法4条は，そうし
た要件の客観化の工夫の一つではあるが，なお改善の余地があろう。一般的に
も，当事者間での「契約の解釈」においては，対面での具体的交渉で言明され
た事柄や合意書面に記載されたもののみならず，それまでの接触からはじまる
様々なやりとりや前提とされた事実（広告その他の言動を含む）が，最終的合意
内容に反映されうると考えるべきであって，**広告・交渉は私法的に無色なもの
ではあり得ない**（消費者相談員の契約交渉過程の状況についての聴き取りが，ます
ます重要となる）。

　あわせて，景品表示法の優良・有利誤認表示との調整が今後の課題である。
メニュー偽装表示＊を機縁とする景表法の動き（課徴金制度の導入）に民事責任
が歩調を合わせることが考えられてよい。

　　＊阪急阪神ホテルズの問題発覚以降，各地のホテルでも食品の表示を偽装して
　　いたという事実が発覚。ザ・リッツ・カールトンは2013年10月26日に記者
　　会見を行い，7年前から偽装していたと公表した。ルネッサンスサッポロホテ
　　ルでも29日の記者会見で，メニューに「大正エビ」や「シバエビ」と表記し
　　ていたものの，実際には違うエビを提供するということを9年前から行ってい
　　たと認め謝罪した。帝国ホテルは外部から購入した瞬間冷凍した非加熱加工品
　　のストレートジュースを「フレッシュジュース」と表記するというJAS法に
　　反する行為が30日に発覚。同30日，JR四国ホテルグループのホテルクレメ
　　ント宇和島のレストランで「自家製漬物」と表記していたのが既製品，ホテル
　　クレメント徳島で「和風ステーキ膳」に牛脂注入肉を使用していたにも拘らず
　　記載しなかったことを公表。また，ホテルコンコルド浜松は静岡県産食材を使
　　用としながら，実際には使っていないケースがあったことを公表。31日には，
　　奈良万葉若草の宿三笠（奈良市，近鉄旅館システムズ）で「大和肉」と表記し
　　ていたものに県外産の食材を使用，また，「和牛」と表記していたものにオー
　　ストラリア産牛肉の成形肉を使用していたことが発覚。11月1日には，JRタ
　　ワーホテル日航札幌は，「芝海老」と表記していたものに「バナメイエビ」を
　　使用していたことなどを公表。同1日，名鉄グランドホテルは，「伊勢エビ」
　　と表記していたものに「ロブスター」，「車海老」と表記していたものに「ブ
　　ラックタイガー」を使用していたことを公表。5日には，ホテル京阪の系列の
　　3ホテルで，加工肉の使用を明記せず「牛サイコロステーキ」として提供して
　　いたことを公表。同5日，東急ホテルズは，ザ・キャピトルホテル 東急や名
　　古屋東急ホテル，京都東急ホテルなどで，「芝海老」と表記していたものに

viii

〈巻頭言〉消費者法の来し方・行く末〔河上正二〕

「バナメイエビ」,「ステーキ」と表記していたものに加工肉を使用していたことなどを公表。6日には,JR 西日本ホテルズが運営するホテルグランヴィア京都やホテルグランヴィア広島,三宮ターミナルホテルで,「鮮魚」としていたものに冷凍魚を使用していたことが発覚。15日には,ダイワロイヤルホテルズが運営する,串本ロイヤルホテルや橿原ロイヤルホテルなど 12 ホテルで,「芝海老」と表記していたものに「バナメイエビ」,「鮮魚」としていたものに冷凍魚を使用,また成型肉の使用も表示していなかったことを公表。消費者の市場への信頼は大きく損ねられた。

4 事業者間取引（B to B）と消費者契約（B to C）の相互作用

これまでの議論は,専ら消費者契約（B to C）を前提とするものであるが,これらの変化は,事業者間取引にも一定の影響を及ぼすことが不可避である。

この問題を痛感させる事例の一つは優良誤認表示をめぐる「上流・下流」問題」である。生産工程の「上流」で,混入された劣悪品質の材料は,最終的に優良誤認表示を付したまま,商品となって最終消費者の手に渡る。このとき,「下流」にいる販売者が,果たして「上流のことは分かりません」と免責を求めることが許されるであろうか。製造物責任の例を出すまでもなく,原因者に責任があることは明らかであるとしても,その流通過程にあって互いに事業利益を分け合い,より原因者に近い立場にある事業者が責任を先ず負うことが望まれるのではあるまいか。同様の問題は,輸入食品の管理体制や,製鉄部品製造業者のミスで欠陥品を生んだ新幹線のブレーキ問題など枚挙にいとまがない。とはいえ,消費者取引に直面する最終販売事業者やサービス提供者について,その責任が問われても,事業者間での取引関係では免責条項などで求償できないとなると,**最終事業者は「挟み撃ち」**となりかねない。どちらかと言えば効率性・費用重視の上流での不適切な処理が,末端の消費者に及ぼす影響をめぐって,**事業者間（B to B）の責任をめぐる問題は決して B to C の消費者問題と無関係ではない。**

上流・下流問題に関連して,「組織的過失」の問題にも触れておこう。既に,「チーム医療」等では強く意識されていることではあるが,最終的な商品・サービスの提供者に何らかの落ち度があった場合,その末端者の「落ち度」に固有の違法性が見出されるかどうかとは別に,組織としての体制や,起こりうる損害回避のための措置が適切にとられていなかった場合には,組織的過失を論ずべき場面が増えている（「大川小学校事件」を想定されたい）。マニュアル化

された組織的販売体制や役務提供において，個々の事業者の責任のみに着目した議論だけでは明らかに不十分である。これは，消費者法，消費者問題の枠を超えることかもしれないが，重要な課題であり，**消費者法は，B to C の問題で自己完結できない問題領域**であることを認識しておくべきであろう。

5　消費者教育

　高齢消費者に対する啓発において，地域の福祉団体との連携などの必要については，これまでも多くが語られてきた。そして，民法の成年年齢引下げを見据え，実践的な消費者教育の実施を推進するため，消費者庁・文部科学省・法務省・金融庁が連携して，平成 30 年 2 月日に「若年者への消費者教育の推進に関する 4 省庁関係局長連絡会議」を開催し，その結果，2018 年度から 2020 年度の 3 年間を集中強化期間とする「若年者への消費者教育の推進に関するアクションプログラム」を作成して取組みを推進するという。これらは，決して一過性のプログラムにとどまってはならない動きである。

　消費者教育推進法によって消費者教育推進地域協議会の設置などが制度化されてはいるものの，実質的には課題が多い。消費者教育を学校教育や家庭教育に適切に組み込むにはどうすればよいか。学校教育に限っても，時間枠の確保，指導者の能力を高めるための教員研修，各年代に応じた教材開発が求められ，事業者に対する消費者教育も推進されねばなるまい。

6　消費者団体の役割（適格消費者団体・特定適格消費者団体など）

　最後に，消費者団体の役割と課題についてふれて報告を終えよう。

　少額多数被害を特徴とする消費者トラブルの未然防止・拡大防止及び被害回復を図ることが大きな課題であることは言うまでもない。不特定かつ多数の消費者の利益を擁護するために差止請求権を行使するために必要な適格性を有する消費者団体として内閣総理大臣の認定を受けた法人を「適格消費者団体」といい，全国に 19 団体（平成 30 年 8 月現在）ある。また，適格消費者団体のうちから新たな認定要件を満たす団体として内閣総理大臣の認定を受けた法人を「特定適格消費者団体」といい，多数消費者の集合的損害賠償請求訴訟の訴訟主体となることができるもので，全国に 2 団体（平成 30 年 8 月現在）ある。こうした団体の存在は，単独では被害を回復したり，事業者と交渉することの困難な消費者の声を代弁するものとして極めて重要である。しかし，その財政的

基盤が弱いことは各団体に共通する深刻な課題である。適格消費者団体等は，国家や地方自治休の事務を，事実上，肩代わりする活動を遂行していることを考えれば，一定の財政支援が不可欠である。持続的な活動を期待するのであれば，いつまでも手弁当でのボランタリーな活動に依存し続けるわけにはいくまい。一定の公益的事業活動に対する報酬を充実させることや，市場の適正化によるウィン・ウィンの関係を追求する「まっとうな事業者」が賛助会員となって，消費者団体を支えていくことが望まれよう。

7　消費者の人間力が試される時代に

いささか総花的ではあるが，以上，「消費者法の来し方・行く末」について，思いつくままに述べてきた。

ここで指摘できたことは決して特異なことではない。大衆としての「消費者」から，個としての「消費者」を見る目が必要であること。そのため，今後の研究では，消費者行動論や消費者心理の分析も重要であること。同時に，平均的・合理的消費者基準から，具体的・類型的消費者（脆弱な消費者を含む）を意識した基準作りが求められること。商品としては，「情報商材」に対する警戒が必要な時代となっていること。その際，個人情報の管理と保護を強く意識する必要があること。

そして，すでに，消費者法は新たな方向性をもって動き始めている。

消費者自身も，現在が，消費者力・人間力が試される時代に突入しているのだという「意識」を高めなければなるまいい。「安全・安心」の獲得には，一定の努力が必要であり，持続可能な環境と社会に生きるための消費行動をとるために，「自ら考える消費者」となることが求められている。一人一人の消費者は，決して強い存在ではない。それだけに，生活の中での人々の「絆」と「見守りネットワーク」構築への期待は大きい。

［消費者法研究 第 5 号（2018. 9）］

本号はしがきにかえて

　第 5 号では，緩やかなまとまりとして，「情報と消費者法」を特集した。情報の扱いは，多方面で，多くの問題をはらんでいる。本号では，宇賀克也教授が「データ・ポータビリティ権について」の力作を寄せてくださった。また，現在既に制度的手当が大問題となっているネットにおけるプラットフォーム型ビジネスをめぐっての立ち入った検討を千葉恵美子教授が「電子商取引をめぐる取引環境の変化と今後の消費者法制の課題 ── デジタル・プラットフォーム型ビジネスと取引法」として寄せてくださった。債権法改正後の，製品の欠陥や瑕疵をめぐる問題については，松本克美教授が「製品の『欠陥』『瑕疵』」として，丸山絵美子教授は「業法中の民事ルールの意義と消費者契約法・民法 ── 特定継続的役務規制を素材に ──」を展開してくださった。最後に，青山学院大学消費者法研究会で，司法書士の山田茂樹氏が「多様化する決済手段の概要と課題 ── 近年の取引被害（主にインターネット取引）への対応という観点からの考察 ──」として，見事な問題整理をしてくださったので，これを急拠研究ノートとして掲載することとした。おそらく，他の論説を読まれる際に，大いに参考になるものと思われる。

『消費者法研究』第 5 号

〈目　次〉

【巻頭言】　消費者法の来し方・行く末······················ 河 上 正 二···*i*

　　1　「消費者法」と消費者問題の歴史から（*i*）

　　2　消費者基本法を頂点とする階層をなす消費者法（*iii*）

　　3　消費者法の変容（*iv*）

　　4　事業者間取引（B to B）と消費者契約（B to C）の相互作用（*ix*）

　　5　消費者教育（*x*）

　　6　消費者団体の役割（適格消費者団体・特定適格消費者団体など）（*x*）

　　7　消費者の人間力が試される時代に（*xi*）

　◆本号はしがきにかえて（*xii*）

特集　情報と消費者法

【論　説】

1　データ・ポータビリティ権について ················· 宇 賀 克 也··· *1*

　　1　は じ め に（*2*）

　　2　データ・ポータビリティ権と関連する動向（*3*）

　　3　データ・ポータビリティ権の議論の背景（*6*）

　　4　欧州委員会草案（*8*）

　　5　欧州議会による修正（*10*）

　　6　欧州連合理事会による修正（*11*）

　　7　最　終　版（*12*）

　　8　適 用 分 野（*16*）

　　9　目　　的（*17*）

　　10　競争法による規制の可能性（*22*）

　　11　対象となる個人データ（*29*）

　　12　直 接 移 転（*36*）

　　13　データ・フォーマット（*37*）

xiii

［消費者法研究 第5号（2018. 9）］

14 手　　続（*41*）

15 アクセス権との関係（*43*）

16 消去権との関係（*45*）

17 他の分野における法令に基づくポータビリティ権との関係（*46*）

18 データ・ポータビリティ権の制限（*47*）

19 制　　裁（*51*）

20 課　　題（*52*）

2　電子商取引をめぐる取引環境の変化と今後の消費者
　　法制の課題 —— デジタル・プラットフォーム型ビジネス
　　と取引法 ……………………………………………… 千葉惠美子…63

　Ⅰ　問題の所在（*64*）

　Ⅱ　電子商取引における新たなビジネスモデルの展開と準則
　　　および学説の対応（*67*）

　Ⅲ　電子商取引におけるプラットフォームの意義
　　　—— シェアリングエコノミーを素材として（*85*）

　Ⅳ　結びにかえて —— 電子商取引法の制定に向けて（*107*）

＊　　　＊　　　＊

3　製品の「欠陥」「瑕疵」 ………………………… 松 本 克 美…111

　Ⅰ　本稿の課題（*112*）

　Ⅱ　製造物責任法上の「欠陥」（*113*）

　Ⅲ　民法上の「欠陥」「瑕疵」（*126*）

　Ⅳ　改正民法の「契約内容不適合」と「瑕疵」「欠陥」（*130*）

4　業法中の民事ルールの意義と消費者契約法・民法
　　—— 特定継続的役務規制を素材に ……………… 丸山絵美子…133

　Ⅰ　本稿の課題（*134*）

　Ⅱ　特商法における特定継続的役務規制（*136*）

　Ⅲ　検　　討（*162*）

目　次

〈研究ノート〉

多様化する決済手段の概要と課題
── 近年の取引被害（主にインターネット取引）への
　対応という観点からの考察……………………………山 田 茂 樹…171

1　概　　　況（171）

2　典型的な取引トラブル類型と検討ポイント（179）

3　個別クレジット（個人事業者案件）（184）

4　前払い式支払い手段（悪質加盟店型）（191）

5　送金代行型（海外サクラサイト）（197）

6　アプリマーケット事業者介在型（199）

7　プラットフォーム事業者が決済代行業を兼ねる類型（202）

8　プリカ詐欺類型（205）

9　ま　と　め（208）

［消費者法研究 第 5 号(2018. 9)］

執筆者紹介 (掲載順)

河上　正二 (かわかみ・しょうじ)

青山学院大学法務研究科教授（民法学）
1953 年愛媛県生まれ。1982 年東京大学大学院法学政治学研究科博士課程修了。法学博士（東京大学）。東北大学名誉教授，東京大学名誉教授
〈主要著作〉『約款規制の法理』(有斐閣，1998 年)，『民法学入門〔第 2 版増補版〕』(日本評論社，2004 年，2014 年)，『民法総則講義』(日本評論社，2007 年)，『物権法講義』(日本評論社，2012 年)，『担保物権法講義』(日本評論社，2015 年)，『実践消費者相談』(編著，商事法務，2009 年)，『消費者契約法改正への論点整理』(編著，信山社，2013 年)，『消費者委員会の挑戦』(信山社，2017 年)，『歴史の中の民法 ―― ローマ法との対話』(訳著：オッコー・ベーレンツ著，日本評論社，2001 年)

宇賀　克也 (うが・かつや)

東京大学大学院法学政治学研究科教授（同大学公共政策大学院教授を兼担）
1978 (昭和 53) 年東京大学法学部卒業。同大学助手，助教授を経て，現職
〈主要著作〉『行政法概説Ⅰ〔第 6 版〕』(有斐閣，2017 年)，『行政法概説Ⅱ〔第 6 版〕』(有斐閣，2018 年)，『行政法概説Ⅲ〔第 4 版〕』(有斐閣，2015 年)，『行政法〔第 2 版〕』(有斐閣，2018 年)，『ブリッジブック行政法〔第 3 版〕』(信山社，2017 年)，『国家賠償法〔昭和 22 年〕』(信山社，2015 年)，『個人情報保護法の逐条解説〔第 6 版〕』(有斐閣，2018 年)，『自治体のための解説個人情報保護制度』(第一法規，2018 年)，『新・情報公開法の逐条解説〔第 7 版〕』(有斐閣，2016 年)，『逐条解説　公文書等の管理に関する法律〔第 3 版〕』(第一法規，2015 年)，『番号法の逐条解説〔第 2 版〕』(有斐閣，2016 年)，『行政手続三法の解説〔第 2 次改訂版〕』(学陽書房，2016 年)，『行政不服審査法の逐条解説〔第 2 版〕』(有斐閣，2017 年)，『解説　行政不服審査法関連三法』(弘文堂，2015 年)，『情報法』(共編著) (有斐閣，2012 年)，『情報公開・個人情報保護』(有斐閣，2013 年)，『情報公開と公文書管理』(有斐閣，2010 年)，『個人情報保護の理論と実務』(有斐閣，2009 年)，『情報公開の理論と実務』(有斐閣，2005 年)，『情報公開法 ―― アメリカの制度と運用』(日本評論社，2004 年)，『情報公開法・情報公開条例』(有斐閣，2001 年)，『情報公開法の理論〔新版〕』(有斐閣，2000 年)，『行政手続・情報公開』(弘文堂，1999 年)

千葉惠美子 (ちば・えみこ)

大阪大学大学院高等司法研究科教授
北海道大学大学院法学研究科民事法専攻修士課程修了。大阪大学助教授，名古屋大学教授を経て，現職。日本学術会議連携会員
〈主要著作〉『集団的消費者利益の実現と法の役割』(共編著，商事法務，2014 年)，『アルマ民法 2 物権〔第 3 版〕』(共著，有斐閣，2018 年)，『詳解　改正民法』(共編著，商事法務，2018 年)，『適格消費者団体による差止請求制度の保護法益とエンフォースメントの流動化 ―― 私法・公法領域における集団的利益論の展開のために」加藤雅信先生古稀記念『21 世紀民事法学の挑戦 下巻』(信山社，2018 年)

松本　克美 (まつもと・かつみ)

立命館大学大学院法務研究科教授
早稲田大学大学院法学研究科博士後期課程満期退学，博士(法学，早稲田大学)
〈主要著作〉『時効と正義』(日本評論社，2002 年)，『続・時効と正義』(日本評論社，2012 年)，『専門訴訟講座 2 建築訴訟〔第 2 版〕』(共編著，民事法研究会，2012 年)など。

執筆者紹介

丸山絵美子（まるやま・えみこ）
慶應義塾大学法学部教授（民法学）
1993 年　東北大学法学部卒業。博士（法学）（東北大学，論文博士）
〈主要著作〉『中途解除と契約の内容規制』（有斐閣，2015 年），「『定型約款』に関する規定と契約法学の課題」消費者法研究 3 号（2017 年），「請負契約における注文者の任意解除に伴う損害賠償 —— 損害賠償の制限ルールに関する一考察」加藤先生古稀記念『21 世紀民事法学の挑戦 下巻』（信山社，2018 年）

山田　茂樹（やまだ・しげき）
内閣府消費者委員会事務局委嘱調査員，司法書士
〈主要著作〉『インターネット消費者取引被害救済の実務』（編著，民事法研究会，2014 年）『消費者契約法改正への論点整理』（共著，信山社，2013 年），「スマホゲームに関する未成年者のトラブルの現状と課題 —— いわゆる電子くじ（ガチャ）を中心として」消費者法研究 2 号（2017 年），「ネット広告をめぐる消費者トラブルと法的問題点」（ウェブ版国民生活，2016 年 8 月号），「電子マネーに関する消費者問題についての建議」について（NBL1060 号，2015 年），「プロバイダ責任制限法とインターネット取引」 —— 知っておきたい相談周辺の基礎知識（ウェブ版国民生活 2011 年 8 月～ 5 月号），「消費者契約法（実体法部分）の改正論点についての　考察」（市民と法 90，91 号，2015，2014 年）「スマートフォン契約の勧誘・広告をめぐるトラブルの実情と課題」（現代消費者法 25 号，2014 年），「インターネット取引における消費者契約法の論点からみた現状と課題」（同 20 号，2013 年），「ドロップシッピング等インターネット内職商法の問題点と対処方法」（同 18 号，2013 年），「事例からみる高齢者の消費者被害救済の実務と課題」（同 15 号，2012 年），「振り込め詐欺救済法の活用」（同 9 号，2010 年）

〈特集〉情報と消費者法

◆ 1 ◆

データ・ポータビリティ権について

宇 賀 克 也

1 はじめに
2 データ・ポータビリティ権と関連する動向
3 データ・ポータビリティ権の議論の背景
4 欧州委員会草案
5 欧州議会による修正
6 欧州連合理事会による修正
7 最 終 版
8 適用分野
9 目 的
10 競争法による規制の可能性
11 対象となる個人データ
12 直接移転
13 データ・フォーマット
14 手 続
15 アクセス権との関係
16 消去権との関係
17 他の分野における法令に基づくポータビリティ権との関係
18 データ・ポータビリティ権の制限
19 制 裁
20 課 題

[消費者法研究 第5号 (2018年9月)]

［消費者法研究 第5号（2018. 9）］

1　はじめに

EU 一般データ保護規則（The EU General Data Protection Regulation，以下「GDPR」という）が定めたデータ・ポータビリティ権をめぐり，欧米では，その意義と課題について，熱心に議論がなされている。GDPR が定めるデータ・ポータビリティ権については，わが国においても，高度情報通信ネットワーク社会推進戦略本部（IT 総合戦略本部）の下で開催された「データ流通環境整備検討会」において検討が行われ，2017 年 3 月に結果を取りまとめられている。また，同年 6 月 6 日に公正取引委員会競争政策研究センターの「データと競争政策に関する検討会」の報告書が公表されているが，その中で，SNS などロック・イン効果が発生する可能性があるサービスについては，パーソナル・データのポータビリティが確保されないと，当該サービス市場に関する市場支配力が維持されやすくなるため，何らかの政策的対応が望ましいと述べられている。さらに，総務省と経済産業省が同年 11 月 20 日に，わが国の主要分野（医療，金融，電力等）におけるデータ・ポータビリティのあり方等について調査・検討を行うため，「データポータビリティに関する調査・検討会」を開催することを公表し，同検討会で検討が行われている。このようなデータ・ポータビリティへの関心の高まりを受けて，研究者，弁護士等による研究も現れている[1]。わが国の個人情報取扱事業者も，EU 域内の市民に対する製品や役務の提供を通じて，その個人データを取得した場合，データ・ポータビリティの義務を履行する必要があり，その正確な理解が不可欠である。また，わが国において，データ・ポータビリティ権を認めるかの立法論を展開するうえでも，

（1）　先行研究として，寺田麻佑＝板倉陽一郎「データ・ポータビリティの権利に関する法的諸問題──欧州における議論を踏まえて」信学技報 116 巻 71 号（2016 年）103 頁以下，小向太郎「データポータビリティ」ジュリ 1521 号（2018 年）26 頁以下，杉本武重「EU 競争法とプロファイリング規制・データポータビリティの権利」ジュリ 1521 号（2018 年）44 頁以下，宍戸常寿＝大屋雄裕＝小塚荘一郎＝佐藤一郎＝生貝直人＝市川芳治「データの取引──主体と利用（座談会）」論究ジュリ 26 号 114 頁以下，生貝直人「第 4 次産業革命でデータポータビリティは不可欠なものに：EU では，個人主導型のデータ利活用を促す GDPR を制定」金融財政事情 69 巻 30 号 12 頁以下，日本貿易振興機構（ジェトロ）ブリュッセル事務所海外調査部欧州ロシア CIS 課・「EU 一般データ保護規則（GDPR）」に関わる実務ハンドブック（第 29 条作業部会ガイドライン編）『データポータビリティの権利』（2018 年 2 月）参照。

GDPR が定めるデータ・ポータビリティ権についての十分な理解が前提になると思われる。そこで，以下において，GDPR が定めるデータ・ポータビリティ権について，先行研究で対象とされていない問題も含めて，より詳細に検討するとともに，その意義と課題について論ずることとする。

2　データ・ポータビリティ権と関連する動向

（1）E　　U

2018 年 5 月 25 日に全面施行された GDPR は，「忘れられる権利」(right to be forgotten, GDPR17 条)，データ保護バイ・デザイン (data protection by design, GDPR25 条)，データ保護影響評価 (data protection impact assessment, GDPR35 条)，等，多くの注目すべき規定を含むが，わが国では，あまりなじみのない権利として，データ・ポータビリティ権 (right to data portability, GDPR20 条) も定められている。このデータ・ポータビリティ権については，EU 個人データ保護指令には定められていなかった。

　ポータビリティ権については，2002 年 3 月 7 日の「電気通信ネットワーク・サービスに関するユニバーサル・サービス及び利用者の権利に関する指令」(Directive 2002/22/EC of the European Parliament and of the Council of 7 March 2002 on universal service and user's rights relating to electronic communications networks and services)（以下「EU ユニバーサル・サービス指令」という）30 条において，ナンバー・ポータビリティについて定められており，同日の「電気通信ネットワーク・サービスに関する共通規制枠組み指令」(Directive 2002/21/EC of the European Parliament and of the Council of 7 March 2002 on common regulatory framework for electronic communications networks and services) の前文において，アプリケーション・プログラム・インターフェース（API）システムの相互運用性が，インタラクティブ・コンテンツのポータビリティに有益と考えられるという指摘がある。また，2007 年 6 月 5 日の「銀行口座番号との関連における消費者のモビリティ」についての有識者会議においては，口座番号のポータビリティについての議論がなされている。しかし，データ・ポータビリティ権についての議論は，これらの議論よりも遅れた。欧州委員会は，2010 年から，Web2.0 時代への対応のため，個人データ保護の既存の法制の見直しを開始し，GDPR 草案の立案過程において，データ・ポータビリティが論点となった[(2)]。

［消費者法研究 第5号（2018.9）］

これは，EU においても，2012 年に GDPR の欧州委員会草案 18 条で初めて法的文書に登場し注目を集めた新しい権利といえる[3]。データ・ポータビリティ権は，EU ユニバーサル・サービス指令により導入されたナンバー・ポータビリティを参考にしたようにみえる。ただし，GDPR はユーザーにデータ・ポータビリティの権利を付与する形式をとるが，ナンバー・ポータビリティは，電話会社に義務を課す形式をとるという相違がある[4]。また，電気通信分野では，相互接続がされても，電話が終われば，相互接続した会社との関係は終了するが，ソーシャル・ネットワークでは，相互運用が可能になり，自分が契約していないソーシャル・ネットワーク事業者に写真をアップロードした場合，その事業者との法的関係はアップロード後も残るという相違もある[5]。

　2016 年 10 月 7 日のフランス法は，データ・ポータビリティ権を定めた EU 内の最初の国内法であり，消費者法の領域でのみ適用されるものである。2016 年 12 月 13 日に，第 29 条作業部会（以下「WP29」という）が，「データ・ポータビリティの解釈及び運用に関するガイドライン」についてのワーキングペーパー 242 号を採択しているが，そこでは，これらの他の分野で議論されてきたポータビリティと個人データのポータビリティが結合すれば，シナジー効果が発生し，個人の利便に資するかもしれないと指摘している[6]。

（2）　Barbara Van der Auwermeulen, 'How to attribute to the right to data portability in Europe: A comparative analysis of legislations, 33 Computer Law & Security Review 57, 58-59（2017）, Paul De Hert, Vagelis Papakonstantinou, Gianclaudio Malgieri, Laurent Beslay & Ignacio Sanchez, 'The right to data portability in the GDPR: Towards user-centric interoperability of digital devices', 38 Computer Law & Security Review 193, 194-195（2018）. なお，フィリピンは，十分性認定を得るために，EU でのこの議論を参考にして　2012 年のデータ保護法でデータ・ポータビリティ権を導入している。

（3）　データ・ポータビリティ権は，個人に自己情報へのオーナーシップを認めるデータ・オーナーシップ理論に親和的であるが，EU においても，個人情報が財産権と考えられているわけではない。Peter Swire & Yianni Lagos, 'Why the Right to Data Portability Likely Reduces Consumer Welfare: Antitrust and Privacy Critique', 72 Maryland Law Review 335, 373（2013）.

（4）　Inge Graef, 'Mandating portability and interoperability in online social networks: Regulatory and competition law issues in the European Union' 39 Telecommunications Policy 502, 506（2015）.

（5）　Ibid.at 511.

（6）　Article 29 Data Protection Working Party, Guidelines on the right to data portability （Adopted on 13 December 2016, as last Revised and adopted on 5 April 2017）, 16/EN （WP 242 rev.01）, at 4.

（2）米　　国

　眼を米国に転ずると，1996年のHIPPA（Health Insurance Portability and Accountability Act）[7]は，特定の領域でデータ・ポータビリティを導入している。公私の医療提供者が保有する自分の医療記録にアクセスし，訂正し，写しを取得する患者の権利は，元来，医療システムの効率性，実効性を改善するという行政目的で導入された。しかし，個人が自分の医療記録を取得しチェックする能力は，今日では，消費者のエンパワメントの手段であり，保健福祉省の公民権室が所管している。また，2007年，「ソーシャルウェブ利用者のための権利章典」によって，個人データの自由とコントロールが提唱された。その数か月後，拘束力のないデータ・ポータビリティに向けた解決策を議論し実現することを目的とした「データポータビリティ・プロジェクト」が創設された。1年後には，グーグルやフェースブックも，このプロジェクトに参加し，2009年に米国で非営利法人になっている。もっとも，Facebookは，"Download Your Info"，Googleは，"Google Takeout"サービス[8]により，自己データの写しを取得することを可能にしたが，他のソーシャル・ネットワークに移転することが容易なフォーマットで抽出されているわけではなかったので，手作業で再入力をせざるを得ず，移転には多くの時間と労力を要した。また，第三者のサイトが直接にユーザーの情報を取得することを認めていなかった[9]。立法までは至らないものの，国がデータ・ポータビリティを奨励する動きもある。2010年，オバマ政権は，一連のMy Dataプロジェクトを開始したが，その目的は，政府の透明性を向上させ，消費者を保護し，その地位を強化することにあった。その中には，消費者による自己情報へのアクセスを民間事業者に促すものもあり，たとえば，Green Buttonプロジェクトは，6000万を超える家庭や企業が自分の電力データにアクセスする機会を与えるものであった[10]。

（7）　開原成允＝樋口範雄編『医療の個人情報保護とセキュリティ──個人情報保護法とHIPPA法〔第2版〕』（有斐閣，2005年）49頁以下（樋口範雄執筆），樋口範雄＝土屋裕子編『生命倫理と法』（弘文堂，2005年）149頁以下（ベット＝ジェーン・クリガー執筆，樋口範雄訳）参照。

（8）　グーグルが2011年に開始した"Google Takeout"は，グーグルの利用者がグーグルの27の製品から自分のデータをダウンロードすることを認めるものである。Orla Lynskey, 'Aligning Data Protection Rights with Competition Law Remedies? The GDPR Right to Data Portability, 42 European Law Review 793, 797 (2017).

（9）　Graef, supra note 4, at 506.

［消費者法研究 第5号（2018.9）］

3　データ・ポータビリティ権の議論の背景

データ・ポータビリティ権が議論されるようになった背景としては，以下のことがある。

EU においても，一般に，明確な相互運用性の義務付けはなされてこなかったので，電子商取引業者は消費者を自己のシステムにロック・インしようとする傾向があり，SNS についても同様である。その結果，SNS の利用者は，データの移転に膨大な時間と労力を必要とすることになり，データ主体に高額のスイッチング・コストが発生してしまう。欧州委員会は，2010 年 11 月 4 日に公表された欧州委員会報告書において，利用しているアプリケーションやサービスから自己のデータ（写真や友人リスト）を引き出し，技術的に可能な場合には，当該データをデータ管理者に妨げられることなく移転するデータ・ポータビリティ権について検討する方針を明らかにした[11]。他により良質で安価でプライバシー保護にもすぐれたサービスが利用可能であっても，データを移転することができないと，連絡先，日誌，個人的なコミュニケーションを失うことになり，事業者を代えることの障壁が大きいので，事実上，最初の SNS にロック・インされることになってしまうことが問題視されたのである[12]。

無償で製品または役務を提供するプラットフォームは，データをポータブルにすることによって，シナジー効果を実現し，共存の利益を享受し，規制を回避することに熱心であるとも考えられる。すなわち，相互補完的なプラットフォーム間では，他のプラットフォームの利用者の増加は，自己のプラット

---

(10)　英国政府も同様にエネルギー供給，携帯電話，金融（当座勘定，クレジットカード）という特定の分野でデータ・ポータビリティを促進しようとした。この midata は，2011 年，政府が，より広範な消費者のエンパワメント戦略の一環として導入したものである。

(11)　European Commission, Communication from the Commission to the European Parliament, the Council, the Economic and Social Committee of the Regions, 'A comprehensive approach on personal data protection in the European Union' COM (2010) 609 (4 November 2010), at 8.

(12)　Commission Staff Working Paper, Impact Assessment, SEC (2012) 72 final, at 28 は，スイッチング・コストによるロック・イン効果が生じており，データ・ポータビリティが効果的な競争の鍵になるという認識を示す。

特集 〈論説〉1 データ・ポータビリティ権について〔宇賀克也〕

フォームの利用者の便益も向上させるプラスの外部効果が働き，かかる市場では，データの共有によって，データの収集や処理の費用が大幅に減少し，イノベーションも促進される可能性がある。そこで，理論的には，相互補完的なサービスを提供するプラットフォームは，積極的なシナジー効果を得て，共存の利益を享受するために，データをポータブルにすることに関心を持つべきであり，データ・ポータビリティ権を法定する必要はないともいえる。しかし，実際には，かかるプラットフォームにおいても，データはポータブルでないことが多い。その理由の一端は，情報の非対称性であり，潜在的なシナジー効果が，しばしば認識されていないことである。したがって，データ・ポータビリティを義務付けることは，この効果を認識させることに資すると考えられる[13]。

　確かに，グーグルの Data Liberation Front のように，市場で自発的に行われるデータ・ポータビリティもあるが，GDPR が定めるデータ・ポータビリティには及ばない[14]。オンライン・サービス事業者にとって，個人データは，消費者のニーズによりよく応え，より質の高いサービスを提供することにより，競争者に対する優位を確保する上で，きわめて貴重である。オンライン・サービスの中には，消費者のデータを分析することが，ビジネス・モデルの中心であるものもある。さらに，個人データは，ターゲティング広告を行うことを可能にする点で，金銭的な価値を有する。そのため，最初にオンライン・サービスを提供する会社が大量の個人データを集積し，新規参入への障壁を設けるかもしれず，そうなると，利用者は競争の恩恵を享受できなくなるのである（ロック・イン効果）。しかし，後に詳しく述べるように，欧州委員会は，データ・ポータビリティについて競争法違反として制裁を科したことはなく，競争法上の規制により，データ・ポータビリティを実現することは困難である。この問題への認識が，データ・ポータビリティ権を求める意見が出される契機となった。すなわち，インターネットの利用者が，あるサービス事業者に提供した自己のデータを他のサービス事業者に簡便な方法で移転したいというニーズからデータ・ポータビリティ権の議論が開始されたのである[15]。電気通信

---

(13)　Barbara Engels, 'Data portability among online platforms', Internet Policy Review, Volume 5, Issue 2, 4.2（Platforms offering complements）.

(14)　Lynskey, supra note 8, at 798.

［消費者法研究 第5号（2018. 9）］

ネットワーキングにおいてもソーシャル・ネットワーキングにおいても，スイッチング・コストとネットワーク効果が，ポータビリティと相互運用性への関心の源泉なのである[16]。そしてデータ・ポータビリティが，不公正競争を抑止し，個人データ保護を効果的に行うメカニズムとしても認識されるようになった。

4 欧州委員会草案

　欧州委員会のGDPR草案18条は，「個人データが電子的手段で，かつ，構造化されて一般に利用されるフォーマットで処理される場合においては，データ主体は，管理者から処理中のデータの写しを電子的でかつ一般に利用され，データ主体による再利用を可能にする構造化されたフォーマットで取得する権利を有する」（1項），「データ主体が個人データを提供し，その処理が同意または契約に基づく場合，データ主体は，自己が提供し自動処理システムに保存されている個人データおよび他のあらゆる情報を，一般に利用される電子的フォーマットで，個人データを取り出すデータ管理者から妨げられることなく，他の自動処理システムに移転する権利を有する」（2項），「委員会は，第1項に定める電子的フォーマットおよび技術基準，様式ならびに第2項の定めるところにより個人データを移転する手続を第87条第2項に定める審査手続に従い定めることができる」（3項）と定める。

　欧州委員会は，データ・ポータビリティ権を処理中の個人データの写しを取得する権利および個人データの他のデータ管理者への直接移転を現在のデータ管理者に請求する権利としてとらえた。この権利は，データ主体の個人データのみならず，データ主体が提供したその他あらゆる情報も対象とした広範なものであった。そして，データ管理者や委託業者の負担が重くなっても，個人

---

(15)　2015年に公表された「欧州デジタル単一市場戦略」においては，一般にサービス間の相互運用性およびデータ・ポータビリティの欠如が，データの国境を越える流通と新サービスの発展の障壁になっていると指摘されている。European Commission, Communication from the Commission to the European Parliament, the Council, the Economic and Social Committee and the Committee of the Regions. A Digital Single Market Strategy for Europe, COM（2015）192 （6 May 2015），final, at 14.

(16)　Graef, supra note 4, at 504.

データの移転は支障なく行われなければならないとしていた。

2013 年，WP29 は，目的制限についての意見において，データ・ポータビリティを認めることは，企業およびデータ主体（消費者）にビッグデータの便益をより均衡のとれた透明な方法で最大化することを可能にし，不公平で差別的な慣行をできる限り排除し，意思決定のために不正確なデータが使用されるリスクを減少させ，企業にとってもデータ主体（消費者）にとっても恩恵をもたらすであろうと述べていた[17]。また，2014 年 6 月，WP29 は，データ・ポータビリティが「データ保護権」であるにとどまらず経済的権利であることを強調した。すなわち，データ・ポータビリティ権が，データ保護のみならず，競争や消費者保護にも寄与するというのである[18]。このように，WP29 は，データ・ポータビリティが，データ主体の立場を強化してデジタル・サービスの便益をより多く享受することを可能にし，より競争的な市場を創出し，付加価値サービスの発展に資することになると考えていた。そして，データ・ポータビリティ権をデータ保護権と経済的権利の複合的性格のものと理解していた。

欧州データ保護監督官（以下『EDPS』という）は，WP29 以上にデータ・ポータビリティ権に好意的であった。すなわち，EU データ保護改革についての 2015 年の勧告において，データ・ポータビリティ権は，デジタル環境において，個人に欠けていたコントロールを可能にするために広範に認められるべきであり，本人の同意または契約に基づいて提供されたデータに対象が限定されていることを問題視し，データ主体から提供されたデータに限定されるべきではないと述べている[19]。EDPS は，欧州委員会以上にデータ・ポータビリティを広範に認めるべきという立場をとっていたのである。

---

(17) Article 29 Data Protection Working Party, Opinion 03/2013 on purpose limitation, 00569/13/EN WP 203 （Adopted on 2 April 2013）, at 47.

(18) Article 29 Data Protection Working Party, Opinion 06/2014 on the Notion of legitimate interests of the data controller under 95/46/Directive, 844/14/EN WP 217 （Adopted on 9 April 2014）, at 48.

(19) European Data Protection Supervisor, 'Opinion of the European Data Protection Supervisor on the data protection reform package' （7 March 2012）, at 25., EDPS recommendations on the EU's options for data protection reform （2015/C 301/01）, note 34.

[消費者法研究 第5号 (2018. 9)]

5 欧州議会による修正

EUの3機関は，データ・ポータビリティ権について異なる解釈をしていたことが，立法過程における修正から窺える。欧州委員会は，データ・ポータビリティ権をそれ自体独自の権利として，一つの条文（18条）に規定したが，欧州議会が2014年3月12日に採択した修正案は，データ・ポータビリティ権を一般的なアクセス権の一部として認めるものであった。また，この権利の範囲を修正した。第1の修正点は，欧州委員会草案18条2項が，「個人データその他の情報」としていたのに対して，データ主体の個人データへ限定したことである。第2に，欧州委員会草案18条1項では，構造化され一般に利用されるフォーマットのみがデータ・ポータビリティ権の対象とされていたため，構造化されず，一般に利用されていないフォーマットを使用することにより，データ・ポータビリティを回避する可能性があったので[20]，欧州議会は，写しの取得について，「構造化され一般に利用されるフォーマット」という要件を外し，電子的に処理されていさえすればよいとした。第3に，データ主体に交付されるデータは，相互運用性のあるフォーマット（interoperable format）で提供する義務がデータ管理者に生ずることになった。第4に，欧州委員会草案では，データ・ポータビリティ権は，移転が技術的に可能か否かを問わず，すべての自動処理システムに適用されることになっていたが，欧州議会による修正案では，直接移転については，15条2a項で，技術的に可能で，かつ利用可能な場合に限定された。第5に，欧州委員会草案（18条3項）は欧州委員会に技術基準に関する委任命令を発出する権限を付与していたところ，SNSの多様なデザインの特徴を考慮すると，欧州委員会が適切に技術基準を決定しうるかには疑問も提起されていたので，欧州議会は欧州委員会草案18条3項を削除して，前文（55）において，「データ管理者は，データ・ポータビリティを可能にする相互運用性のあるフォーマットを開発するように勧奨される」としたのである[21]。

---

(20)　Swire & Lagos, supra note 3, at 340.

6 欧州連合理事会による修正

　欧州連合理事会は，2015年6月15日に修正案を採択したが，そこでは，一方において，プライバシーと知的財産権に関心を抱き，他方において，データ管理者および委託業者の立場に配慮した。すなわち，データ・ポータビリティを写しの取得に限定し，他のデータ管理者への直接移転の規定を削除した。相互運用性を確保することは，費用が高額になり，実現が困難なことに配慮したともいえる。知的財産権については，写しの交付がその侵害になる場合には，交付を拒否できることを明記した。欧州委員会もこのことを前提としていたと思われるが，理事会案では明記され，また，理事会案では，写しを取得できる権利の要件を厳格化した[22]。なお，技術基準を欧州委員会に委任する規定を欧州議会が削除したことにより，既存の巨大企業の基準がデファクト・スタンダードになり，中小のサービス事業者がそれを採用するために多額のコストを要することとなる結果，イノベーションを阻害することを懸念する声もあった。欧州連合理事会は，この問題を認識し，最小限の共通基準を定めることを検討したが，GDPR がそれを定めることは，技術的中立性に反することになるので，結局，共通基準については定めないこととした。そこで，欧州データ保護委員会（European Data Protection Board）が，ガイドラインやベスト・プラクティスを示すことが考えられるとの指摘もなされている[23]。

---

(21)　European Parliament legislative resolution of 12 March 2014 on the proposal for a regulation of the European Parliament and of the Council on the protection of individuals with regard to the processing of personal data and on the free movement of such data (General Data Protection Regulation) (COM (2012) 0011 – C7-0025/2012 – 2012/0011 (COD)), article 15(2)(2a).

(22)　Council of the European Union, Proposal for a regulation of the European Parliament and of the Council on the protection of individuals with regard to the processing of personal data and on the free movement of such data (General Data Protection Regulation) -preparation of a general approach (9398/15), article 15. そのため，欧州連合理事会は，データ・ポータビリティ権に好意的ではなく，この権利が認められる場合を最小限にしようとしたという指摘もなされている。Van der Auwermeulen, supra note 2, at 68-69.

(23)　Graef, supra note 4 at 507.

［消費者法研究 第5号（2018. 9）］

7　最　終　版

　最終的に採択されたGDPR20条は，以下のように規定している。

　「データ主体は，その処理が第6条第1項a号若しくは第9条第2項a号による同意又は第6条第1項b号による契約に基づくものであり，かつ，その処理が自動的な手段で行われている場合には，データ管理者に提供した自己の個人データを構造化され，一般に利用され，機械可読なフォーマットで受領し，自分が個人データを提供したデータ管理者から妨げられることなく他のデータ管理者に当該データを移転する権利を有する。」（1項）

　「前項の規定に基づいて，データ・ポータビリティ権を行使するにあたり，データ主体は，技術的に可能ならば，一つのデータ管理者から別のデータ管理者に個人データを移転する権利を有する。」（2項）

　「第1項に定める権利の行使は，第17条に影響を与えないものとする。この権利は，公益のため，又はデータ管理者の公的権限の行使として行われる職務に必要な処理には適用されない。」（3項）

　「第1項に定める権利は，他者の権利及び自由に不利益を与えてはならない。」（4項）

　これを欧州委員会草案と比較すると，①対象，②権利の行使，③データのフォーマット，④委員会の役割，⑤均衡条項，⑥消去権との関係について，相違がある。

　①については，データ・ポータビリティ権の対象が，「処理中のデータの写し」から「データ管理者に<u>提供した自己の</u>個人データ」（棒線筆者）に限定され，明確になっている。②については，データの写しを取得し，一定の条件の下で別のデータ管理者に移転する権利が，技術的に可能な場合には，直接に他のデータ管理者に移転する権利に変更されている。③については，再利用可能なフォーマットが機械可読なフォーマットに変更されている。④については，欧州委員会草案では，欧州委員会が「データのフォーマットを具体化し，個人データの技術基準，様式，手続を定める」権限，すなわち，技術の発展に適合した基準を定め，すべてのデジタル・サービスの相互運用性を具体的かつ効果的に進展させうる権限を有することとされていたが，最終版では，この規定は削除されている。⑤の均衡条項は，欧州委員会草案にはなかったものであるが，

12

特集 〈論説〉1 データ・ポータビリティ権について〔宇賀克也〕

最終版では，データ・ポータビリティ権が⑥の消去権に影響を与えないことに加え，他者の権利および自由に影響を与えないことが明記され，他の権利との抵触のリスクに配慮がなされている。このように，最終版は，欧州委員会草案と比較すると，対象の限定，均衡条項にみられるように，より慎重な配慮がされているといえる。また，データを直接にデータ管理者間で移転する権利について明示的に定めており，最初のデータ管理者からのデータの取戻し（withdrawal）に係る文言が削除されていることから，すべてのデジタル・サービスの相互運用性が可能となるユーザー中心のプラットフォームの発展へのインセンティブを付与することになるかもしれないという指摘もなされている[24]。

GDPR は，データ・ポータビリティ権として大別して 2 種類定めている。一つは，データ管理者が処理中の自己データの写しを取得し，他のデータ管理者に移転する権利であり，いま一つは，データ管理者が処理中の自己データの写しを直接に他のデータ管理者に移転する権利である[25]。すなわち，データ主体は，自らデータ管理者に提供した自分に関する個人データを，構造化され[26]，一般に利用され，機械可読なフォーマットで受け取り，(a) 処理がGDPR の 6 条 1 項 a 号もしくは 9 条 2 項 a 号の同意または 6 条 1 項 b 号の契約に基づき，かつ (b) 処理が自動的手段で行われるときには，当該データを元のデータ管理者により妨げられることなく，別のデータ管理者に移転する権利（20 条 1 項），同項の規定に基づき，データ・ポータビリティ権を行使するに当たり，技術的に可能な場合には，データ主体は，当該個人データを直接にデータ管理者間で移転する権利（同条 2 項）を認められている。前者の権利を2 つに分ければ，GDPR が定めるデータ・ポータビリティ権は，(ⅰ) データ主体が，自分が提供した個人データの写しを構造化され，一般に利用され，機械可読なフォーマットで取得する権利[27]，(ⅱ) データ主体が，データ管理者

---

(24) De Hert et al., supra note 2, at 196-197.

(25) Facebook の利用者が，直接に Google ＋の頁に書き込むことを可能にすることはデータ・ポータビリティでは認められておらず，データ・ポータビリティでは，Facebook の利用者は，自分のプロファイルやメッセージを取り出して，新たに Google ＋のアカウントを登録して，上記の情報を移行することになる。Barbara Engels, 'Data portability and online platforms', Internet Policy Review, Volume 5, Issue 2, 3（Data and data portability）.

(26) 「構造化された」という要件は，機能性の増大とデータ移転の容易化を意図したものである。Swire & Lagos, supra note 3, at 345.

から取得した個人データを元のデータ管理者により妨げられること他のデータ管理者に移転する権利（この権利は，当該データがデータ主体の同意または契約に基づいて処理されたものであり，処理が自動的な手段で行われているときのみ行使可能である），（ⅲ）技術的に可能な場合には，データ主体が，自己の個人データを直接に他のデータ管理者に移転する権利という3つの権利を付与されていることになる[28]。

　個人データが商業目的で利用されていることは，データ・ポータビリティ権の要件にはなっておらず，また，他の複数のデータ管理者に移転する場合にも，この権利を行使しうると解される[29]。

　データ・ポータビリティ権の行使に備えて，データ管理者が個人データを所定の保存期間を超えて保存する必要はないし，データ・ポータビリティ権に基づく請求を受けたデータ管理者は，個人データの移転前に当該データの質を検証する義務を負うものではないが，日常的に，GDPR 5条1項の規定に基づき，データの正確性を確保して更新する義務を負っている。個人データがデータ処理者によって処理されている場合には，データ処理者は，適切な技術上および組織上の措置によってデータ管理者を支援する義務を負う（GDPR28条3項e号）[30]。個人データの移転を受けたデータ管理者は，当該データの新たなデータ管理者となり，GDPR 5条の基本原則（適法性，公正性，透明性，目的の限定，データの最小化，正確性，記録保存の制限，完全性および機密性，アカウンタビリティ）を遵守する義務を負う。そして，①その個人データが取扱われる具体的な状況を考慮に入れ，個人データ取得後の合理的な期間内（ただし，遅くとも1か月以内），②その個人データがデータ主体との間の連絡のために用いられる場合，遅くとも，当該データ主体に対して最初の連絡がなされる時点，

---

(27)　インターネット経由で伝送する方法に限らず，ストリーミングの方法をとったり，CD，DVD等に複写して，それを交付する方法も選択しうる。Article 29 Data Protection Working Party, Guidelines on the right to data portability（Adopted on 13 December 2016, as last revised and adopted on 5 April 2017）, 16/EN（WP 242 rev.01）, at 14.

(28)　Van der Auwermeulen, supra note 2, at 69. De Hert et al., supra note 2, at 197.

(29)　Gabriera Zanifer, 'The right to Data Portability in the context of the EU data protection reform', 2 International Data Privacy Law, 149, 157（2012）.

(30)　Article 29 Data Protection Working Party, Guidelines on the right to data portability（Adopted on 13 December 2016, as last revised and adopted on 5 April 2017）, 16/EN（WP 242 rev.01）, at 6.

③他の取得者に対する開示が予定される場合，遅くともその個人データが最初に開示される時点において，新たなデータ管理者は，当該データの処理の目的を当該データ主体に通知する義務を負う（GDPR14条1項c号，3項）。

同条に係る前文（68）においては，「処理が自動的手段により行われる自己の個人データへのコントロールをさらに強化するため，データ主体は，自らデータ管理者に提供した自己の個人データを，構造化され，一般に利用され，機械可読で，相互運用性[31]のあるフォーマットで受け取り，他のデータ管理者に移転することが認められるべきである。データ管理者は，データ・ポータビリティを可能にする相互運用性のあるフォーマットを開発することが奨励される。その権利は，データ主体が自己の個人データを同意に基づき提供したか，または処理が契約の履行のために必要な場合に行使されうるのであり，同意または契約以外の法的根拠に基づき行使されるべきではない。その性質上，この権利は，データ管理者による公的義務の履行のための個人データ処理には適用されない。したがって，データ管理者による法的義務の遵守，公益のための任務の遂行，データ管理者に課された公的権限の行使のために必要な個人データの処理には適用されるべきではない。自己の個人データを移転または受け取るデータ主体の権利は，技術的に適合する処理システムを採用したり維持したりする義務を課すものではない。あるまとまりのある個人データが複数のデータ主体に関するものである場合，個人データを受け取る権利は，GDPRを遵守し，他のデータ主体の権利および自由を侵害することがあってはならない。さらに，この権利は，データ主体が個人データを削除することを妨げるものではなく，GDPRに規定されたこの権利の制限を逸脱するものであってはならない。とりわけ，契約の履行のために自ら提供したデータ主体の個人データを当

---

(31)　GDPR前文（68）は，データ・ポータビリティを可能にする相互運用性のあるフォーマットを開発するように奨励されるとする（義務ではない）。相互運用性が，消費者に選択肢を付与し，イノベーション，競争，多様性を促進し，予期できない便益をもたらしうるとする見解もある。John Palfrey & Urs. Gasser, Interop: The Promise and Perils of Highly Interconnected Systems（2012), at 8.1991年のEUのコンピュータ・プログラム指令6条は，ライセンス等を有する第2当事者が第1当事者の製品を研究し，相互運用性を達成するために必要な情報をコピーすることを著作権侵害とせずに認めている。Council Directive of 14 May 1991 on the legal protection of computer programs　(91/250/EEC), at 4-5.合衆国控訴裁判所も，メニュー・コマンドの階層を他者がコピーすることを著作権によって阻止することはできないと判示している。Lotus Development Corp. v. Borland International, 49 F.3d 807（1st Cir. 1995).

［消費者法研究 第5号（2018. 9）］

該契約の履行に必要であるにもかかわらず削除しうることを意味するものと解してはならない。技術的に可能な場合には，データ主体は，個人データを直接にデータ管理者間で移転させる権利を有するべきである」と解説されている。

8　適　用　分　野

データ・ポータビリティ権は，ソーシャルメディア，検索エンジン，オンライン・フォトストレージ，電子メール，オンライン・ショッピングにも適用され，データ・ポータビリティ権の規定の適用を受けるデータ管理者は，銀行，製薬会社，エネルギー供給事業者，航空会社，ピザ宅配店，クリーニング点等も含みうるし[32]，雇用主が従業者の履歴書をデータベースで管理している場合なども対象となり[33]，その影響はきわめて大きいといえる。このようにデータ・ポータビリティ権は広範な分野に適用されるが，主たる適用分野として念頭に置かれているのは，SNS である。すなわち，欧州委員会は，データ・ポータビリティ権により移転されるデータの例として，写真，友達リスト，コンタクト情報，個人的なコミュニケーション等，ソーシャル・ネットワークを念頭に置いた記述をしていたし[34]，データ・ポータビリティ権による競争促進の例としてソーシャル・ネットワークを挙げていた[35]。このことは，大きなロック・イン効果が問題になっているのが SNS であることを示しており，そのため，SNS のみをデータ・ポータビリティ権の対象にすべきであったとする意見もある[36]。

---

(32)　Aysem Diker Vanberg & Mehmet Bilal Ünver, 'The right to data portability in the GDPR and EU competition law: odd couple or dynamic duo?', 8 European Journal of Law and Technology 1, 2（2017）.

(33)　Peter Carey, Data Protection, fifth edition, 2018, at 137.

(34)　European Commission, Commission Staff Working Paper, Impact Assessment accompanying the document Regulation of the European Parliament and of the Council on the protection of individuals with regard to the processing of personal data and on the free movement of such data （General Data Protection Regulation）and Directive of the European Parliament and of the Council on the protection of individuals with regard to the processing of personal data by competent authorities for the purposes of prevention, investigation, detection or prosecution of criminal offences or the execution of criminal penalties, and the free movement of such data, SEC（2012）72 final, at 28.

(35)　Commission Staff Working Paper, supra note 33, Annex 5, at 106.

9　目　　的

（1）複数の目的

　データ・ポータビリティ権は，個人のデータ保護権の強化，競争とイノベーションへの貢献という複数の異なった目的を有すると指摘されることが少なくなく，両者の関係およびそれがデータ・ポータビリティ権の解釈に与える影響については議論が続いている[37]。GDPR の採択前に，欧州連合理事会において，データ・ポータビリティの概念は，データ保護の領域を越えており，競争法または知的財産の問題であるという懸念を表明する EU 加盟国も存在した。GDPR 採択後においても，データ・ポータビリティは，少数の巨大なデータ管理者にのみ影響を与える競争法の問題であるという指摘があり，データ・ポータビリティの目的についての議論がなされている。WP29 のこの問題に対する立場も揺れ動いており，2016 年 12 月 13 日にまとめられたデータ・ポータビリティ権についてのガイドラインの初版では，「データ・ポータビリティの主たる目的は，あるサービスから別のサービスへ移行することを促進し，サービス間の競争を促すことにある。……デジタル単一市場戦略における新サービスの創造を可能にする」とし，「データ・ポータビリティ権により，データ利用におけるイノベーションや，データ主体のコントロールの下での安

---

(36)　Inge Graef, Jeroen Verschakelen & Peggy Vaicke, 'Putting the Right to Data Portability into a Competition Law Perspective', Law. The Journal of the Higher School of Economics, Annual Review, 53, 61（2013）.

(37)　Vanberg & Ünver, supra note 32, at 4 も，データ・ポータビリティ権の目的は，競争法や消費者保護法の目的と競合すると指摘する。European Commission, Proposal for a Regulation of the European Parliament and of the Council on the protection of individuals with regard to the processing of personal data and on the free movement of such data（General Data Protection Regulation）, COM（2012）11 final では，ロック・イン効果を減少させることは，データ・ポータビリティ権の目的に含まれていなかったが，European Commission, Commission Staff Working Paper, Impact Assessment accompanying the General Data Protection Regulation and the Directive on the protection of individuals with regard to the processing of personal data by competent authorities for the purposes of prevention, investigation, detection or prosecution of criminal offences or the execution of criminal penalties and the free movement of such data, SEC（2012）11 final, at 28 では，欧州委員会は，データ・ポータビリティ権が，電気通信分野のナンバー・ポータビリティ等と同様，効果的な競争の鍵になると述べている。

全でセキュアな個人データ共有の拡大に向けた新たなビジネス・モデルを促進することが期待される」と記載されていた[38]。しかし，この文言はその後削除され，最終版では，「新たなデータ・ポータビリティ権は，ある IT 環境から別のそれに個人データを移動し，コピーし移転する能力を向上させるので，自己データに関するデータ主体の権利を強化することを目的とする」「データ・ポータビリティ権は，（サービス事業者を変更することにより）サービス間の競争を促進するかもしれないが，GDPR は個人データを規制するものであって競争を規制するものではない」と述べられている[39]。

（2）データ保護権としての位置付け

① 競争法上の規制との相違

データ・ポータビリティ権には，副次的に競争法上の目的があるともいえるが，新規参入業者が利用者を維持して投資を回収することが困難になり，新規参入が阻害されるおそれもあるという指摘もなされており[40]，競争法上の理由のみから GDPR のデータ・ポータビリティ権を根拠づけることには無理がある。したがって，データ・ポータビリティ権は競争法上の正当化を超えて，規範的な正当化を必要とし，データ・ポータビリティ権は，個人データの自己情報コントロールという独立の目的を有するという主張がなされることになる。すなわち，個人データに対する自己決定権の強化が，競争法の論理から独立にデータ・ポータビリティ権を根拠づける目的となるのである[41]。実際，データ・ポータビリティ権は，生存する個人によってしか援用されず，企業は利用できないのに対し，EU 競争法とりわけ EU 運営条約（以下「TFEU」という）102 条の規定に基づく場合には，データ・ポータビリティを得られない企業が，同条違反として法執行を求めることが可能であり，このことも，GDPR の定めるデータ・ポータビリティ権を個人データの保護権として位置付ける根拠と

---

(38)　Article 29 Data Protection Working Party, Guidelines on the right to data portability, adopted on 13 December 2016, WP 242, at 4-5.

(39)　Article 29 Data Protection Working Party, Guidelines on the right to data portability adopted on 13 December 2016 as last revised and adopted on 5 April 2017, at 4.

(40)　欧州委員会が，非個人データについては，データ・ポータビリティを推奨していないことからも，このことが裏付けられるとするとするものとして，Lynskey, supra note 8, at 809.

(41)　Ibid. at 809-810. Article 29 Data Protection Working Party, Guidelines on the right to data portability, adopted on 13 December 2016, WP 242, at 3-4.

なりうる[42]。また，競争法は企業のみが対象であるが，データ・ポータビリティ権に基づく請求に応ずるデータ管理者は，経済的活動をしていない団体や個人も対象に含む[43]。さらに，データ・ポータビリティ権と異なり，競争法では，情報を利用可能にすることが求められており，直接に他のデータ管理者にデータを移転することまでは求められない[44]。以上述べたように，競争法の観点のみからは，データ・ポータビリティ権を根拠づけることは困難であり，データ保護を目的として設定することにより，データ・ポータビリティ権に係る規制が正当化されることになると考えられる。

② 自己データ・コントロール権

データ・ポータビリティ権についての2つの視点の抵触は不可避であるが，現時点での有権解釈に従えば，権利に基礎を置くアプローチが優位することになろう[45]。すなわち，データ・ポータビリティ権は，データ主体がサービス・プロバイダをできる限り簡潔に変更することを可能にするための権利であり，これにより，データ主体の自己データへのコントロールを強化し，データ主体をエンパワメントすることになる。データ・ポータビリティ権は，自分のニーズに最も適合したサービスを選択することを容易にし，競争により，ユーザー・フレンドリーなオンライン環境が創出されることが期待される。すなわち，スイッチング・コストが極小化されれば，ユーザーの獲得競争が活発になり，ユーザーにとって魅力的な製品やサービスを開発するインセンティブが強化され，新規参入したプラットフォームにデータを移転できるために，新規参入したプラットフォームへの需要が高まり，新規参入を促進したり，よりよいサービスを提供することにより，データ・ポータビリティによる新規顧客を獲得するインセンティブが付与される可能性もある。また，デジタル市場では，データは重要な生産要素であるので，データ・ポータビリティによりデータが容易かつ迅速に利用可能になれば，イノベーションが促進され，新しいビジネスモデルが創出される可能性がある[46]。このように，ベンダー・ロックイン

---

(42) Vanberg & Ünver, supra note 32, at 10.
(43) 他方，データ・ポータビリティ権は個人データに対象を限定しているが，競争法では，個人データに限らず，あらゆるデータが対象になる。Engels, supra note 13, at 3 (Data and data portability).
(44) Lynskey, supra note 8, at 802.
(45) Lynskey, supra note 8, at 794–795.

効果を抑止し，サービス・プロバイダ間の競争を促進し[47]，プライバシー親和的な技術や相互運用性のあるデータ・フォーマットの開発を促進すると見込まれるので[48]，データ・ポータビリティ権は，消費者保護を目的とした権利ともいえる[49]。システムの相互運用性に係る権利は，データ保護よりも，消費者保護および不公正競争の抑止の問題とも理解しうるが，GDPR は，これをインターネットにおける個人データの自己情報コントロール権の問題と位置付けたのである[50]。EU においては，データ保護を受ける権利は人権であるので，このような位置付けを支持する見解も少なくない。すなわち，個人データを大量に収集したデータ管理者が，データ主体による自己データの別のデータ管理者への移転を抑止することは人権侵害であり，データ・ポータビリティ権の基礎にあるのは，人格の自由な発展であるとするのである。この見解によれば，データ管理者間の公正な競争の確保は，そのための手段として位置付け

---

(46) Engels, supra note 13, at 4-1 (platforms offering substitutes).

(47) ソーシャル・ネットワーク間の相互運用性を確保することは，ネットワーク効果を軽減することについて，Graef, supra note 4, at 510.

(48) データ・ポータビリティは，利用者の信頼および公正な競争という観点から，クラウド・コンピューティングのグローバルな発展にとって非常に重要であり，クラウド・コンピューティングにおけるデータ移転の観点からは，データ・ポータビリティは，より確固として明確で一貫した国際的データ移転に対する触媒の一つになりうることを指摘するものとして，Zanifer, supra note 29, at 160.

(49) Paul Voigt & Axel von dem Bussche, The EU General Data Protection Regulation (GDPR) -A Practical Guide (2017), at 169, Daniel Rücker & Tobias Kugler, New European General Data Protection Regulation, A Practitioner's Guide, Ensuring Compliant Corporate Practice (2018), at 144. 他方，サービス供給者にとっても，データ・ポータビリティ権が認められれば，従前は得られなかった個人データを入手することが可能になり，更新された個人データに基づくターゲティング広告を行うことが可能になる。Van der Auwermeulen, supra note 2, at 59.

(50) Paul De Hert & Vagelis Papakonstantinou, 'The proposed data protection Regulation replacing Directive 95/46/EC: A sound system for the protection of individuals', 28 Computer Law & Security Review 130, 138 (2012). GDPR の前文 (68) においても，データ・ポータビリティ権は，自己情報コントロールの強化と説明されている。データの移転を受けたデータ管理者が目的外利用を行う可能性等を指摘して，データ・ポータビリティ権が個人の利益になるとは限らないとするものとして，Center for information Policy Leadership, Comments by the Centre for Information Policy Leadership on the Article 29 Data Protection Working Party's "Guidelines on the right to portability" adopted on 13 December 2016, 15 February 2017, at 2. データ・ポータビリティ権は，データ主体が自己の個人データへの所有権の理念を基礎づけようとする最初の試みとする見方もある。De Hert et al., supra note 2, at 201.

特集 〈論説〉1 データ・ポータビリティ権について〔宇賀克也〕

られることになる[51]。De Hert らも，データ・ポータビリティ権は，データ主体のコントロール権を保障するという意味においても，データ保護と他の法分野（競争法，知的財産，消費者保護等）の接点にあるという意味においても，GDPR の中で最重要な新機軸の一つであり，それは，利用者中心の実効的なプライバシー強化技術の発展と普及の貴重な事例であり，データ経済における個人データの無形の富を個人が享受することを可能にする最初の道具であると高く評価する。そして，個人データを無償で他のデータ管理者に移転する権利は，デジタル・サービスの競争およびプラットフォームの相互運用性を促進し，自己のデータに対する個人のコントロールを強化する強力な手段であると述べている[52]。

Graef も，ナンバー・ポータビリティとデータ・ポータビリティを区別し，前者は，消費者に選択を認め，電気通信市場における競争を活性化させることが目的とするが，後者の主たる目的は，利用者が自己情報をコントロールすることを可能にし，オンライン環境への信頼を醸成することであるとする[53]。個人データ保護指令は，自己情報コントロールや情報自己決定権について明示的には言及していなかったが，GDPR では，前文（7）において，自然人は，自己の個人データについてコントロールすることができなければならないと記されており，GDPR の目的はデータ保護の基本権の実効性を確保すること，より具体的にいえば，個人が自己の個人データのコントロールを確保すること

---

(51)　データ・ポータビリティ権を 1983 年にドイツの連邦憲法裁判所が統計事件判決（Bundesverfassungsgericht, Urteil vom 15.12.1983, BverfgE 65, 1, 41）で判示した情報自己決定権の延長に位置付け，EU 基本権憲章 7 条のプライバシー権，同憲章 8 条のデータ保護権と結び付けて理解すべきとするものとして，Zanifer, supra note 29, at 152.他方，GDPR の立法過程が，新たな憲法上の権利を設ける場合のそれと異なり，通常の法令の立法過程であるので，GDPR により，基本権としてのデータ・ポータビリティ権が新設されたとみることに疑問を提起するものとして，Swire & Lagos, supra note 3, at 367-368, 380.

(52)　De Hert et al., supra note 2, at 194.GDPR のデータ・ポータビリティには，（ⅰ）データ・ポータビリティにより，1983 年にドイツ憲法裁判所が判示した情報自己決定権の延長上に位置付けられる個人データの自己コントロール，個人データの保護を確保し，個人データの処理のアカウンタビリティを強化し，これによって，オンライン環境における経済発展を促進するためのオンライン・サービスへの消費者の安心感と信頼を醸成すること，（ⅱ）消費者のロック・インを減少させること，（ⅲ）独占力を弱め，市場における競争を促進し，新規参入を容易にすることの 3 つの目的があると指摘するものとして，Van der Auwermeulen, supra note 2, at 68.

(53)　Graef, supra note 4, at 507.

[消費者法研究　第 5 号（2018. 9 ）]

であるといえる。そして，データ・ポータビリティ権についての GDPR 前文（68）
においても，データ・ポータビリティ権を自己情報のコントロール権と位置付
けており，データ・ポータビリティ権の第 1 次的目的をデータ保護権の一環を
なすものとして位置付ける立法者意思は，この点からも裏付けられる[54]。

③　基本権としての位置付け

データ・ポータビリティ権は，EU の通常の立法手続を経て GDPR に規定さ
れたものであり，GDPR に規定されていることから基本権に該当すると解す
るのは，いわゆる下克上解釈ではあるが，Lynskey は，欧州連合司法裁判所
が，この権利を EU 基本権憲章に由来するものとして位置付けると予測する。
なぜならば，同憲章 8 条 1 項は，「何人も，自己の個人データの保護を受ける
権利を有する」と規定し，同条 2 項は，明示的にアクセス権，訂正権について
定めているが，欧州連合司法裁判所は，同条で明記されていない個人データに
係る措置が同条の規定の適用を受けうると判示しているからである。たとえば，
Digital Rights Ireland Ltd v. Minister for Communications, Marine and Natural
Resources（C-293/12）EU:C:2014:238 ［2014］3 C.M.L.R.44 at ［40］は，個人
データのセキュリティ対策も同条の射程に入るという解釈を採用している。そ
して，Google Spain v. AEPD and Mario Costeja González（C-131/12）EU：C：
2014：317 at ［97］において，欧州連合司法裁判所は，EU 基本権憲章の 7 条，
8 条の規定に基づく権利は，同憲章 7 条 f 項の正当な利益テストにおいて，原
則としてデータ管理者（検索サービス事業者）の経済的利益に優越すると判示
しているので，データ・ポータビリティ権は，データ管理者の経済的利益に優
越するものと判断されると推測されるのである[55]。

10　競争法による規制の可能性

（1）支配的地位の濫用

①　TFEU102 条

データ・ポータビリティ権を新設しなくても，競争法により，ロック・イン
効果の問題に対処できないのかについても検討しておく必要がある。

---

(54)　Lynskey, supra note 8, at 810.
(55)　Ibid.at 812.

特集　〈論説〉1　データ・ポータビリティ権について〔宇賀克也〕

　2012年，欧州委員会の競争政策担当委員（当時）のJoaquin Almuniaは，オンライン・サービスにおけるロック・イン効果を問題視し，データ・ポータビリティにより健全な競争環境を創出する必要性を認識したため，GDPRにデータ・ポータビリティを規定することが望ましいという立場をとったが，EU競争法が適用される可能性も否定しなかった[56]。すなわち，データ・ポータビリティを制限すると，TFEU102条の規定により制裁を受けうる可能性があるのである。TFEU102条は，支配的地位の濫用を禁止している。TFEU102条の濫用的行為には，（ⅰ）搾取的濫用（支配的地位を利用して消費者から過大な利益を得る），（ⅱ）排除的濫用（支配的地位を濫用して競争相手を排除する）の2種類があり，Vanbergらは，データ・ポータビリティの拒否が，排除的濫用に当たる場合があるかもしれないとする[57]。欧州連合司法裁判所は，支配的とは，関連市場における効果的な競争を抑止しうる企業の経済的力による地位と解釈している[58]。

② **市場占有率**

　通常，欧州委員会は，支配的地位を市場占有率で評価しており，経験に照らすと，市場占有率が40パーセント未満であれば，支配的地位があるとされる可能性は低いが[59]，他方，欧州連合司法裁判所の判例法によれば，市場占有

---

(56) Commissioner Almunia, 'Competition and Personal Data Protection (Privacy Platform Event: Competition and Privacy in markets of Data, Brussels, 26 November 2012) available at http://europa.eu/rapid/press-release_SPEECH-12-860_en.htm. 独禁法や人権の観点を離れても，相互運用性にプラスの影響を与えるために，データ・ポータビリティが促進されるべきとするものとして，Bart Custers and Helena Ursic, 'Big data and data reuse: a taxonomy of data reuse for balancing big data benefits and personal data protection', International Data Privacy Law, at 12, note 57 (2016) (available at https://papers.ssrn.com/sol3/papers.cfm?abstract_id=3046774). 欧州連合理事会においても，英国は，データ・ポータビリティは，データ保護の範囲を超え，消費者法または競争法の問題であると指摘し，フランスやオランダの代表からも，競争法や知的財産権法との関連が不明確との意見が出されている。Council of the European Union, Interinstitutional File:2012/0011 (COD), 10614/14, (6 June 2014), note 1 (available at http://register.consilium.europa.eu/doc/srv?l=EN&f=ST%2010614%202014%20INIT).

(57) Vanberg & Ünver, supra note 32, at 6.

(58) Case C-27/76, United Brans v. Commission (1978) E.C.R. 207.

(59) European Commission, Communication from the Commission-Guidance on the Commission's enforcement priorities in applying Article 82 of the EC Treaty to abusive exclusionary conduct by dominant undertakings (2009/C 45/02) Ⅲ A14.

［消費者法研究 第 5 号（2018. 9 ）］

率が 50 パーセント以上であれば，原則として支配的地位があるとされる[60]。関連市場を評価する場合，欧州委員会は，代替可能性基準により，製品またはサービスが同一市場に属するかを判断するが，オンライン・サービスの場合，絶えず進化する新製品が創出され，相互に関連する部分もあるので，関連市場を定めるのが困難であり，したがって，市場占有率を評価して支配的地位の有無を判断することは容易ではないことになる[61]。

③　排除的行為

関連市場における支配的地位が立証されれば，欧州委員会は，排除的行為の有無を評価して，支配的地位の濫用の有無を審査することになる。排除的行為とは，支配的地位を有する企業が，製品またはサービスの内容に基づく競争以外の手段で，現実のまたは潜在的な競争者を排除することであり，データ・ポータビリティの文脈では，利用者が自己のデータを他の事業者に移転することを禁止することにより，スイッチング・コストを生ぜしめ，利用者がロック・インされ，新規参入が困難になるので，オンライン・サービス事業者は，反競争的に行動していると評価されうる[62]。

④　電気通信分野との比較

電気通信分野でも，ソーシャル・ネットワークの分野でも，スイッチング・コストとネットワーク効果が，ポータビリティと相互運用性の問題を惹起したが，電気通信分野では，この問題は，ナンバー・ポータビリティとすべての電話会社を対象とした公衆通信網の相互接続を義務付ける規制により対処された。これに対し，ソーシャル・ネットワークの分野では，個人データが問題になるので，データ保護およびプライバシーの問題も考慮する必要があり，問題はより複雑である[63]。

⑤　競争法の観点からの批判

データ・ポータビリティ権を競争法上の問題と位置付ける立場からは，デー

---

(60)　Case C-62/86, Akzo Chemie v. Commission（1991）E.C.R. I-3359.

(61)　Van der Auwermeulen, supra note 2, at 61-62. Vanberg & Ünver, supra note 32, at 5 も，とりわけ急速に変化するダイナミックな消費者コミュニケーション・サービスの分野では，市場占有率も短期間に急変するので，市場占有率は競争力の限定的な指標でしかないと指摘する。

(62)　Van der Auwermeulen, supra note 2, at 62.

(63)　Graef, supra note 4, at 512.

タ・ポータビリティ権が，競争法上の規制を上回る厳しい規制を課していることに批判がなされている。すなわち，競争法上は，（ⅰ）支配的な市場力，（ⅱ）排他的慣行，（ⅲ）排他的慣行の弊害を相殺するような効率性の不在の3要件が，規制を正当化するために必要とされるが，（ⅰ）について，市場占有率の高さが規制の要件であるべきであるにもかかわらず，データ・ポータビリティ権が操業を開始したばかりのソフトウェア会社のように，微々たる市場占有率しか有しない会社にも，寡占企業と同様に適用されることに対して，疑問が提起されることになる[64]。また，（ⅱ）についても，相互運用性の制限やエクスポート・インポート・モジュール（以下「EIM」という）を作成しないことは，排除的行為となるものの，典型的な排他的慣行が認められているわけではなく，また，（ⅲ）については，データ・ポータビリティ制度の立案に当たり配慮されていないという批判がなされている。

（2）供給拒否

ロック・インが米国独占禁止法の「取引拒絶（refusal to deal）」に起源を有するEU法の「供給拒否（refusal to supply）」に当たるかが問題になるが，欧州委員会は，一般的には，供給するか否か，誰に供給するかを選択する自由があるので，「供給拒絶」が排除的行為になるのは，主要市場における支配的地位に加えて，（ⅰ）川下（下流）市場において効果的な競争を行うために当該製品またはサービスが客観的に必要なこと，（ⅱ）「供給拒絶」が川下（下流）市場における効果的な競争の排除につながるであろうこと，（ⅲ）「供給拒絶」が消費者に損害を与えるであろうことの3要件を満たさなければならないとする。裁判例[65]においても，上記の3要件が満たされることが，「供給拒否」の要件を満たすと判示されている。すなわち，支配的地位を有する企業が，当該オンライン・サービスに不可欠である個人データの移転を制限することにより，効果的な競争が損なわれ，消費者が損害を被るのであれば，排除的行為となり，TFEU102条の規定が適用されるが，この要件を満たすハードルは高い。

（3）不可欠施設の理論

オンライン・サービス市場に競争をもたらすためには，競合するデータ管理

---

(64) Swire & Lagos, supra note 3, at 338-339, 350.

(65) Case T-201/04, Microsoft v. Commission, 2007 E.C.R. Ⅱ-3619.

[消費者法研究 第5号（2018.9）]

者が保有する個人データにアクセスできる必要があるので，「供給拒否」の理論と密接に関係した「不可欠施設の理論（essential facilities doctrine）」が，データ・ポータビリティ権にも適用されうるようにもみえる。しかし，「不可欠施設の理論」は，学者や合衆国最高裁判所により厳しく批判され，この理論を支持する者も，その要件を厳格に解している。連邦取引委員会（FTC）の前委員長である Robert Pitofsky は，この理論を適用するためには，①独占者が不可欠施設を支配していること，②競争者が当該施設を設けることが実際上困難なこと，③競争者が当該施設を使用することが拒否されていること，④当該施設を競争者に提供することが可能なことの4要件を満たす必要があるとする[66]。したがって，データ・ポータビリティ権の画一的適用を「不可欠施設の理論」により正当化することも困難という指摘がされている[67]。実際，EU法では，個人データのデータベースへのアクセスが，特定のサービスの運営にとって不可欠であって，競争者にとって，当該個人データなしに運営を行うことが不可能とされた例はない。「不可欠施設の理論」の要件が厳格に限定されていることに鑑みると，企業が，支配的な競争者のデータにアクセスすることなしに自らデータベースを作成することができないことを証明するのは，相当困難と思われる[68]。

（4）抱き合わせ販売

オンライン・サービス事業者による個人データのロック・インは，相互運用性のないソフトウェア・プログラムを作成することにより，自己の製品を「抱き合わせ（tying）販売」していると構成することも考えられるが，「抱き合わせ販売」の要件は厳格であり，Microsoft が Windows Media Player を Windows の OS と違法に抱き合わせたとされた事案で，欧州連合司法裁判所の第1審判決[69]は，「抱き合わせ販売」が違法とされるためには，以下の4つの要件を満たす必要があるとした。すなわち，①抱き合わせる製品と抱き合わされる製品が2つの異なる製品であること，②抱き合わせる製品の市場において，

---

(66) Robert Pitofsky, The Essential Facilities Doctrine Under U.S. Antitrust Law (submitted to the European Commission) (available at http://www.ftc.gov/os/comments/intelpropertycomments/pitofslyrobert.pdf).

(67) Swire & Lagos, supra note 3, at 362-363.

(68) Vanberg & Ünver, supra note 32, at 8.

(69) Case T-201/04, Microsoft v. Commission, 2007 E.C.R. Ⅱ-3619.

当該事業が支配的であること，③抱き合わされる製品なしに抱き合わせる製品を購入する選択肢を消費者に与えていないこと，④当該実務が，競争を除去していることである[70]。しかし，データ・ポータビリティが問題になる文脈では，①の異なる製品の要件を満たしておらず，②については，データ・ポータビリティ権は，支配的でない事業者を含めて画一的な規制を行うものであること，③については，消費者は，データ・ポータビリティ権がなくても，自己の情報を開示させて，他のオンライン・サービスで使用することが，法的にも実際上も不可能というわけではないこと，④については，市場へのダイナミックな影響が考慮されるので，排他性を正当化する抗弁を提出しうるが，データ・ポータビリティ権については，かかる考慮がなされないことに鑑み，「抱き合わせ販売」として一律に規制することも競争法上は困難とみられる[71]。

（5）TFEU102条の規定の適用の可能性

以上みてきたように，TFEU102条の規定の適用の要件は厳しく，データ・ポータビリティに適用するハードルは高い。もっとも，Googleのアドワーズ（AdWords）について，データ・ポータビリティを拒絶することが支配的地位の濫用にならないかを欧州委員会が調査しており，また，ドイツのカルテル庁が，Facebookが支配的地位を濫用して，利用者に対して搾取的濫用を行っていないかを調査していることから窺えるように，TFEU102条がGDPRのデータ・ポータビリティ権にも適用される可能性がまったくないわけではない[72]。そして，事前規制が導入されていることは，同じ分野における欧州競争法の執行を原則として妨げないので[73]，支配的なソーシャル・ネットワーク事業者がデータ・ポータビリティや相互運用性を拒絶することが，TFEU102条b項

---

(70) 他方，欧州委員会は，「抱き合わせ」が違法とされるためには，（ⅰ）支配的企業により行われること，（ⅱ）抱きあわせる商品と抱きあわされる商品が区別されなければならないこと，（ⅲ）抱き合わせにより競争を阻害することの3つの要件を満たすことが必要とする。European Commission, Communication from the Commission-Guidance on the Commission's enforcement priorities in applying Article 82 of the EC Treaty to abusive exclusionary conduct by dominant undertakings Ⅳ B 50 （available at https://publications.europa.eu/pl/publication-detail/-/publication/0c037f2a-2475-486e-b6fa-8826bc98f9f6/language-en）.

(71) Swire & Lagos, supra note 3, at 363-364.

(72) Vanberg & Ünver, supra note 32, at 9-10.

(73) Commission decision Deutsche Telekom AG [2003] OJ 2003, L 263/9, Case C-280/08P, Deutsche Telekom AG [2010] E.C.R. I-9955.

［消費者法研究 第 5 号（2018. 9）］

の排除的行為に当たるとして，欧州委員会が，データ・ポータビリティや相互
運用性を確保する義務を支配的企業に課すことはありえないわけではないので
ある[74]。そして，データ・ポータビリティ権が機能しないときに競争法が
セーフティーネットとして働くことを期待する意見もある[75]。もっとも，競
争法の下での相互接続義務は，支配的地位を有する企業に対してのみ課しうる
ので，当該市場における支配的地位を有する企業と他の企業の間の相互運用性
は実現されるが，非支配的企業間の相互運用性は確保されない。真の相互運用
性を確保するのは，すべてのオンライン・サービス事業者が相互運用可能に
なったときである[76]。

（6）反トラスト法

米国では，データ・ポータビリティはプライバシー立法の問題としてよりは，
反トラスト法の問題として議論されている。EU 競争法と異なり，米国の反ト
ラスト法（シャーマン法 2 条）では，①競争者が独占力を有すること，②独占
力を有する企業が排除的行為を行ったことが，同法が適用される要件となる
（ただし，独占を企図する行為も禁止されうる）。しかし，オンライン・サービス
の分野では，市場占有率を示すことは困難であり，また，同分野では，参入コ
ストは低く，参入に必要な技術も限られているので，一般的には参入障壁は低
い。そこで，米国では，ネットワークの価値が利用者数に依存している場合の
「ネットワーク効果」が議論されている。この「ネットワーク効果」には，直
接的なものと間接的なものがあり，直接的効果は，利用者数の増加によりネッ
トワークの価値が直接的に増加することを意味し，間接的効果とは，補完業者
の発展が利用者にとってのシステムの価値を増加させる場合を意味する。参入
障壁を評価する今一つの基準が「システムの粘着性（stickiness of the system）」
である[77]。

しかし，たとえ支配的地位の要件を満たしても，排除的行為の要件も充足し

---

(74)　Graef, supra note 4, at 505, Engels, supra note 13, at 3（Data and data portability）.
Commission Decision Microsoft［2004］OJ L32/23, Case T-201/04, Microsoft v.
Commission［2007］E.C.R. Ⅱ-3601 においては，マイクロソフトがクライアント OS
市場における支配的地位を濫用して，相互運用性に係る情報を競争相手と共有するこ
とを拒否したと認定されている。

(75)　Graef, supra note 4, at 507.

(76)　Ibid. at 510.

(77)　Van der Auwermeulen, supra note 2, at 63-66.

なければならないが，反トラスト法に関する判例法に照らすと，データ・ポータビリティの制限が排除的行為とは認められるかは疑問視されている[78]。なぜならば，反トラスト法は，原則として，競争相手と協力する義務を課していないからである[79]。したがって，データ・ポータビリティ権は，競争法よりも厳格にロック・イン効果，スイッチング・コストを規制しており，競争法の観点からは，容認できないという指摘につながるのである[80]。

11　対象となる個人データ

（1）仮名データおよび匿名データ

　データ・ポータビリティ権の対象となる個人データは，GDPR 4条1項で定義されている[81]。立法者がデータ・ポータビリティ権の対象として主として念頭に置いていたのは，ソーシャル・ネットワークであるが，それに限らず，クラウド・コンピューティング，ウェブサービス，スマホアプリその他の多様な自動処理システムのデータ管理者が対象になる[82]。仮名を用いていても，

---

(78)　米国では，下級審で Twitter の firehose へのアクセスを求める訴訟で一方的緊急差止命令（temporary restraining order）が出されたことがあるが（PeopleBrowser, Inc. Et al.v.Twitter, Inc, No.C-12-6120 EMC, 2013 WL 843032（N.D.Cal.March 6, 2013），和解で決着している。

(79)　Van der Auwermeulen, supra note 2, at 66-67.

(80)　Swire & Lagos, supra note 3, at 350-351, 360-362, 365.

(81)　Van der Auwermeulen は，オンライン・サービスに登録する際に入力した氏名，性別，生年月日等が個人データであることは明確であり，本人がアップロードした写真，ステータス・アップデートも個人データに当たるが，ウェブサイトの利用に関する分析目的で作成された統計データは，複数のデータを集計したものであり，個人データに含まれないと解すべきとする。Van der Auwermeulen, supra note 2, at 69.

(82)　雇用契約を締結するために提出した履歴書等も自動処理されていれば対象になりうると指摘するものとして，Peter Carey, Data Protection-A Practical Guide to UK and EU Law, Fifth Edition, 2018. at 137. 雇用関係においては，自由な同意が行われることはほとんどないので，契約に基づき提供された個人データが問題になる。Article 29 Data Protection Working Party, Guidelines on the right to data portability（Adopted on 13 December 2016, as last Revised and adopted on 5 April 2017), 16/EN（WP 242 rev. 01), at 8.ただし，雇用契約の場合，被用者が雇用者に提供する個人データの大半は，雇用契約の履行上必要なものであり，GDPR 20条3項は，公益のための任務の遂行，データ管理者に課された公的権限の行使のために必要な個人データの処理については，データ・ポータビリティ権の規定は適用されないと定めており，雇用主は，公的義務の履行のために被用者の個人データを大量に処理しているので，データ・ポータビリティ権が適用されない場合が多いと思われる。Voigt & Bussche, supra note 49, at 173.

［消費者法研究 第 5 号 (2018. 9)］

識別子によりデータ主体とリンクされていれば，個人データであり，データ・ポータビリティ権の対象になる[83]。他方，GDPR は完全に匿名化されたデータには適用されない（GDPR11 条 2 項）。したがって，データ管理者が特定のデータ主体を識別できないことを合理的な方法で示せば，データ・ポータビリティ権の適用対象とならないが，データ主体が，付加的な情報を提示し，それと照合することにより自分が特定されることを示せば，データ・ポータビリティ権を行使可能である。匿名化されてクラウドに送られたデータには，データ・ポータビリティ権は適用されないし，匿名化されないかたちでクラウドに送られたデータが，後にデータ主体の同意を得て匿名化された場合には，やはり，匿名化されたデータにはデータ・ポータビリティ権は適用されない[84]。

（2）自動処理

データ・ポータビリティ権は，処理が自動的手段（automated means）[85]により行われることを要件としているが，これは，データ処理システムを使用していることを意味する[86]。「自動処理された」データであるので，手作業が加わったものは除外される。したがって，紙のファイルは含まれない[87]。処理過程のどこかで手作業が加われば全体が適用除外になるのか，手作業による評価データのみが適用除外になるのかという解釈問題がある[88]。この点について，GDPR 2 条 1 項は，「全部又は一部自動化された手段」という表現を用いており，一部の自動化を含むと解釈すべきという指摘がある[89]。

---

(83)　Article 29 Data Protection Working Party, Guidelines on the right to data portability（Adopted on 13 December 2016, as last Revised and adopted on 5 April 2017), 16/EN (WP 242 rev.01), at 9.

(84)　Rücker & Kugler, supra note 49, at 144, Lucio Scudiero, 'Bringing Your Data Everywhere: A Legal Reading Of The Right To Portability', 3 European Data Protection Law Review 119, 126 (2017).データ・ポータビリティ権の行使の目的の一つがロック・イン状態の回避にあることに照らすと，かかる場合にこの権利の対象外になるのは不合理という批判がある。Zanifer, supra note 29, at 159.

(85)　自動的手段という文言は，GDPR 4 条 2 項においても用いられている。

(86)　Voigt & Bussche, supra note 49, at 170.

(87)　A29 Data Protection Working Party,"Guidelines on the right to data portability"（13 December 2016) 16/EN WP 242), at 7.

(88)　Scudiero, supra note 84, at 123.

(89)　Lynskey, supra note 8, at 800.

特集 〈論説〉1 データ・ポータビリティ権について〔宇賀克也〕

（3）データ主体による提供

① 2つの解釈

データ・ポータビリティ権の射程をめぐり，最も議論があるのが，データ主体が「自らデータ管理者に提供した（he or she has provided to a controller）」という要件の解釈についてである。これは，データ主体が任意に提供した場合に限定する趣旨である[90]。データ・ポータビリティ権に基づき個人データが新たなデータ管理者に移転した場合，データ主体は，新たなデータ管理者に対して当該データを提供したことになり，新たなデータ管理者は，他の要件を満たす限り，データ・ポータビリティ権の行使に対応する必要がある[91]。

「本人から提供されたデータ」の意味については，データ主体が書面その他の明示的な方法（たとえば，登録フォームへの記入，質問への回答，デジタル・プラットフォームへのコンテンツのアップロード等）により提供したもの（メールアドレス，氏名，年齢等）に限定する狭い解釈と，GPS の位置データ，クッキー，プリファレンス等，同意または契約に基づいてデータ管理者が収集したものであって，自動的に収集される IP アドレスやあらゆる形式のユーザー・トラッキングを含むとする広い解釈がありうる。狭い解釈は，「受け取ったデータ（received data）」のみを対象とし，広い解釈は，「受け取ったデータ」と「観察されたデータ（observed data）」を対象とする。

② 狭い解釈

狭い解釈がとられるべきとする主たる根拠は，文理解釈であり，「提供する（provide）」というのは能動的行為であり，誰かが，クッキーや位置追尾等により自分のデータを受け取ることを受容するという受動的な形態とは異なる。実際，GDPR は，広く解釈されうる個人データの蓄積に言及するときは，しばしば受動形を用いる。すなわち，GDPR15 条 g 項は，「データ主体から収集されたデータ（data［...］collected from the data subject）」という表現を用いており，これは，「受け取ったデータ」と「観察されたデータ」の双方を対象とする。また，データ・ポータビリティの対象を広く解釈した場合，データ管理者による遵守コストが不合理に多額になる場合が生じうることも，狭い解釈を支

---

(90)　Ian Long, Data Protection-The New Rules（2016）, at 158.

(91)　Article 29 Data Protection Working Party Guidelines on the right to data portability（Adopted on 13 December 2016, as last Revised and adopted on 5 April 2017）, 16/EN（WP 242 rev.01）, at 7, note 13.

［消費者法研究 第5号（2018.9）］

持する論拠となりうる（もっとも，データ主体の営業を困難にするような過大な負担となる場合には，GDPR20条4項の規定の適用があるとも解しうる）[92]。

③ 広い解釈

　他方，広い解釈がとられるべきとする最大の根拠は立法者意思であり，GDPRの前文(68)では，データ・ポータビリティ権は，データ主体が同意に基づいて提供したか，または処理が契約の履行のために必要な場合に適用されると説明されており，クッキーや他の自動的に生成されたデータ，GPSデータも同意に基づき提供されたものに含まれるという趣旨と思われる。前文(68)によれば，データ・ポータビリティ権は，個人の自己情報コントロール権を強化するためのものであり，広い解釈のほうが，この目的に適合するからである[93]。また，技術的分野における人権を取り扱う場合には，個人を擁護する解釈が常に望ましいという意見もある[94]。WP29も，「提供した」は，「能動的に提供されたデータ」のみならず，「受動的に提供されたデータ」，すなわち，データ主体の個人データと関係し，個人の行動の観察から得られたデータを含む（ただし，当該行動の事後の分析結果は除く）として，広い解釈を採用することを明確にしている。かかる「観察されたデータ」もデータ・ポータビリティ権の対象に含めることにより，データ主体は，データ管理者がどの範囲の「観察されたデータ」を収集しているかをよりよく認識し，どの範囲のデータの取得に同意するかの判断をより適切に行うことができるようになる。そこで，WP29は，「データ主体が提供した」は広く解釈されるべきであり，データ・ポータビリティ権は，データ主体が能動的，意識的に提供したデータ（メールアドレス，利用者名等）および利用者によるサービスまたは機器の利用により提供された「観察されたデータ」（アクティビティログ，検索履歴，トラフィック・データ，位置データ，ウェアラブル端末により計測された心拍数等）に適用さ

---

(92)　Swire and Lagos, supra note 3, at 347 は，狭い解釈をとり，直接アップロードされたデータ，すなわち，写真や利用者がそのサイトに打ち込んだ情報（ステータス・アップデート，プロファイル情報等）に限るべきとする。

(93)　De Hert et al., supra note 2, at 199-200, Gianclaudio Malgieri,'User-provided personal content' in the EU: digital currency between data protection and intellectual property', 32 International Review of Law, Computers & Technology 118, 131 (2018).

(94)　Paul De Hert, 'The Future of Privacy. Addressing Singularities to Identify Bright-line Rules That Speak to Us' 4 European Data Protection Law Review 461, 463 (2016).

特集　〈論説〉1　データ・ポータビリティ権について〔宇賀克也〕

れ，データ管理者によって「推論された（inferred）」または「導出された（de-rived）」データ，具体的には，分析のためにサービス事業者が作成したクレジット・スコアや利用者のフィットネス分析による健康評価結果のような利用者のプロファイル，すなわち，データ管理者によるデータ処理の一環として（たとえば，パーソナライゼーション，レコメンデーション，ユーザー・カテゴライゼーション，プロファイリングにより）生成されたデータは，「推論されたデータ」「導出されたデータ」であり，データ・ポータビリティ権の対象外とする[95]。データ管理者が複雑なアルゴリズムを用いた「推論されたデータ」を対象外とすることにより，データ管理者の知的財産権の問題は原則として回避しうると思われる。なお，EDPS も，データ・ポータビリティ権が実効性を有するためには，広い解釈をとる必要があるとする[96]。

　以上を踏まえると，「提供されたデータ」とは，データ管理者の知的活動により処理されていないすべてのデータを意味し[97]，書面またはそれに類似する方法で明示的に提供されたデータのみならず，データ管理者がアルゴリズム等による知的，経済的，科学的努力なしに単に観察したデータ（位置データ，フィットネスデータ，クッキーで生成されたデータ等）を含むと解される[98][99][100]。Malgieri は，GDPR20 条の「提供されたデータ」を解釈する際に，①データ主体の行動，②データ主体の認識の程度，③データ管理者の行動という少なくとも 3 つの要素を考慮する必要があるとする[101]。また，Lynskey は，GDPR が他者の権利や自由に不利益を与えてはならないと規定しているので，「推論されたデータ」は対象外とすることは，分析データのような

---

(95)　Article 29 Data Protection Working Party, Guidelines on the right to data portability（Adopted on 13 December 2016, as last revised and adopted on 5 April 2017), 16/EN（WP 242 rev.01), at 9–11, Rücker & Kugler, supra note 49, at 144.

(96)　European Data Protection Supervisor, EDPS Recommendations on the EU's Options for Data Protection Reform（2015/C 301/01), note 34. 消費者をエンパワーするという GDPR の目的に照らし，広義の解釈に理解を示しつつ，広義の解釈へは異論もあり，確立した説とはいえないことに注意を喚起するものとして，Carey, supra note 33, at 138.

(97)　Scudiero は，友達リストから除外した者のリストはデータ・ポータビリティ権の対象になるが，自分の友達リストから除外した人物数と友達リストに加えた人物数の比率の変化のレポートを利用者が求めることはできないことになろうと述べる。Scudiero, supra note 84, at 122.

(98)　Malgieri, supra note 93, at 130–131.

［消費者法研究 第5号（2018. 9）］

データ管理者の知的財産を保護する観点からは正当化されるが，分析データが
データ・ポータビリティ権の対象にならなくても，個人データではあるので，
異議権（right to object）のような他の権利は適用されうることに注意を喚起し
ている[102]。また，データ・ポータビリティ権の行使により，個人データを受
け取ったデータ管理者は，受け取った個人データが関連のあるものであり，過

---

(99)　このように，「提供した」という要件については，データ主体のある程度意図的な
　　　行為を要件とし，直接的または間接的にデータ主体から取得したものである必要があ
　　　ると一般に解されている。それには，契約の履行に必要なために能動的・意識的に提
　　　供されたマスターデータ（アカウントデータ，電子メールアドレス，年齢等）および
　　　データ主体により生成されデータ管理者により「観察されたデータ」（データ主体の家
　　　庭に備えられたスマートメーターが生成するデータ，ブラウザによる検索履歴，デー
　　　タ主体が装着しているフィットネス・トラッカーにより収集された心拍数等のトラ
　　　フィック・データや位置データ等）であって，加工や分類がされていない生データも
　　　含むことになる。すなわち，当該個人データにデータ管理者がアクセスするかについ
　　　ての選択権をデータ主体が与えられていれば，この要件を満たすことになる。Article
　　　29 Data Protection Working Party, Guidelines on the right to data portability（Adopted
　　　on 13 December 2016, as last revised and adopted on 5 April 2017), 16/EN（WP 242 rev.
　　　01), at 9-11, Voigt & Bussche, supra note 49, at 170.しかし，データ主体自身ではなく，
　　　雇用主や銀行等が，データ主体の同意のもとで，データ管理者に提供した場合に，こ
　　　の要件を満たすかは定かではない。Voigt & Bussche, supra note 49, at 170.
(100)　データ・ポータビリティ権の対象とならない「推論されたデータ」であっても，
　　　データ主体は，データ管理者から，①自己に関係する個人データが取り扱われている
　　　か否かの確認を得る権利，ならびに，②それが取り扱われているときは，その個人
　　　データ，および③その取扱いの目的，④関係する個人データの種類，⑤個人データが
　　　開示された，または個人データが開示される取得者もしくは取得者の類型，特に，第
　　　三国または国際機関の取得者，⑥可能な場合，個人データが記録・保存される予定期
　　　間，または，それが不可能なときは，その期間を決定するために用いられる基準，⑦
　　　データ管理者から，個人データの訂正または消去を得る権利，データ主体と関係する
　　　個人データの取扱いの制限を要求する権利，または，取扱いに対して異議を述べる権
　　　利が存在すること，⑧監督機関に異議を申立てる権利，⑨個人データがデータ主体か
　　　ら取得されたものではない場合，その情報源に関する利用可能なすべての情報，⑩プ
　　　ロファイリングを含め，GDPR22条1項および4項に定める自動的な決定が存在する
　　　こと，また，それが存在する場合，その決定に含まれている論理，ならびに，その
　　　データ主体への重要性およびデータ主体に生ずると想定される結果に関する意味のあ
　　　る情報にアクセスする権利を有する（GDPR15条1項）。
(101)　Malgieri, supra note 93, at 133.データ管理者は，「受け取ったデータ」，「観察され
　　　たデータ」，「推論されたデータ」を分類し，データ主体に対して，データ・ポータビ
　　　リティ権の対象となるものとならないものを説明できるようにしておくべきであろう。
　　　Nicola Fulford,'The New Right to Data Portability', Privacy & Data Protection, Vol.17,
　　　Issue 3.
(102)　Lynskey, supra note 8, at 799.

特集　〈論説〉1　データ・ポータビリティ権について〔宇賀克也〕

剰でないかを確認し，不要なデータは削除する必要がある[103]。

④　データ主体とデータ管理者の双方から提供されたデータの合成

データ主体とサービス事業者の双方から提供された情報の合成の場合，デー
タ・ポータビリティ権の対象になるかの判断は微妙である[104]。たとえば，
ネット・オークションでの売手のプロファイル（eBay の評判，フィードバッ
ク・スコア等）については見解が分かれており，これらのデータはデータ・
ポータビリティ権の対象と考えるとする見解もあるが[105]，サービス事業者が
統計的または分析的な目的で作成したデータであって，データ・ポータビリ
ティ権の対象とならないとする見解もある[106]。eBay のようなオークション・
ウェブサイトでは，契約情報や広告はセラー（データ主体）自身が提供するが，
プロバイダがセラーのプロファイルにフィードバック・スコアを付加する。文
理解釈をすると，利用者は自分が提供した個人データのみ他のサイトに移転で
き，評価，評判に係るデータは提供できないことになるが，現在のサイトでよ
い評判を勝ち得たセラーは，他のプラットフォームに移行するとき，この評判
に係るデータを移転できないと新規の顧客を得ることは困難であり，他のプ
ラットフォームにデータを移転することを躊躇することが予想され，このこと
がデータ・ポータビリティ権の利用を大幅に制限しかねないという懸念も示さ
れている[107]。

World of Warcraft のようなオンライン・ゲームサイトで作成されたアバ
ター等は判断がきわめて困難なケースである。これは，プレーヤーの作業，時
間，イマジネーションの結晶であると同時に，ゲームのプラットフォームの創
作物ともいえる。もし，かかるデータもポータブルになり，簡単に競合他社に移
転されるとなると，新しいゲームのプラットフォームを製作しようとするイン
センティブを減少させることになってしまうので，これらのデータはデータ・
ポータビリティ権の対象になるとは考えるべきでないとする意見もある[108]。

---

(103)　Article 29 Data Protection Working Party, Guidelines on the right to data
　　　 portability（Adopted on 13 December 2016, as last revised and adopted on 5 April
　　　 2017）, 16/EN（WP 242 rev.01）, at 6-7.
(104)　Graef et al. supra note 34, at 56, Swire and Lagos, supra note 3, at 348.
(105)　Van der Auwermeulen, supra note 2, at 70.
(106)　Vanberg & Ünver, supra note 32, at 2.
(107)　Ibid., at 2-3.
(108)　Van der Auwermeulen, supra note 2, at 70.

［消費者法研究 第5号（2018.9）］

12 直接移転

データ主体は，GDPR20条1項のもとで提供された個人データを自ら他の
データ管理者に提供するか，直接移転を請求するかの選択肢を有する。直接移
転は，データ主体自身による移転が，不合理な努力を要したり，不可能な場合
に求められることが考えられる。データ主体が直接移転を請求した場合，それ
が技術的に可能か否かは，客観的な技術水準ならびに当該データ管理者の経済
力および努力を勘案して決定される。これらを考慮して，直接移転が技術的に
不可能ならば，データ管理者は，直接移転の請求を拒否することができる[109]。
しかし，なぜ，技術的に移転ができないかの理由を請求者に説明する責任を負
う[110]。また，直接移転ができない場合においても，データ主体は，GDPR20
条1項の規定に基づく移転を請求することができる[111]。

なお，欧州委員会草案18条2項においては，この直接移転は，個人データ
の本人から提供された「個人データ及びその他のあらゆる情報（personal data
and any other information）」を対象としていたが，GDPR20条2項では，個人
データに対象が限定されている。

また，欧州委員会草案が直接移転を「妨げられることなく」（without hin-
drance）行う義務をデータ管理者に課したことに対しては，EIMの作成を義務
付けるものであると解し，ソフトウェアにいかなる機能を持たせるかについて
は，ソフトウェア作成者自身が決定できることが効率的であり，画一的なルー
ルによりEIMの作成を義務付けることは，イノベーションを阻害するという
批判，相互運用性を確保するためのコストは大きいという批判があった[112]。
GDFR20条2項は，かかる批判を考慮して，直接移転は，技術的に可能な場

---

(109) このことがデータ・ポータビリティ権の利用を大幅に制限しかねないと指摘する
　　　ものとして，Vanberg & Ünver, supra note 32, at 3. データ・ポータビリティ権の実効
　　　性は，相互運用性を可能にする標準化の採択にかかっていると指摘するものとして，
　　　Scudiero, supra note 84, at 127.
(110) Article 29 Data Protection Working Party, Guidelines on the right to data
　　　portability（Adopted on 13 December 2016, as last revised and adopted on 5 April
　　　2017), 16/EN（WP 242 rev.01), at 16.
(111) Rücker & Kuger, supra note 49, at 145.
(112) Swire and Lagos, supra note 3, at 353, 356.

合に行えば足りるとしたものと考えられる。技術的に可能な場合に限定し、また、かかる技術を達成する期限も設定しなかったため、相互運用性を実現するインセンティブが働かないという批判もある[113]。

GDPR20条2項は、直接移転を技術的に可能な場合に限定しているために、技術的に不可能であれば、いったん個人データの写しを取得したうえで、別のサービス事業者のシステムに再入力しなければならない。その手間を考えて、結局、移転を断念し、ロックイン効果を軽減できないおそれも指摘されている。また、標準化が行われていないため、直接移転を求められた事業者は、移転先となる事業者に直接移転が可能かを確認しなければならないが、とりわけ、EU域外への移転の場合には、データ保護の十分性についてのGDPR44条の要件を満たしていなければならない。したがって、技術的に可能であっても法的に不可能な場合があり、この点の確認も必要になる。

データ・ポータビリティ権に基づく請求を受けたデータ管理者は、移転を受けるデータ管理者を自ら選択するわけではないので、移転を受けるデータ管理者がデータ保護法令を遵守することに責任を負わない[114]。

13　データ・フォーマット

（1）構造化されたフォーマット

欧州委員会草案18条1項では、「電子的で構造化されたフォーマット」で保有している個人データのみが、データ・ポータビリティ権の対象になるように読める文言を用いていた。そのため、構造化されていないソフトウェアを用いることにより、データ・ポータビリティ権の行使を回避できることになり、したがって、構造化されていないソフトウェアを用いるインセンティブが生じ、ロック・イン効果を拡大する結果を招きうるという批判があった[115]。そこで、GDPR20条1項では、データ・ポータビリティ権の対象になる個人データについて、かかる限定を課していない。データ主体は、データ管理者から「構造

---

(113)　Van der Auwermeulen, supra note 2, at 71, Graef et al, supra note 34, at 61.

(114)　Article 29 Data Protection Working Party, Guidelines on the right to data portability（Adopted on 13 December 2016, as last revised and adopted on 5 April 2017）, 16/EN（WP 242 rev.01）, at 6.

(115)　Swire and Lagos, supra note 3, at 350.

［消費者法研究 第5号（2018.9）］

化された」「一般に使用されている」「機械可読な」フォーマットでデータを受け取る権利を有する。「構造化されたフォーマット」とは，機械および人間により可読なフォーマットであり，機能性が高くデータの移転が容易なフォーマットを意味する。RDL/XML がその例である。他方，PDF は，すべての情報を一つの像で示し，再利用が困難なので，構造化されたフォーマットではない(116)。

（2）一般に使用されているフォーマット

当該データは，単に構造化されているのみならず，当該フォーマットがサービス事業者によって一般に使用されていなければならない。ある業界において，一般に利用されているフォーマットが存在しない場合には，データ管理者は，一般に使用されている XML，JSON，CSV 等のオープン・フォーマットで可能な限り詳細なメタデータとともに個人データを提供することが WP29 により推奨されている。このメタデータは，営業上の秘密を露見させることなくデータの機能と再利用を可能にするものであれば足る。ただし，データ・ポータビリティ権の行使に応ずるためにのみ，かかるメタデータを作成する義務を負うものではない。データ管理者がデータ・フォーマットについて複数の選択肢を提示できる場合には，データ管理者は，各選択の影響を明確にデータ主体に説明すべきである(117)。

（3）機械可読なフォーマット

データ処理システムやデータ管理者が用いるフォーマットが多様であり，分野ごとに最適なフォーマットが異なりうるので，GDPR は，フォーマットを特定してはいないが，高価なライセンシングの制約が付されたフォーマットは，適切なフォーマットとはいえない(118)。当初，欧州委員会は，プロバイダによって使用されるフォーマットを審査して，それが要求されるフォーマットか

---

(116)　Van der Auwermeulen, supra note 2, at 71.

(117)　Article 29 Data Protection Working Party, Guidelines on the right to data portability（Adopted on 13 December 2016, as last revised and adopted on 5 April 2017), 16/EN（WP 242 rev.01), at 18.

(118)　Article 29 Data Protection Working Party, Guidelines on the right to data portability（Adopted on 13 December 2016, as last revised and adopted on 5 April 2017), 16/EN（WP 242 rev.01), at 17.

否かを決定する予定であった。しかし，欧州議会，欧州連合理事会との調整の結果，機械可読という要件に変更された。機械可読なフォーマットとは，ソフトウェアのアプリケーションが特定のデータを容易に識別し，抽出できることを意味する[119]。コンピュータ・システムまたはウェブ・ブラウザにより読むことができ，データの自動処理を可能にし，再利用できるすべてのフォーマットを含むが，PDFやスキャンされた画像は，機械可読ではない[120]。「機械可読な」は「構造化された」と同義で重複しているようにも思われるので，データ・ポータビリティ権における「構造化された」「一般に使用されている」の意味を明確にする必要があると指摘されている[121]。

（4）妨げられることなき提供

データ主体は，受け取った個人データを他のデータ管理者に「妨げられることなく」提供することができなければならない。このことは，データ・ポータビリティ権に基づく請求を受けたデータ管理者が，データ主体または他のデータ管理者によるアクセス，移転，再利用を抑止したり遅延させるために設ける法的，技術的，財政的な障壁を設けることの禁止を意味する。したがって，データ・ポータビリティ権に基づく請求を受けたデータ管理者は，データの移転に対して高額の手数料を課したり，再利用できないフォーマットで個人データを交付したり，データセットを抽出するための手続を過度な複雑にしたり，交付するデータを故意に不明瞭にしたりすることを禁止される[122]。

（5）相互運用性

GDPRが相互運用性を求めているかについて，GDPR前文（68）においては，一方において，提供されるデータは相互運用性を持つべきとするが，他方において，データ管理者は，相互運用性のあるフォーマットを開発することが奨励されるものの，技術的に互換性のある処理システムを採用し維持すること

---

(119) 機械可読の意味については，公的部門における情報の再利用に関する指令（Directive 2003/98/EC）の前文（21）参照。

(120) De Hert et al., supra note 2, at 197, Carey, supra note 33, at 138.

(121) Scudiero, supra note 84, at 120.

(122) Article 29 Data Protection Working Party, Guidelines on the right to data portability (Adopted on 13 December 2016, as last revised and adopted on 5 April 2017), 16/EN（WP 242 rev.01), at 15.

［消費者法研究　第5号（2018. 9）］

を義務付けられるのではないとする[123]。また，WP29 は，「構造化された」「一般に使用されている」「機械可読な」は，相互運用性を促進するためのワンセットの最小限の要件であり，「構造化された」「一般に使用されている」「機械可読な」は手段であり，相互運用性は期待される結果であると説明している[124]。

　欧州議会は，フォーマットを相互運用性のあるものにし，容易に再利用可能であるのみならず，他のシステムとの互換性を要求しようとした。これは，データ・ポータビリティ権を強化するが，データ管理者にとってのコストは高くなり，小規模のオンライン・サービス事業者の参入障壁となる。おそらくその理由で，GDPR はこの立場をとらず，前文（68）で勧奨するにとどめた。「技術的に可能な場合」という要件は，構造化や機械可読性ではなく，システムの相互運用性についての要件である[125]。すなわち，データ管理者が相互運用性のあるフォーマットを開発することによりデータをポータブルにすることを奨励するが，義務にはしなかったのである[126]。データ・ポータビリティ権は，技術的に互換性のある処理システムを採用し維持する義務をデータ管理者に課すものではないので，データ管理者は，相互運用可能なフォーマットが開発できていない場合には，他のデータ管理者への直接の移転ができなくてもやむをえないし，システムの相互運用性を実現する期限が設定されているわけでもない[127]。用いられるべきフォーマットは，技術の進展に伴い変化することになり，最新の技術水準に照らして判断されるべきことになる[128]。相互運用性に係る最適のフォーマットは，分野ごとに異なりうる。GDPR 前文（68）に

---

(123)　Article 29 Data Protection Working Party, Guidelines on the right to data portability（Adopted on 13 December 2016, as last revised and adopted on 5 April 2017）, 16/EN（WP 242 rev.01）, at 3.相互運用性のある EIM なしに GDPR20 条 1 項の義務を履行できるか疑問であるとする意見もある。Scudiero, supra note 84, at 119.

(124)　Article 29 Data Protection Working Party, Guidelines on the right to data portability（Adopted on 13 December 2016, as last revised and adopted on 5 April 2017）, 16/EN（WP 242 rev.01）, at 17.

(125)　GDPR Recital 68.

(126)　Van der Auwermeulen, supra note 2, at 71.

(127)　欧州委員会草案においては，欧州委員会が実効性ある相互運用システムに向けて具体的な努力目標を掲げた監視することも可能であったが，企業の懸念に応えて，欧州委員会への授権規定（18 条 3 項）は削除された。De Hert et al., supra note 2, at 201.

(128)　Rücker & Kugler, supra note 49, at 145.

特集 〔論説〕1 データ・ポータビリティ権について〔宇賀克也〕

おいては，フォーマットの標準化が強く推奨されているが[129]，既存の大事業者がカルテルを結成するなど不適切な影響力を行使して中小事業者や潜在的な競争者に不利益を与える可能性があること[130]，標準化により，経済的に効率的な期間を超えて，ある技術が使用されるリスク（フォーマットのロック・イン）があることにも留意する必要があろう[131]。また，標準化は，プライバシー・バイ・デザインの原則を体現したものでなければならない[132]。

14 手　　続

　データ管理者は，データ主体と関連する個人データを当該データ主体から直接取得する場合には，当該個人データを取得する時点において，データ主体に対し，データ・ポータビリティの権利が存在することを教示する義務を負う（GDPR13条2項b号）。データ主体と関連する個人データが当該データ主体から直接取得されたものではない場合には，①当該個人データが取扱われる具体的状況を考慮して，当該個人データ取得後遅くとも1月以内の合理的な期間内，②当該個人データがデータ主体との連絡に用いられる場合には，遅くとも，当該データ主体に対して最初の連絡がなされる時点，または③他の取得者に対する開示が予定される場合には，遅くとも当該個人データが最初に開示される時点において，データ・ポータビリティ権の教示が行われなければならない（GDPR14条2項c号，3項）。データ・ポータビリティ権の行使も，GDPR12条が定めるデータ主体の権利の行使についての一般的要件に従うことになる。したがって，データ管理者は，データ主体に対し，簡潔で，透明性があり，理解しやすく，容易にアクセス可能な方法により，明確かつ平易な文言を用いて教示しなければならず，特に，子どもに対する教示の場合には，一層，その点

---

(129)　欧州委員会が資金を提供している Create-IoT という研究プロジェクトにおいて，データ・ポータビリティ権を実現するための標準化についての研究が行われており，欧州標準化に関する規則 No 1025/2012 に従ったデータ・ポータビリティ権の標準化を欧州委員会から欧州標準化協会に対して求めることにつながるかもしれない。Scudiero, supra note 84, at 127.

(130)　中小企業も標準化のプロセスに参加できるようにすべきとするものとして，Ibid. at 122.

(131)　Lynskey, supra note 8, at 807.

(132)　Scudiero, supra note 84, at 122.

［消費者法研究 第5号（2018.9）］

に留意する必要がある。

データ管理者は，データ主体の同一性を識別をする立場にはないということを証明しない限り，データ・ポータビリティ権に基づく請求を拒否することができない（GDPR12条2項）。データ管理者がデータ主体の本人確認ができないことをデータ主体に通知した場合，データ主体は，本人確認のための追加情報を提出することができる（GDPR11条2項）。また，データ管理者は，データ主体が本人であることについて合理的な疑いを有する場合には，データ主体に追加情報の提出を求めることができる（GDPR12条6項）。具体的にいかに本人確認を行うかの手続については，GDPRに規定はないが，実際には，オンライン・サービスにおけるユーザー登録の段階で本人確認が行われているので，改めて本人確認の必要が生ずることは稀と思われる[133]。

請求を受けてから1月以内に，当該データを提供しなければならない。ただし，請求の複雑性および数を考慮して，必要があれば，さらに2月まで，延長することができる。延長を行う場合には，請求を受けてから1月以内に，遅延の理由とともに，延長の通知を行わなければならない（同条3項）。データ管理者が請求に対して何らの行為もしない場合には，データ管理者は，遅滞なく，そして請求を受けてから遅くとも1月以内に，何らの行為をしない理由ならびに監督機関に異議を申し立てることができることおよび司法上の救済を求めることができることを教示しなければならない（同条4項）。WP29は，データ管理者が，標準処理期間を定めて，データ主体に通知する運用を推奨している[134]。

請求に基づくデータの提供は無償で行われるのが原則であるが，請求が明らかに根拠がなかったり，過剰である場合には，データ管理者は，実費を勘案して合理的な費用を課したり，または，請求を拒否することができる。この場合，請求が明らかに根拠がなかったり，過剰であることの証明責任は，データ管理者が負う（同条5項）。WP29は，オンライン・サービス事業者が，API（application programming interface）を使用すること等によって，データ・ポータビリティ権に基づく請求に応ずる負担を軽減できるので，大量の請求がなされた

---

(133) Article 29 Data Protection Working Party, Guidelines on the right to data portability（Adopted on 13 December 2016, as last revised and adopted on 5 April 2017), 16/EN（WP 242 rev.01), at 14.

(134) Ibid. at 14.

特集 〈論説〉1 データ・ポータビリティ権について〔宇賀克也〕

としても，データ管理者が過剰であるとして請求を拒否しうるのは，稀な場合に限られると考えている[135]。

データ・ポータビリティ権を行使するデータ主体についての大量の情報をデータ管理者が保有する場合には，データ管理者は，請求対象となる情報を特定するように求めることがありうる[136]。もっとも，データ管理者への請求を行うことなく，データ主体がデータ・ポータビリティ権を行使できるようにすることも技術的に可能である。たとえば，データ主体が自己データを直接にダウンロードし，API を用いて他のデータ管理者に直接移転できるようにしたり，信頼できる第三者（trusted third party）が個人データを保有し，要求に応じてアクセスを認める方法であり，WP29 は，これらの方法を推奨している[137]。また，GDPR が義務付けているわけではないが，データ主体がアカウントを閉鎖する前に，データ管理者が，データ主体にデータ・ポータビリティ権について教示する運用も推奨している[138]。

15 アクセス権との関係

EU 個人データ保護指令の下においても，自己データへのアクセス権は認められていた。欧州委員会草案は，データ・ポータビリティ権を個人データへのアクセスを一層強化するものと位置付けていた[139]。また，欧州議会は，データ・ポータビリティ権をアクセス権と融合し，「データ主体のアクセスおよびデータを取得する権利」として一本化する修正を提案した[140]。また，欧州議

---

(135)　Ibid. at 15.

(136)　Voigt & Bussche, supra note 49 at 169.

(137)　Article 29 Data Protection Working Party, Guidelines on the right to data portability（Adopted on 13 December 2016, as last revised and adopted on 5 April 2017）, 16/EN（WP 242 rev.01）, at 18-19.

(138)　Ibid. at 13.

(139)　European Commission, Proposal for a Regulation of the European Parliament and of the Council of the Protection of Individuals with regard to the Processing of Personal Data and on the Free Movement of such Data（General Protection Regulation）/COM/2012/011 final-2012/0011（COD）/ Recital 55.

(140)　European Parliament legislative resolution on the proposal for a regulation of the European Parliament and of the Council on the protection of individuals with regard to the processing of personal data and on the free movement of such data（General Data Protection Regulation）（COM（2012）0011-C7-0025/2012-2012/0011）, art.15.

会と同様，データ・ポータビリティ権をアクセス権の延長線上に位置づける見解が存在する[141]。確かに，データ・ポータビリティ権には，自分の個人データをデータ管理者から受け取る権利が含まれており，この権利は，アクセス権を補完し，データ管理者が自己データを管理し，再利用することを容易にする手段でもある[142]。

　しかし，データ・ポータビリティ権は，既存のアクセス権を大幅に超えるものである。すなわち，GDPR15条1項が定めるアクセス権は，「理解しやすく，容易にアクセスできる方式で」（GDPR12条1項）の開示をデータ管理者に義務付けるにとどまるが，データ・ポータビリティ権は，自分に関する個人データを，構造化され，一般に利用され，機械可読なフォーマットで受け取る権利，さらに，技術的に可能な場合には，当該個人データを直接にデータ管理者間で移転することを請求する権利である。また，アクセス権の場合には，開示請求を受けた場合，請求者と協議して，開示請求の範囲を狭めるように求めることが可能であり，また，開示請求に自動的に応答するコンピュータ・システムを作成することを義務付けられていなかったことに鑑みても，データ・ポータビリティ権とは大きく異なるといえる。GDPRが，アクセス権とデータ・ポータビリティ権を別の条文で異なる名称を付けて規定していること自体，データ・ポータビリティ権が単なるアクセス権の強化とは異なることの証拠といえる[143]。

　データ・ポータビリ権とアクセス権は，以下の点でも相違する。アクセス権は，データ・ポータビリティ権と異なり，データ主体に限られず誰でも請求可能である一方，公的機関が保有するもののみが対象である点でもデータ・ポータビリティ権と異なる。また，アクセス権は，政府の透明性を確保し，説明責任を全うするためのであるのに対し，データ・ポータビリティ権は，自己デー

---

(141)　Anita Bapat, 'The new right to data portability' 13 Privacy and Data Protection 3 (2013), Vanberg & Ünver, supra note 32, at 2, Scudiero, supra note 84, at 119.

(142)　Article 29 Data Protection Working Party, Guidelines on the right to data portability（Adopted on 13 December 2016, as last revised and adopted on 5 April 2017), 16/EN（WP 242 rev.01), at 4.

(143)　Swire and Lagos, supra note 3, at 369-371. Article 29 Data Protection Working Party, Guidelines on the right to data portability（Adopted on 13 December 2016, as last revised and adopted on 5 April 2017), 16/EN（WP 242 rev.01), at 3 も，データ・ポータビリティ権は，アクセス権と密接に関連するが，多くの点で異なると指摘している。

タに対するコントロールを強化することが最大の目的であり，両者の目的も異なる[144]。さらに，アクセス権は「知識」の権利であり，その対象は，データ・ポータビリティ権の対象よりも広く，データ・ポータビリティ権と異なり，本人が同意または契約に基づきデータ管理者に提供した個人データに限られない。これに対し，データ・ポータビリティ権は，「コントロール」の権利であり，権利の奥行はより深い。単にアクセスするだけでなく，再利用を前提としているので，機械可読なフォーマットで権利行使に対応しなければならない[145]。したがって，データ・ポータビリティ権は，既存のアクセス権の単なるデジタル化ではなく，よりラディカルな権利といえる[146]。

なお，データ・ポータビリティ権を行使して自己のデータの写しの交付を受けたところ，他にも自己の個人データがあるのではないかという疑問を持った場合には，GDPR15条の規定に基づく開示請求を行うことは可能である[147]。WP29は，アクセス権により開示されるデータとデータ・ポータビリティ権により取得されるデータの相違をデータ管理者が明確に説明することを推奨している[148]。

16　消去権との関係

次に，データ・ポータビリティ権と消去権（GDPR17条）との関係は，以下のように説明できる。欧州委員会のGDPR草案においては，データ・ポータビリティ権と消去権（忘れられる権利）を別個独立のものとして位置付けていたが，EDPSは，両者を関連付けてとらえていた[149]。しかし，GDPR20条3項は，データ・ポータビリティ権がGDPR17条の消去権に支障を与えるもの

---

(144)　Lynskey, supra note 8, at 811.

(145)　De Hert et al., supra note 2, at 201.

(146)　Lynskey, supra note 8, at 811.

(147)　Article 29 Data Protection Working Party, Guidelines on the right to data portability（Adopted on 13 December 2016, as last revised and adopted on 5 April 2017), 16/EN（WP 242 rev.01), at 7.

(148)　Ibid. at 13.

(149)　European Data Protection Supervisor, Opinion of the European Data Protection Supervisor on the Communication from the Commission to the European Parliament, the Council, the Economic and Social Committee of the Regions, "A comprehensive approach on personal data protection in the European Union", at 18.

ではないとしており，両者を別個のものとしてとらえている。消去権との関係については，データ・ポータビリティ権の行使を受けたデータ管理者は，当該データは消去しなければならないという考え方と，データ・ポータビリティ権の行使を受けたデータ管理者は当該データを消去する義務を負うわけではなく，当該データ管理者のデータを消去したい場合には，別の権利である消去権を行使すべきとする考え方がありうる。GDPR 前文（68）では，データ・ポータビリティ権は，契約の履行に必要な限りにおいて，自己データの消去を意味しないと記載されており，このことは，欧州委員会草案にあった「取り戻す（withdraw）」という文言を使用しなくなったことからも窺える[150]。したがって，当該データの移転は，当初の保存期間を短縮するものではなく，移転する当該データ管理者による自動的な消去を意味するものではないし[151]，データ主体と当該データを移転するデータ管理者の契約関係の終結を意味するものでもない。当該データを移転するデータ管理者は，当該データ主体に係るデータセットを喪失するわけではない。データ主体は，データ・ポータビリティ権を行使した後でも，当該権利行使の名宛人であるデータ管理者のサービスを使用することができる。しかし，もはや処理に必要でなくなった場合には，GDPR 5 条 1 項 c 号のデータ最小化原則に従い，消去する必要が生ずるかもしれない。もちろん，データ主体から GDPR17 条の消去権の行使があった場合には，消去権が優先し，データ管理者は，データ・ポータビリティを口実にして，請求への対応を遅延させたり，請求を拒否したりすることはできない[152]。

17 他の分野における法令に基づくポータビリティ権との関係

GDPR20 条の規定に基づくデータ・ポータビリティ権の行使ではなく，EU や加盟国の他の分野における法令に基づくポータビリティ権の行使であることが明確な場合には，GDPR20 条の規定は適用されない。たとえば，データ主体が銀行口座記録へのアクセスを口座情報サービス提供者に支払サービス指令

---

(150) De Hert et al., supra note 2, at 202.

(151) Zanifer, supra note 29, at 158, Scudiero, supra note 84, at 125.

(152) Article 29 Data Protection Working Party, Guidelines on the right to data portability (Adopted on 13 December 2016, as last revised and adopted on 5 April 2017), 16/EN（WP 242 rev.01), at 7, Voigt & Bussche, supra note 49, at 175.

特集 〈論説〉1 データ・ポータビリティ権について〔宇賀克也〕

2（Payment Service Directive 2）に基づいて行っている場合には，GDPR は適用されない[153]。

18　データ・ポータビリティ権の制限

（1）公益のための任務の遂行

データ・ポータビリティ権の制限については，GDPR20 条 3 項，4 項に規定されている。これらの規定では，同条 1 項の規定の適用の制限のみについて明記しているが，同条 1 項および 2 項の双方に制限が及ぶと解される[154]。

GDPR20 条 3 項は，データ・ポータビリティ権の行使は，公益のための任務の遂行，データ管理者に課された公的権限の行使のために必要な個人データの処理には適用されるべきではないと定めている[155]。したがって，データ管理者が犯罪の抑止・捜査，諜報などの法執行目的や行政目的で公的義務の遂行のために個人データを処理していたり，法令を遵守するために個人データを処理している場合には，データ・ポータビリティ権は行使できない。ただし，他の法的根拠（公益のための処理等）に基づく処理の場合においては，WP29 は，任意で，データをポータブルにすることを勧奨している[156]。

（2）他者の権利および自由

ナンバー・ポータビリティの場合には，電話番号は，通常は，単一の者（当該顧客）に帰属するので，知的財産権やプライバシー権等の他者の権利侵害の問題は生じないが，データ・ポータビリティの場合には，A と B の 2 人が写っている写真を A が一つの SNS から他の SNS に移転する場合，B の同意なしにこれを行えば，B のプライバシー権を侵害しないかが問題になるし，デー

---

(153)　Article 29 Data Protection Working Party, Guidelines on the right to data portability（Adopted on 13 December 2016, as last revised and adopted on 5 April 2017), 16/EN（WP 242 rev.01), at 7-8.

(154)　Rücker & Kugler, supra note 49, at 146.

(155)　データ管理者が部分的にデータ・ポータビリティの義務を免除される他の例としては，GDPR89 条が定めるアーカイブの目的の場合がある。Scudiero, supra note 84, at 126.

(156)　Article 29 Data Protection Working Party, Guidelines on the right to data portability（Adopted on 13 December 2016, as last revised and adopted on 5 April 2017), 16/EN（WP 242 rev.01), at 8, note16.

[消費者法研究 第5号（2018. 9）]

タ管理者のソフトウェアを保護する著作権等の知的財産権の侵害も生じうる。そこで，GDPR20条4項は，データ・ポータビリティ権は，他者の権利および自由を侵害してはならないと定めている[157]。かかる規定は欧州委員会草案18条にはなく，そのため，当該データに他者が著作権等の知的財産権を有する場合や，他者のプライバシーが問題になる場合への配慮がされていないことが批判を受けていた[158]。欧州議会の修正案15条2項も，これらの問題に対処しなかったが，欧州連合理事会は，当該問題について考慮し，その修正案15条2 a項で，データ主体がデータ管理者から個人データの写しを取得する権利は，①他のデータ主体の個人データを開示することになるとき，もしくはデータ管理者の秘密データを開示することになるとき，または②個人データの開示が個人データの処理と関連する知的財産権を侵害することになるときは，認められないとした。GDPR20条4項は，欧州委員会草案に対する上記の批判に応えたものであるが，欧州連合理事会修正案15条2 a項の規定が承継されず，GDPR20条4項が「他者の権利及び自由に影響を与えてはならない」という抽象的な規定にとどまったことには批判もある[159]。

　もし，データ・ポータビリティ権がEU基本権憲章の7条，8条が定める基本権であるならば，Google Spain事件におけるEU司法裁判所の判例の論理に従えば，データ・ポータビリティ権は他者の経済的利益に優越することになるが，GDPR20条4項の文理に従えば，データ・ポータビリティ権は，他者の

---

(157)　GDPRの前文(63)は，営業上の秘密や知的財産権を含む他者の権利や自由に不利益な影響を与える場合には，15条のアクセス権は制限されるとするので，データ・ポータビリティ権をアクセス権の延長線上に位置付ける立場からすれば，GDPRの前文（63）は，データ・ポータビリティ権にも妥当すると解すべきことになるが，GDPRの20条においてもその前文（68）においても，営業上の秘密や知的財産権に不利益な影響を与える場合には，データ・ポータビリティ権が制限される旨は明記されていない。

(158)　Swire and Lagos, supra note 3, at 348. もっとも，データ・ポータビリティ権を行使するに当たり，第三者のデータも含まれる場合には，GDPR20条では，「自己に係るデータ」のみを対象としているので，第三者の同意が得られない限り，もっぱら自己のみに係るデータがデータ・ポータビリティ権の対象になるという解釈も存在する。De Hert et al., supra note 2, at 198. ソーシャル・ネットワーク分野では，データ・ポータビリティ権が認められても，友人が一緒にスイッチしない場合，やはり，元のソーシャル・ネットワーク事業者から離れにくいという問題が残ることも指摘されている。Graef, supra note 4, at 512.

(159)　Van der Auwermeulen, supra note 2, at 72.

48

特集　〈論説〉1　データ・ポータビリティ権について〔宇賀克也〕

権利および自由よりも下位に位置付けられる[160]。もっとも，WP29 は，潜在的なビジネスのリスクは，データ・ポータビリティの請求を拒否する理由にはならないとする[161]。

　他者のプライバシーが問題になるのは，たとえば，SNS で自己のプロファイルにアップロードした写真に他者が写っていたり，他者のコメントやチャットの記録が掲載されていたりする場合，電話，電子メール，VoIP における第三者の送受信の記録である。しかし，他者に関する情報が含まれている場合にはすべて，この制限が及ぶと解すると，データ・ポータビリティ権の対象が限定されすぎてしまう[162]。したがって，GDPR20 条 4 項は，他者の権利および自由がデータ・ポータビリティ権に完全に優位することまで意味するのではなく，データ・ポータビリティ権が技術の発展段階にあり，他者に対する影響がなお予見しがたい面が大きいので，将来の技術や実務上の問題を踏まえて，裁判官がケース・バイ・ケースで判断しうる余地を残したと考えられるという意見が有力である[163]。WP29 も，かかる場合には，第三者の情報も含めてデータ・ポータビリティ権の対象として移転することができるが，移転を受けたデータ管理者は，当該第三者の不利益になるような目的で当該データを保有してはならないという趣旨に解すべきとしている[164]。したがって，銀行の預金者がその口座取引情報をデータ・ポータビリティ権により移転したりすることは認められるが，移転を受けたデータ管理者は，第三者の同意がない限り，従前と同じ目的で第三者情報を利用しなければならず，第三者のプロファイリングの作成に利用したりすることは許されない[165]。

　データ・ポータビリティ権の対象となる個人データに係る「本人から提供された」という限定は，複雑なアルゴリズムを用いて消費者について推論した

---

(160)　Scudiero, supra note 84, at 126.
(161)　Article 29 Data Protection Working Party, Guidelines on the right to data portability（Adopted on 13 December 2016, as last revised and adopted on 5 April 2017）, 16/EN（WP 242 rev.01）, at 12.
(162)　Vanberg & Ünver, supra note 32, at 3.
(163)　De Hert et al., supra note 2, at 198.
(164)　Article 29 Data Protection Working Party, Guidelines on the right to data portability（Adopted on 13 December 2016, as last revised and adopted on 5 April 2017）, 16/EN（WP 242 rev.01）, at 9-12.
(165)　Ibid. at 11-12.

［消費者法研究　第 5 号（2018.9）］

データが無償で競合他社に移転することを防止し，データ主体の知的財産権を保護するためといわれているが[166]，WP29 のガイドラインは，GDPR20 条 4 項の比較衡量テストにおいて，データ管理者の知的財産権や営業の秘密すら含めている[167]。したがって，潜在的なビジネス上のリスクがあるからといって，データ・ポータビリティの請求を全面的に拒否すべきではなく，一部のデータセットのみを移転したり，暗号化して提供したりするべきである[168]。

　要するに，データ管理者は，当該データの移転が他者の権利および自由（データ管理者の経済的・財産的利益，第三者のデータ保護の利益等）を侵害するかをケース・バイ・ケースで判断する必要があることになる。この判断に当たっては，WP29, Opinion 06/2014 on the notion of legitimate interests of the data controller under Article 7 of Directive 95/46/EC が参考になる。他者の権利および自由の侵害を回避するためには，新たにデータ管理者となる者は，他者に関する情報を処理することが適法かを慎重に判断する必要がある。たとえば，電子メール・サービスの利用者 A が，データ・ポータビリティ権を行使した場合，データ管理者は，A の送信・受信メールおよびメールアドレスを移転する義務を負うが，これらの個人データには，A と電子メールの送受信をした他者の個人データが含まれる。新たにそのデータ管理者となった者は，A に電子メール・サービスを提供するために，これらの他者のデータも利用することができるが，マーケティング目的で利用することはできないと解される。また，新たなデータ管理者となる者は，自己の提供するサービスにとって不要なデータを受領し処理する義務を負うわけではない。不必要に他者の個人データが移転されないように，移転する側のデータ管理者も，移転を受ける側のデータ管理者も，データ主体が必要な個人データのみを選択し，不要な他者のデータを除外することができるような方法を用いるべきである[169]。なお，データ管理者は，他のデータ管理者への移転が支障なく行われるようにしなけ

---

(166)　Malgieri, supra note 93, at 129.

(167)　Article 29 Data Protection Working Party, Guidelines on the right to data portability（Adopted on 13 December 2016, as last revised and adopted on 5 April 2017），16/EN（WP 242 rev.01), at 12.

(168)　Article 29 Data Protection Working Party, Guidelines on the right to data portability（Adopted on 13 December 2016, as last revised and adopted on 5 April 2017），16/EN（WP 242 rev.01), at 12, Voigt & Bussche, supra note 49, at 173.

ればならない。したがって，移転を複雑にする技術的措置を講ずることは違法である。しかし，契約でデータ・ポータビリティを排除することが可能かについては議論がある[170]。

19　制　　裁

GDPR83 条 5 項の規定に基づき，GDPR20 条の規定に違反すると，違反事業者は，2000 万ユーロまたは前年の世界中における総売上高の 4 パーセントのいずれか高い額の課徴金を課される[171]。わが国では，そもそもデータ・ポータビリティ権は定められていないが，仮に「個人情報の保護に関する法律」を改正して，データ・ポータビリティ権を定めたとしても，それについて直罰制が採用されることは考えにくく，開示請求権，訂正等請求権，利用停止等請求権と同様，間接罰制が採用されることになると考えられる[172]。その場合，命令に違反した場合に限り，6 月以下の懲役または 30 万円以下の罰金に処せられることになる（同法 84 条）。懲役刑も定められていること，わが国では課徴金ではなく罰金であることを考慮しても，経済的制裁の軽重の差は歴然としており，EU と日本における個人情報保護についての社会意識の差異の反映といえるかもしれない。

ここで問題になるのが，事業者の定義であるが，GDPR 前文（150）において，TFEU 101 条および 102 条の事業者と理解されるべきと述べられている。TFEU 101 条および 102 条の事業者は，法人格を基準とするわけではなく，商業的または経済的活動を行う経済単位であり，単一経済主体の理論により，ある企業が他の企業に対して決定的な影響力を有している場合には，それらの

---

(169)　Article 29 Data Protection Working Party, Guidelines on the right to data portability（Adopted on 13 December 2016, as last revised and adopted on 5 April 2017), 16/EN（WP 242 rev.01), at 6-7, 12, Voigt & Bussche, supra note 49, at 172-173. データ管理者は，個人データを個人単位で収集して処理し，まとめて処理しないような技術的・組織的措置を講ずることが奨励されると指摘するものとして，De Hert et al., supra note 2, at 198.

(170)　Voigt & Bussche, supra note 49, at 175-176.

(171)　他方，TFEU102条違反の場合には，前年の世界中における総売上額の 10 パーセントまでの課徴金が課され，GDPR 違反よりも重い制裁が課されうることになる。

(172)　宇賀克也『個人情報保護法の逐条解説〔第 6 版〕』（有斐閣，2018 年）362 頁以下参照。

企業が単一の事業者とみなされることに留意する必要がある[173]。いかなる制裁が科されるかは，監督機関が，①違反行為の性質，重大性および継続期間，その結果として発生した事態ならびに②GDPRに基づく義務の遵守を確保し，違反行為による結果の発生を防止または軽減するために講じられた措置を特に考慮し，当該事案における関連するすべての事情を考慮して決定することになる。

20 課 題

(1) なりすまし対策

データ・ポータビリティ権に対しては，個人データのセキュリティへの重大な脅威になりうるという懸念が示されている。アクセス権の行使の場合には，通常，特定の情報を求める1回限りのものであり，開示される個人データの範囲も限定されたデータのみが対象であるのが一般的であり，開示の方法も，データ主体が電子的手段で開示請求をしたときに，データ主体から特段の求めがなければ，一般に利用される電子的フォーマットで開示すれば足りる（GDPR15条3項）。これに対し，データ・ポータビリティ権の行使の場合には，一般的に利用される電子フォーマットであるのみでは足りず，構造化され，機械可読なフォーマットでなければならない（GDPR20条1項）。また，データ・ポータビリティ権の場合には，ある個人の生涯のデータが，一括して移転可能になるので，なりすましが1回成功してしまえば，生涯にわたる個人データを瞬時に騙取されてしまうおそれがあるのである[174]。認証が不十分でなりすましが蔓延している社会において，データ・ポータビリティがもたらすセキュリティ上のリスクは，データ・ポータビリティの便益を上回るという批判すらなされている[175]。したがって，なりすましを防止する万全のセキュリティ対策

---

(173) 詳しくは太田洋＝石川智也「制裁金」ジュリ1521号（2018年）41-42頁参照

(174) Swire and Lagos, supra note 3, at 339, Van der Auwermeulen, supra note 2, at 6, Scudiero, supra note 84, at 124, Stefan Weiss,"Privacy threat model for data portability in social network applications", 29 International Journal of Information Management 249, 251（2009）.

(175) Swire and Lagos, supra note 3, at 366. データ・ポータビリティ権により，なりすましの大きな危険が生じ，セキュリティ・コストが高まるが，WP29は，これを軽視しているとする批判として，Lynskey, supra note 8, at 808-809.

を講ずる必要がある[176]。この点について，GDPR92条の規定に基づき，最小限の安全管理措置を欧州委員会に委任しておくべきであったし，明示的な委任がなくても，データ保護機関（DPA）が，GDPR57条1項V号が定める職務を遂行するために，安全管理措置について規制を行う可能性を否定するものではなく，GDPR64条2項により，EU全体でこの問題が検討される可能性を否定するものでもないとの指摘がある[177]。GDPR32条1項は，データ管理者や委託業者に，仮名化や暗号化等の個人データに係る安全管理措置を講ずる義務を課す一方，データ・ポータビリティ権は，他のデータ管理者に個人データを妨げられることなく移転することができるようにしなければならないとされており，両者の義務は一見すると矛盾するとの指摘もある[178]。しかし，GDPR20条1項の「妨げられることなく」の要件は，データのセキュリティを危険にさらすものであってはならないし，請求者の本人確認を慎重に行うことを禁ずるものでもないので，慎重な本人確認が行われるべきである[179]。ただし，かかるセキュリティの措置によって，データ主体がデータ・ポータビリティ権を行使することを妨げてはならない[180]。

（2）サイバー攻撃

セキュリティに関する第2の主要なリスクは，電子的環境下で保存されているか，電子的ネットワークを移転中の個人データに対する攻撃であり，とりわけ，GDPR20条2項が定める直接移転の場合に問題となる。GDPR32条を遵守するために，GDPR20条2項の直接移転に当たっては，強度の暗号化が最小限の安全確保措置として講じられるべきである[181]。なお，データ管理者か

---

(176) GDPR20条1項が，データ主体への個人データの提供を「支障なく」行わなければならないと定めているため，データ主体にとって時間と手間のかかる認証手続が困難になるおそれを指摘するものとして，Swire and Lagos, supra note 3, at 374.

(177) Scudiero, supra note 84, at 124.

(178) Ibid. at 124-125.データ管理者がGDPR20条の義務を遵守する計画はGDPR35条のデータ影響評価の対象とされるべきであろう。

(179) Ibid.at 125.

(180) Article 29 Data Protection Working Party, Guidelines on the right to data portability（Adopted on 13 December 2016, as last revised and adopted on 5 April 2017）, 16/EN（WP 242 rev.01）, at 19.

(181) Article 29 Data Protection Working Party, Guidelines on the right to data portability（Adopted on 13 December 2016, as last revised and adopted on 5 April 2017）, 16/EN（WP 242 rev.01）, at 19, Scudiero, supra note 84, at 125.

［消費者法研究　第5号（2018. 9）］

らデータ主体に個人データの写しが交付された場合，データ主体の下での個人
データの安全管理は，当該データ主体の責任である。しかし，一般に，データ
管理者からデータ主体に個人データが移転することにより，セキュリティが低
下するので，WP29は，データ管理者が，適切なフォーマット，暗号化のツー
ル等のセキュリティ対策を助言することを推奨している[182]。

（3）ロック・インが不可能になることによる投資へのディスインセンティブ

ナンバー・ポータビリティは，公的機関から電話会社に割り当てられた電話
番号の問題であり，電話会社は，電話番号に投資していない。したがって，ど
れだけ早期に，またいかなる価格でポータビリティを実現するかのみが問題で
あった。他方，ソーシャル・ネットワーク事業者は，データを収集し，整理し，
保存することに投資している[183]。データ・ポータビリティ権は，データ主体
のスイッチング・コストを極小化することを意図したものであるが，競争法の
観点からは，ある程度のスイッチング・コストは，新たな製品やサービスへの
投資を促進するという指摘がある。この立場からすれば，データ・ポータビリ
ティ権は，データ管理者による新たな投資へのディスインセンティブとなり，
長期的には消費者福祉を減少させるおそれがあることになる[184]。確かに，
ユーザーがある期間固定していれば，一定の需要を計算することができるので，
当該ユーザー向けに新たな製品やサービスの開発のための投資を行うインセン
ティブが生ずるが，現在のユーザーも，いつ他のデータ管理者に個人データを
移転するか定かでなければ，過剰投資になることを恐れて，投資を躊躇するこ
とは想定しうる。データ・ポータビリティ権は，他のデータ管理者から自分へ
個人データを移転してもらうために，セキュリティが高く魅力的なサービスを
提供するインセンティブを高めるが，他方において，データ・ポータビリティ

---

(182)　Article 29 Data Protection Working Party, Guidelines on the right to data portability（Adopted on 13 December 2016, as last revised and adopted on 5 April 2017）, 16/EN（WP 242 rev.01）, at 19-20.

(183)　Graef, supra note 4, at 507.

(184)　Swire and Lagos, supra note 3, at 340. データ・ポータビリティの義務化により，新規参入業者が利用者を維持して投資を回収することが困難になり，新規参入が阻害されるおそれがあるいう指摘について，Lynskey, supra note 8, at 809, Engels, supra note 13, at 4-2（platforms offering complements）.

特集　〈論説〉1　データ・ポータビリティ権について〔宇賀克也〕

制度を遵守するコストに加えて，ロック・インができないことにより，リスクを冒して投資をすることを躊躇するおそれがあるという複雑なトレードオフの関係にある[185]。さらに，データ・ポータビリティを実現するために，「構造化され，一般に利用されるフォーマット」で利用できるようにすることが，データ・フォーマットを統一化させ，ある技術が経済的に効率的な期間を超えて使用され，イノベーションを阻害するおそれも指摘されている[186]。したがって，画一的規制を回避しうる競争法上の合理の原則（rule of reason）のアプローチのほうが，当然違法（per se illegal）のアプローチよりも望ましいという指摘もなされている[187]。

　また，GDPR20条4項が，データ・ポータビリティ権が他者の権利および自由を侵害するものであってはならないと定めたことにより，データ管理者の知的財産権を侵害する場合には，データ・ポータビリティ権の対象とならないが，それでも，顧客の個人データを利用して最適の商品を紹介するオンライン・サービスを提供している会社が，データ・ポータビリティ権により，その成果が競合他社に移転するリスクを恐れて，かかるサービスを提供するインセンティブを低下させるおそれも指摘されている[188]。プラットフォームが相互補完的なサービスを提供する市場では，データ・ポータビリティを義務付けることは推奨されるか，少なくとも，競争を阻害しないし，代替的なサービスを提供する市場においても，反競争的な行為の結果，ある事業者が支配的地位を得ている場合には，データ・ポータビリティは推奨されうるものの，反競争的な行為による市場支配が存在しない場合には，データ・ポータビリティは義務化されるべきではなく，必要に応じて，競争法の執行により対処されるべきとの意見もある[189]。データ・ポータビリティの制度が，データ管理者による投

---

(185)　Engelsも，データ・ポータビリティは，代替市場で支配的地位が濫用されている場合には，消費者のロック・インのリスクを減少させるが，他方，濫用的，反競争的な行為がない場合には，データ・ポータビリティにより，投資から得る利益が減少する可能性があるので，追加投資のインセンティブが減少するおそれがあるし，データ・ポータビリティを実現する高額のコストのために，新規参入が困難になり，競争阻害的効果をもちうるとする。Engels, supra note 13 at 4-1（platforms offering substitutes）.

(186)　Ibid.

(187)　Swire and Lagos, supra note 3, at 357-359.

(188)　Van der Auwermeulen, supra note 2, at 60.

(189)　Engels, supra note 13 at 4-2（Platforms offering complements）.

［消費者法研究 第 5 号（2018. 9）］

資にいかなる影響を与えるかについて，同制度の施行後の状況を注視し，仮に
マイナスの影響が顕著になるのであれば，改善策を検討する必要があろう。

（4）データ・ポータビリティを遵守するための負担の増大

データ・ポータビリティ権は，消費者保護を重視した結果，データ管理者に
は多大な努力を要するものとなり，この権利の範囲についての解釈によっては，
企業の秘密やデータ管理者の実務に支障をもたらしうるという指摘がある[190]。
GDPR20 条 1 項において，データ主体は，データ管理者に「妨げられること
なく」個人データを移転しなければならないが，「妨げられることなく」の意
味についての定義規定は置かれていない。欧州委員会草案 18 条では，この文
言は，同条 2 項の直接移転について用いられていた。「妨げられることなく」
を広義に解釈すれば，欧州 e ガバメント・イニシアティブの相互運用性の要件
を充足する EIM を作成することをデータ管理者に義務付けることを意味し，
EU 内のすべての消費者向けオンライン・サービスについて EIM を開発しな
ければならないとなると相当な負担になるが，狭義に解釈すれば，データ管理
者が他のデータ管理者へのデータ移転を技術的に妨害しないことのみを義務付
けるにすぎず，EIM を作成する必要はないので，データ管理者の負担は小さ
いといえるという指摘があった[191]。しかし，GDPR20 条は，「妨げられるこ
となく」という文言を直接移転についての同条 2 項ではなく，データ主体への
移転についての同条 1 項で用いている。したがって，この文言が EIM の作成
を義務付けるとはいえないであろう。そして，直接移転についての同条 2 項は，
技術的に可能な場合にこれを行えば足りるとしている。もっとも，同条 1 項の
移転については，自動処理システムを用いるすべてのデータ管理者に，技術的
な可能性の如何にかかわらず適用される。データ・ポータビリティを可能にす
るため，プラットフォーム事業者は，構造化され，一般に利用され，機械可読
なフォーマットとテンプレートを使用する必要性が生ずる。そのために，どの
程度のコストがデータ管理者に発生するかは定かではなく[192]，データ管理者
の負担が多大となるおそれもある。特に，データ・ポータビリティ権は，小規
模な新規参入企業にも独占企業にも同様に適用されるので，競争法の観点から，

（190）　Voigt & Bussche, supra note 49, at 169, Engels, supra note 13, at 3（Data and data
　　　portability）.
（191）　Swire and Lagos, supra note 3, at 344-345.

特集 〈論説〉1 データ・ポータビリティ権について〔宇賀克也〕

中小のデータ管理者にデータ・ポータビリティ権を適用することに対しては，①中小企業が市場力を有することは稀であること，②中小企業にとって，データ・ポータビリティの規制を遵守するコストに見合う便益がないことが指摘されており，中小企業が，データ・ポータビリティの規制を遵守するために，弁護士を雇用して規制内容を正確に理解したり，必要なソフトウェアを作成したりするコストを負担しなければならないとすると，新規参入が困難になり，資金力のある大企業への寡占化が生じ，かえって消費者福祉を阻害する事態になることも懸念されている[193]。

GDPR 影響評価では，データ・ポータビリティの遵守コストはごくわずかとされているが，多くの変数（対応するスピード，ポータビリティの要求の対象期間，遡及的義務か否か，すでにデータ・ポータビリティを可能にする IT インフラと能力を有するか等）がコストに影響するので，簡単に遵守コストはごくわずかとはいえず，データ・ポータビリティ権を可能にするために必要なコストが中小企業にとっては便益を上回る可能性があり，データ・ポータビリティが参入障壁になるリスクは否定できないと指摘されているのである[194]。中小企業にとっては，特に，制裁の重さを考えると，このコストは軽視できず，中小企業の新規参入を躊躇させ，イノベーションや競争を阻害するおそれが懸念されている[195]。もし，そのような事態になれば，法改正の検討の必要が生じよう。実際，データ・ポータビリティが中小企業に不利益な影響を与えるおそれに対処するためには，市場占有率が低かったり，売上高がわずかな企業については，データ・ポータビリティの適用除外とすることが考えられるとの指摘がなされている[196]。

（5）データ主体へのコストの転嫁

データ管理者は，データ・ポータビリティを遵守するコストを負担しなけれ

---

(192)　Christensen らの計算によると，GDPR の遵守コストは業界ごとに異なるが，約3000〜7200 ユーロで，年間支出の 16〜40 パーセントに当たるとされるが（Lauritis R Christensen, Andrea Colciago, Federico Etro, Greg Rafert, "The Impact of the Data Protection Regulation in the EU"June-July 2013 European Financial Review 72（2013）），このうち，データ・ポータビリティのためのコストの割合は定かでない。

(193)　Swire and Lagos, supra note 3, at 352.

(194)　Lynskey, supra note 8, at 807-808.

(195)　Vanberg & Ünver, supra note 32, at 3.

(196)　Ibid. at 11.

［消費者法研究 第5号（2018. 9）］

ばならないが，それを利用者に転嫁することは原則としてできない。ただし，
GDPR12条5項によれば，データ主体の請求が明らかに根拠がなかったり，
過剰であることを証明した場合に，合理的な費用を課したり，請求を拒否でき
る。このように，原則として，データ・ポータビリティ権は無償で行使できる
が，データ・ポータビリティ権に対応するためには，データ管理者にコストが
発生する。データ・ポータビリティ権に応ずるためのシステム改修等の全体的
なコストをデータ・ポータビリティ権を行使したデータ主体に手数料として負
担させることはできない[197]。しかし，このコストが競争による効率化の結果，
データ主体にオンライン・サービスの価格として転嫁されないことになるのか，
全部または一部がオンライン・サービスの価格としてデータ主体に転嫁されて
も，データ・ポータビリティ権がデータ主体にもたらす便益が費用を上回り，
消費者福祉を向上させることになるのかは定かではない。この点については，
今後の動向を注視し，もし，データ・ポータビリティ権のもたらす便益を超え
る費用がデータ主体に発生する状態になれば，規制の見直しが必要になろう。

（6）データ・ポータビリティ権の対象の不明確性

データ主体が提供したデータか否かの判断基準は，WP29によって示されて
いるが，WP29は，データ・ポータビリティ権の範囲を画するに当たり，制限
的な解釈をとるべきでないとしており，データ主体とデータ管理者が共同で作
成したといえるデータの場合等，他者の権利および自由を侵害しないようにと
いうデータ・ポータビリティの制限の範囲も必ずしも明確ではない[198]。当該
データをデータ・ポータビリティ権の対象とすることが，データ管理者の著作
権等の知的財産権の侵害になるなど，データ管理者の権利および自由の侵害と
いえる場合には，データ・ポータビリティ権が制限されることは明らかである
が，そのようにいえるかの判断が困難な場合がありうると思われる。この点に
ついて，より明確なガイドラインを示さなければ，運用の不統一やそれに起因
する紛争は避けがたいと考えられる。この点について，House of Fraser のよ
うなオンラインの洋服小売業者の利用者を支援するオンライン・サービス事業

---

(197)　Article 29 Data Protection Working Party, Guidelines on the right to data
portability（Adopted on 13 December 2016, as last revised and adopted on 5 April
2017）, 16/EN（WP 242 rev.01）, at 15.

(198)　Lynskey, supra note 8, at 813.

者である True Fit が，データ・ポータビリティにより，自分が支援のために
提供したデータを他の事業者に移転しなければならないのであれば，True Fit
のビジネス・モデルは，成立しなくなるであろうという指摘がなされている。
そして，もし，True Fit のような会社が，個人データに基づく貴重なサービ
スを提供することを停止することになれば，消費者は，選択の機会と有益な
サービスを受ける機会を喪失する不利益を受けることになるので，WP29 や各
国のデータ保護機関は，データ・ポータビリティ権の内容，その行使の仕方，
不服申立ての方法について，わかりやすく説明すべきであり，不服申立ての方
法は簡素で廉価であるべきと主張されている[199]。

　さらに，直接移転は技術的に可能な場合のみ認められるが，GDPR は，技
術的に移転可能であることの意味を明らかにしていないので，直接移転を望ま
ないデータ管理者が技術的に不可能と解釈する余地をかなり残している[200]。
この点においても，データ・ポータビリティ権の射程は明確ではない。

（7）オール・オア・ナッシング的なデータ・ポータビリティの再検討

　競合的なサービスではなく，相互補完的なサービスを提供するプラット
フォーム間では，データ・ポータビリティは，双方のプラットフォームのサー
ビスの魅力を増すことになる。このように競合的なプラットフォームもあれば
相互補完的なプラットフォームも存在することに鑑みると，GDPR が定める
ようなオール・オア・ナッシング的なデータ・ポータビリティではなく，適切
に競争を促進するようなバランスをとった制度にすべきとの主張もある[201]。
また，GDPR のデータ・ポータビリティ権は，オンライン・サービス事業の
種類を問わず，一律に定められているが，それでよいのかという問題もある。
また，データ・ポータビリティの影響は，一般の利用者であるか，広告事業者
であるか，コンテンツ・プロバイダであるか等，立場によっても一律ではない。
たとえば，検索エンジン市場では，スイッチング・コストは相対的に低い。実
際，検索を行う者は，複数の検索エンジンを同時に利用することは比較的容易
である。もっとも，検索履歴は一般にポータブルではないが，よりカスタマイ
ズされた結果を得るのに役立ちうるので，同一の検索エンジンを反復して利用

---

(199)　Vanberg & Ünver, supra note 32, at 4.
(200)　Ibid. at 2.
(201)　Engels, supra note 13, at 3（Data and data portability）.

［消費者法研究 第5号（2018. 9）］

することが利益になる。広告業者にとっては，検索エンジン間のスイッチング・コストは高い。検索エンジン事業者が排他的契約を強制したり，広告のポータビリティを制限する技術的制約を課すことが少なくないからである。コンテンツ・プロバイダにとっては，マルチ・ホーミングは容易なので，スイッチング・コストは高くない。オンライン市場においては，とりわけセラーにとって，スイッチング・コストが存在する。セラーの評価は，セラーがすでにあるネットワークで行った多数の取引に依存するからである。バイヤーにとっては，スイッチング・コストは比較的低い。ソーシャル・ネットワークにおいては，スイッチング・コストは高い。ある種のデータのコピーを得ることは可能であっても，プロファイルを競合するサービスに移転することは困難なフォーマットであるため，移転に時間と労力を要するからである。利用者が，プラットフォーム間で通信を行うことができない場合，できる限り多くの利用者とコミュニケートできるように，最大のネットワークに参加するインセンティブが働くことになる。データ・ポータビリティは，一般的に，プラットフォームが相互補完的なサービスを提供する場合および代替的なサービスを提供する場合であって反競争的な行為が行われるリスクが大きい場合に推奨され，反競争的な行為のリスクは，検索エンジンサービス市場のように，市場の集中度が高い場合に特に高くなるので，検索エンジンがデータ・ポータビリティ規制の中心になるべきとの指摘がなされている。このように，オンライン・サービス事業の種類を問わず，画一的な規制を行うことが，真に望ましいかについては，慎重な検証が必要であろう[202]。

（8）執行管轄権

データ・ポータビリティ権の規定は域外適用されるが　その実効性を確保する対策を講じないと，域外に会社を設立することによって，実際上，規制の形骸化が生じうることも懸念されている。電気通信会社であれば，通常，域内に支社を設置するが，オンライン・サービス事業者の場合は，必ずしもそうではないので，域内に支社がない場合，立法管轄権を及ぼしても，執行管轄権は及ばないので[203]，執行の欠缺が生じかねないという懸念である[204]。

---

(202)　Ibid.at 4-3（Detecting anti-competitive behavior），5（Policy recommendations）.

（9）データ・ポータビリティ権についての啓発

midata の影響評価では，データ・ポータビリティによる便益を享受することへの障壁は，ネットに習熟しておらず，あまり利用しない者の間で最も高く，低所得の消費者が最もデータ・ポータビリティを利用しない傾向が指摘されている[205]。しかし，短期的には，不平等を悪化させても，長期的には，より平等な機会を保障することにつながると評価されている[206]。データ・ポータビリティ権についても，個人がデータ・ポータビリティの意義を理解していなければ，結局，権利が行使されない可能性が高いという懸念がある。IoT やビッグデータ処理技術に象徴されるような個人データ処理が複雑化した時代にあっては，データ・ポータビリティ権行使の名宛人となるデータ管理者を特定することすら困難でありうるので，GDPR が，個人中心の体系から，データ保護規制モデル（データ管理者のアカウンタビリティの強化，法執行の実効性の向上，集団訴訟の促進等）に移行すべきかもしれないが，データ・ポータビリティ権を行使するか否かは，本人に委ねられていることに変わりはないので，データ・ポータビリティについての啓発が，この制度の成功に不可欠であるといえる[207]。

---

(203)　個人データ保護の分野での EU の立法管轄権および執行管轄権については，宇賀克也「グローバル化と個人情報保護──立法管轄権を中心として」宇賀克也＝交告尚史編『現代行政法の構造と展開』小早川光郎先生古稀記念（有斐閣，2016 年）127 頁以下参照。

(204)　Graef, supra note 4, at 510.

(205)　BIS, midata impact assessment for midata（17 October 2012）, at 21.

(206)　Ibid.

(207)　Lynskey, supra note 8, at 813.

◆ 2 ◆

電子商取引をめぐる取引環境の変化と
今後の消費者法制の課題
── デジタル・プラットフォーム型ビジネスと取引法

千葉惠美子

Ⅰ 問題の所在
Ⅱ 電子商取引における新たなビジネスモデルの展開と
　準則および学説の対応
Ⅲ 電子商取引におけるプラットフォームの意義
　　── シェアリングエコノミーを素材として
Ⅳ 結びにかえて ── 電子商取引法の制定に向けて

［消費者法研究 第5号（2018年9月）］

［消費者法研究　第 5 号（2018. 9 ）］

I　問題の所在

　2017 年における B to C 間の電子商取引の市場規模は，16.5 兆円に上り，前年に比べて約 9% 増加し，2010 年の市場規模と比較すると約 2 倍になっている[1]。上記の B to C 間の電子商取引には，インターネット・オークション（11,200 億円），フリーマーケットアプリサービス（4,835 億円），シェアリングエコノミー[2]等，インターネットを通じて個人間で取引を行う電子商取引は含まれていないから，これらの市場規模を含めると，事業者間以外の電子商取引市場はさらに拡大してきていることになる。

　このような量的拡大の背景の要因としてまず注目されるのは，ICT（情報通信技術）の高度化によって電子商取引を支える基幹技術が進化し，これに供って新しいビジネスモデルが展開されている点にある。

　社会変革を促す基幹技術として注目されているのは，コンピュータの処理能力の向上によって大量の構造化されていないデジタル・データを集積し高速で処理することを可能にする技術，および，大容量のデジタル・データを瞬時に収集しやり取りできるセンサー技術・通信技術の進化[3]そして，AI 技術（機械学習・深層学習）の飛躍的発展にある。デジタル技術と高速通信網の整備によって，多くの産業がモジュール化・ソフトウェア化・ネットワーク化し，産業構造全体が大きく変化してきている。多様な電子商取引の出現もそのような現象の一つである。

　また，消費生活に関連する電子商取引市場の量的拡大の背景の要因の一つと

（1）　経済産業省「平成 29 年度我が国におけるデータ駆動型社会に係る基盤整備（電子商取引に関する市場調査）」（2018 年 4 月）（http://www.meti.go.jp/press/2018/04/20180425001/20180425001-2.pdf）6 頁参照。
（2）　矢野経済研究所「シェアリングエコノミー市場の実態と展望 2017～民泊／カーシェア／駐車場予約／クラウドソーシング・ファンディング～」（2017 年 11 月 15 日発表）によれば，シェアリングエコノミーの 2016 年度の国内市場規模は約 503 億円である（https://www.yano.co.jp/press/press.php/001763）。
（3）　日本経済新聞 2018 年 2 月 27 日（朝刊）によれば，超高速・大容量の通信を実現する次世代高速通信規格（5G）の商用化を 2019 年には開始できるように，総務省は，制度整備を進めていると報じられている。5G では，通信の遅れがほとんど発生せず，遠隔地でも時間差なく通信できるほか，1 km^{2}あたり 100 万台の機器との接続が可能となる。

〈論説〉2　電子商取引をめぐる取引環境の変化と今後の消費者法制の課題〔千葉惠美子〕

なっているのは，スマートフォンの利用者の増大である(4)。スマートフォン専用の多数のアプリケーションが提供され，インターネットの利用デバイスがPCからスマートフォンへとシフトし，いつでもどこでも取引できる環境が出現し，取引のモバイル化が進んでいることも影響している(5)。

　加えて，電子商取引に関する決済についてもキャッシュレス化が進み，電子決済の方法としては，クレジットカード払いが約63％を占めている(6)。この結果，商品の選択・購入・決済に至るまで，すべてをネット上で完結できる流通のデジタル化(7)が進行している。

　電子商取引をめぐるこのような取引環境の変化を踏まえて，本稿では，取引法の観点から電子商取引の取引構造を解明するために，多様な電子商取引の諸形態に対して，どのような観点からアプローチをする必要があるのかを考察し，今後，電子商取引法の法規整を考える際に，考慮されるべき事項がいかなる点にあるのかを明らかにしたい。

　もっとも，そもそもどのような取引が電子商取引に包摂されるのかは，論者によって必ずしも一致していないかもしれない。本稿では，OECDのGuide to Measuring the Information Society, 2009における電子商取引に関する広義の定義に依拠して，コンピュータを介したネットワーク上で行われる物・サービスの売却あるいは購入に係る取引と捉えることにする。

　わが国では，2002年3月から，経済産業省が毎年「電子商取引及び情報財取引等に関する準則」(8)でインターネットビジネスにおいて生じる法的問題に関するガイドラインを公表しているが，このガイドラインも上記のOECDの

（4）　経済産業省・前掲注（1）報告書24頁および31-33頁参照。需要と供給をマッチングさせるシェアリングエコノミー型の新たなサービスが，スマートフォン専用のアプリケーションという形で次々と登場し，モノやサービスを個人間でマッチングできる機会が大幅に増加し，通信デバイス上で取引が締結される機会が拡大してきていると考えられる。

（5）　総務省家計調査によれば，ネットを介したデジタル消費は増大しており，2016年度にはサービス支出の59％を占めるなど，消費の内容が変貌してきている（日経新聞2018年3月14日朝刊。

（6）　経済産業省・前掲注（1）報告書35頁参照，総務省「通信利用動向調査」http://www.soumu.go.jp/johotsusintokei/statistics/statistics05.html参照。決済のキャッシュレス化の進展に伴う問題については，千葉惠美子「キャッシュレス決済の意義と検討の必要性」現代消費者法36号4頁（2017年）以下参照。

（7）　音楽・電子書籍などのデジタル製品については配信までネット上で行われることになるから，流通過程のすべてがすでにデジタル化していることになる。

［消費者法研究 第5号（2018.9）］

定義に基づいている。

OECD は，ICT の高度化に伴う取引環境の変化に対応して，2016 年 3 月 24 日に，「電子商取引における消費者保護に関する理事会勧告（Recommendation of the Council on Consumer Protection in E-commerce）」を公表し，全面的な改訂を行っており[9]，これに関連して上記準則も改訂されている（以下では，特に断わらない限り 2018(平成 30)年度版を「準則」という）[10]。

準則では，オンラインで成立する契約について総論的な整理が行われた上で，インターネット通販以外にも，インターネットその他のコンピューター・ネットワークを利用して行われる経済行為が取り上げられている。OECD の上記理事会勧告後に改訂された準則のうち，本稿との関係で特に注目されるのは，第 1 に，メルカリなどのフリーマーケットアプリサービスの飛躍的普及を受け，インターネット・オークションとフリーマーケットアプリサービスの両方を含む「ユーザー間取引」という上位概念に基づいて，サービス運営事業者の利用者に対する責任やサービス運営事業者への規制の問題を取り上げている点である。第 2 に，スマートフォン上で，アプリマーケットからアプリをダウン

---

(8) 経済産業省は，産業構造審議会商務流通情報分科会情報経済小委員会 IT 利活用ビジネスに関するルール整備ワーキンググループにおいて得られた検討結果を踏まえ，電子商取引や情報財取引等の実務の変化，関連する技術の動向，国内外のルール整備の状況等に応じて，毎年「電子商取引及び情報財取引等に関する準則」の改訂を行ってきた。そこでは，大きく分けて，電子商取引に関する論点，インターネット上の情報の掲示・利用等に関する論点，情報財の取引等に関する論点，国境を越えた取引等に関する論点が扱われている。「準則」は，現行法が電子商取引にどのように適用になるのかについてガイドラインを示して，取引の円滑化・法的安定性を図ることを目的としている。そこでは，電子商取引の実務の変化や関連する技術の動向との関係で，現行法との関係で問題となるかもしれない点について行政解釈が示されている。しかし，後述するように，2018 年度版の刊行時点では，産業構造の変化に伴う新たな経済行為とこれに関連する問題点が十分に認識された分析がなされているとはいえないように思われる。

(9) 2016 年 OECD 理事会勧告は，1999 年に行われた「電子商取引における消費者の保護のための行動指針に関する OECD 理事会勧告」（Guidelines for Consumer Protection in the Context of Electronic Commerce）を最近の電子商取引の動向を踏まえて全面的に改訂したものである（http://dx.doi.org/10.1787/9789264255258-en）。

(10) 2018（平成 30）年度の準則の主な改訂としては，取引環境の変化に応じた改訂として，AI スピーカーを利用した電子商取引が新規に取りあげられている（準則 1 -10）。AI クラウドのサービス事業者が AI スピーカーの提供元と商取引の提供事業者を兼ねた場合の基本的な検討が行われている。この他，特定商取引法施行規則改正に伴う改訂（通信販売に係る広告規制）や自動継続条項と消費者契約法 10 条等について改訂がなされている。

〈論説〉2 電子商取引をめぐる取引環境の変化と今後の消費者法制の課題〔千葉惠美子〕

ロードして利用することが一般的になっていることから，デジタルコンテンツの有料・無料の取引について，アプリマーケット運営事業者の責任の有無が論じられている点である。第3に，新たな経済活動として注目されているシェアリングエコノミーサービスについて言及されている。

そこで，本稿では，まずは，電子商取引に対して，これまで準則及び判例・学説がどのように対応してきたのかを整理し，その対立点を明らかにするとともに，これまでのアプローチの方法によって，新たな電子商取引について必要かつ十分な法規整が行えるのかについて考察を加える（II）。

産業のデジタル化に伴って，多様な電子商取引の形態が展開されていることから，法規整の在り方を検討するために，各種の電子商取引をどのような観点から類型化するべきかを考察し，類型化に応じた法的分析の方法を提示する。これに基づいて，新しいビジネスモデルとして急激に利用が拡大しているシェアリングエコノミーを素材として，取引構造を法的に分析する（III）。

最後に，上記の考察に基づいて，新たなビジネスモデルとして注目される電子商取引が，プラットフォーム型ビジネスモデルを採用しているという共通項がある点に着目して，電子商取引法の制定に向けて，今後どのような法規整を考えるべきかに触れて結びとする（IV）。

II 電子商取引における新たなビジネスモデルの展開と準則および学説の対応

1 準則における対応

準則では，電子商取引に共通した問題としてオンライン上で成立する契約について総論的な整理が行われ，オンライン上での契約の申込みと承諾の問題（準則1-1），オンライン上での契約内容の確定と有効性の問題（準則1-2），なりすましの問題（準則1-3），未成年者の意思表示の効力（準則1-4）が取り扱われている。その上で，各論として電子商取引に包摂させる取引について業態ごとに法規整の現状について検討がなされている。

具体的には，インターネット通販に代表されるB to C間の電子商取引のほかに，インターネットショッピングモール（1-6），事業者が提供するマッチングの場を通じて個人間で取引が行われるユーザー間取引（1-7），オンライン懸賞企画（1-8），共同購入クーポン（1-9），AIスピーカーを利用した電

子商取引（準則1-10）に分けて法解釈を行っている。

前述したように，2017年の準則の改訂によって，インターネットを用いて個人間で取引を行うネット・オークションとフリーマーケットアプリサービスをユーザー間取引（以下では，これを便宜上「C to C」間取引という）という概念のもとに包摂し，サービス運営事業者の利用者に対する責任や取引当事者間の法的関係など，これらの取引に共通する事項について言及し（準則1-7-1），サービス運営事業者への業規制が包括的に取り上げられることになった（準則1-7-6）。これとともに，2017年改訂時に新規の論点として，アプリマーケット事業者の責任（準則1-7-7）とシェアリングエコノミー（準則1-7-8）が追加されている。

（1） ユーザー間（C to C間）の電子商取引という概念（準則1-7-1および1-7-6）

準則には，「プラットフォームを介した取引」と表現されている箇所がないわけではないが，基本的には，C to C間の電子商取引をプラットフォーム上で「利用者間取引が行われるサービス」[11]であると捉え，B to C間の電子商取引との違いが説明されている。

C to C間の電子商取引では，プラットフォーム運営者であるサービス運営事業者が提示する利用規約に利用者がネット上で同意することによって，プラットフォーム運営者とサービスの利用者との間に，取引仲介システムを利用する

---

(11) 準則は，本文で述べた定義の下，プラットフォームを提供するサービス運営事業者ではなく，ネット・オークションの場合には出品者と落札者の間に，フリーマーケットサービスの場合にはプラットフォームの利用者相互間に，売買契約が成立するものと解している。この結果，電子消費者契約法3条については，C to C間取引である場合には適用がないものと解されている（準則84頁）。電子消費者契約法は事業者と消費者の間で契約が締結されることを前提にしているからである（同法2条1項）。

いつの時点で利用者間で売買契約が成立するのかは，売買契約の当事者である利用者の意思解釈によることになるが，ネット・オークションか，フリーマーケットサービスであるのかによって違いがあることが指摘されている。ビジネスモデルによって利用規約に違いがあり，利用者が利用規約に同意していることから，利用規約が利用者の効果意思の解釈にあって有力な資料となっている（準則78頁）。ネット・オークションでは，出品者の出品時における商品説明が売買条件ではなくて広告ないし宣伝であり，商品の落札によって出品者に対する優先交渉権があることが落札者に決定しただけであって，出品者と落札者の間での交渉の結果，合意が成立した時点で売買契約が成立するものとするものが多いようである（準則88-89頁，磯村保「インターネット・オークション取引をめぐる契約上の諸問題」民商133巻4-5号692頁（2006年）参照）。

〈論説〉2　電子商取引をめぐる取引環境の変化と今後の消費者法制の課題〔千葉惠美子〕

ことを内容とする契約（以下，利用契約という）が成立することになる。サービスの利用者が消費者である場合には，上記利用契約は消費者契約となるから，利用契約に規定された内容については消費者契約法8条～10条による規律が及ぶことになる。

上記利用契約に基づき，サービス運営事業者は提供するシステムの機能を維持・管理する義務を利用者に対して負うものと解されている（準則81頁）。一方，サービス運営事業者は，利用者間の取引仲介システムを提供するだけであり，取引の場や取引仲介システムの提供者にすぎないことから，原則として利用者間の個別の契約の成立や契約に起因するトラブルについて責任を負わないものと解されている（準則79頁）。

もっとも，準則は，利用者間の取引行為にかかる情報を仲介するシステムを提供している以上，サービス運営事業者にも一定の注意義務があると解している。ネット・オークションに関して，ユーザーに対して「欠陥のないシステムを構築してサービスを提供すべき義務」がサービス運営者には一般的にあるとし，詐欺被害が多発している状況下では詐欺被害防止に向けた注意喚起の措置をとるべき義務があるとした名古屋地判平成20・3・28判時2029号89頁，名古屋高判平成20・11・11平成20年（ネ）第424号[12]及び最高裁平成21・10・27決定を引用している（準則79頁）。

これに対して，サービス運営事業者が，実質的に利用者間の取引に関与する場合には，その役割に応じて例外的に責任を負う可能性あるとする。サービス運営事業者が，実質的に取引に関与するかどうかは，サービス運営事業者によって提供されている取引の「場」の態様によるとしている。

準則において，実質的に取引に関与する場合として例示されているのは，①利用者の出品行為を積極的に支援し，これに伴う出品手数料や落札報酬を受け取っている場合，②特定の売主を推奨する場合，③これらのサービス運営者自身が売主となる場合である（準則80-81頁）。

上記の立論は，これらの業態についての法規整の在り方についても影響を与えることになる[13]。すなわち，プラットフォームを利用して取引を行おうとする売主[14]が，「売主に対する業規制」の対象であり，特定商取引法，景品表示法，古物営業法の規制が及ぶことになり（準則I-7-5参照），プラット

---

(12)　http://www.courts.go.jp/app/files/hanrei_jp/035/037035_hanrei.pdf

フォームの運営事業者は，自身が実質的に取引に関与している場合にのみ特定商取引法上の通信販売業者として，また，古物商間の売買・交換のための市場を経営する限りにおいて，古物商または古物市場主の許可を受ける必要があるとする整理がなされている（準則Ⅰ-7-6参照）。プラットフォームの運営事業者が取引のあっせんをおこなっているという観点から法規制の対象となっているのは，ネットオークション運営業者が，古物営業法の「古物競りあっせん業」（同法2条2項3号）に該当する場合のみである。

　前述したように，インターネットショッピングモール（以下では，ネットショッピングモールという）については，CtoC間の取引と区別して分類されている。ネットショッピングモールの1つであるアマゾンを例にとれば明らかなように，新書の販売の場合，アマゾンは利用者に対して直接書籍を販売することになることから，BtoC間の取引であり，インターネット通販に該当することになる。これに対して，中古品の書籍の販売や書籍以外の商品については，アマゾンサイトに出店している店舗と利用者との間で取引が行われていることになり，プラットフォーム上で「利用者間取引が行われるサービス」に該当することになる。

　このように，同一のプラットフォーム上でモール利用者が商品を購入する際に，売主がモール運営者ではない場合があることから，ネットショッピングモールの場合には，①店舗による営業をモール運営者自身による営業と利用者が誤って判断するやむを得ない外観があること，②その外観の作出にモール運営者に帰責事由があること，③利用者の誤認について重過失がないこと，以上の要件を充たす場合には，名板貸し責任（商14条）や自己の商号の使用を他人に許諾した会社の責任（会社9条）を認める規定を類推適用して，例外的に

---

(13)　齋藤雅弘「通信販売仲介業者（プラットホーム運営業者）の法的規律に係る日本法の現状と課題」消費者法研究4号（2017年）115頁-127頁では，特定商取引法，景品表示法，古物営業法，旅行業法，宅地建物業法においてどのような場合に行政規制の対象となっているのかについて整理がなされている。

(14)　CtoC間取引でプラットフォームを利用した取引においてしばしば見られる「ノークレーム・ノーリターン」条項（瑕疵があっても責任を問う権利を放棄する，契約解除権を行使して商品の返還と引換に代金の返還を求める権利を行使できないとする条項）は瑕疵担保責任についての免責特約といえるが，その有効性についても，検討が加えられている（Ⅰ-7-4）。ノークレーム・ノーリターン条項の効力については，磯村・前掲注(11)115頁も参照。

〈論説〉2　電子商取引をめぐる取引環境の変化と今後の消費者法制の課題〔千葉惠美子〕

モール運営者にも契約上の責任があると解している。もっとも，モール利用者が通常認識できる方法で，出店している店舗とモール運営者が独立した事業者であることを明示している場合には，モール運営者の責任はないとものと解されている（準則75頁）。

　この他，モール運営事業者の責任が肯定されている場合として例示されているのは，①重大な製品事故の発生が多数確認されている商品について合理的期間を超えてモール上で掲載をしていた結果，当該商品を購入したモール利用者に，製品事故による損害が発生した場合，モール運営事業者には，モール利用契約についての付随義務違反を根拠に契約責任ないし不法行為責任が発生するとしている。第2に，モール運営事業者が，特定の商品等の品質等を保証した場合や，自己の判断に基づいて推奨した場合[15]には責任を負う場合があるとする（準則75頁）。

　ここでも，モール運営業者自身がインターネット通販事業者に該当しない限り，モール上の店舗とモール運営業者は独立した法主体であることを根拠に，モール上の店舗とモール利用者の間の取引から発生した責任は，モール上の店舗が負うことを原則としており，モール運営事業者は，売主であるモール出店業者の売買契約上の違反行為ないし不法行為のほう助，売買目的物についての品質などの保証・モール利用者への購入の推奨といった観点から，例外的に責任を負う場合があると解していることになる。

　もっとも，準則は，C to C 間の取引と B to C 間の取引を区別するメルクマールがどこにあるのかについて直接言及しているわけではない。

（2）　アプリマーケット運営者の法的責任（準則1-7-7）

　2017年改訂では，アプリ流通のためのオンライン上のサービスであるアプリマーケットについて，アプリマーケット運営事業者の法的責任を，①利用規約の内容等によりアプリマーケット運営事業者が利用者との間で取引当事者と解される場合と，②取引当事者と解されない場合があるとした上で，この区分に従ってアプリマーケット運営事業者の責任について論じている。前述したネットショッピングモールに関する規律のしかたに類似する議論が展開されて

---

(15)　出店している店舗や取扱い商品等の広告をしている場合や，売れ筋を表示すること，利用者の口コミ情報を表示すること，購買履歴にもとづいて利用者にターゲティング広告をすることは，モール運営者自身の判断を示しているわけではないと解されている。

［消費者法研究　第 5 号（2018.9）］

いることになる(16)。

　準則では，②の場合について，ネットオークションに準じて，アプリ利用者とアプリマーケット運営事業者の間のアプリマーケット利用契約に基づき，アプリマーケット運営事業者には，アプリマーケットを設置・運営し，アプリ利用者の利用に供しているものとして，当該アプリマーケットの安全を図ることにつき一定の付随義務が認められる場合があると解している。具体的には，アプリマーケット上で，アプリ提供者によるアプリの説明に明らかな詐欺・誇大広告等が多数継続的に存在する状態において，アプリマーケット運営事業者がこれを知っているか，外部からの明確な指摘がある等知っていて当然である状態であるにもかかわらず，合理的期間を経過した後も放置する場合などが，付随義務違反の例としてあげられ，このような場合には，前述したネットオークションについての考え方を参考に，アプリ利用者との間の利用契約上の債務不履行を原因としてアプリマーケット運営事業者に損害賠償責任が認められるものと解されている（準則 104 頁）。

　もっとも，②の場合には，アプリ提供者はアプリマーケット運営事業者とは独立した法主体であり，アプリ提供者とアプリ利用者間の契約は，アプリマーケット運営事業者との間のアプリマーケットの利用契約とは別個な契約である。しかし，準則では，アプリマーケット運営事業者はアプリマーケットを提供しただけで，アプリ提供者がアプリ利用者との間で行った契約上のトラブルについて責任を負担しないとする言及はない。

（3）　シェアリングエコノミーの登場（準則 1 - 7 - 8）

　新しいビジネスモデルとして展開されているシェアリングエコノミーは，遊休資産をインターネット上のプラットフォームを介して個人間で貸借や売買，交換する経済活動である。

　平成 29 年度情報通信白書(17)では，シェアされる資産に着目して，シェアリングエコノミーを「モノ」，「空間」，「スキル」，「移動」，「お金」の 5 つに分類している（図表 1 参照）(18)。「モノ」のシェアに分類されるものとしては，出品

---

(16)　準則では，ネットショッピングモールと比較すると，アプリの機能ごとに商品が表示される点で，消費者にとっては，アプリマーケット運営事業者自身がアプリ提供者であるとする誤認が生じやすいことが指摘されている（準則 103 頁注 4）。

(17)　総務省『平成 29 年度情報通信白書　ICT 白書 2017　データ主導経済と社会変革』23 頁以下参照。

図表1　シェアされる資産に着目したシェアリングエコノミーサービスの分類

資産＼サービス	モ　ノ	空　間	スキル	移　動	お　金
サービスの内容	フリマーケットサービス	民泊サービスホームシェア駐車場・会議室の利用	家事代行労務の提供	ライドシェアカーシェア	クラウドファンディングソーシャルレンディング
具体例	メルカリ	Airbnb	エニタイムズ	Uber	

者と購入者がネット上でのやり取りを通じ，商品の出品や購入ができるフリマアプリが代表的な例となる。「空間」のシェアについては，住宅の空き部屋等を宿泊場所として貸し出す民泊サービスをはじめとしたホームシェアが代表例であるが，このほか，駐車場，会議室のシェアなどもこれに含まれる。「スキル」のシェアとしては，個人に家事・育児・介護等の代行，知識や労働を提供するサービス，「移動」のシェアについては，自家用車の運転者個人が自家用車を用いて他人を運送するライドシェアやカーシェアが代表例となる。遊休資産の活用という視点からみれば，クラウドファンディングやソーシャルレンディングも「お金」のシェアであることになる。

　準則では，シェアリングエコノミーについて，兼業・副業に関する就業規則との関係についての言及があるのみである（準則1-7-8）。シェアリングエコノミーにおいてサービスの提供主体は個人であり，提供者が就業規則において兼業を禁止されていたとしても，その兼業の内容が会社の経営秩序を乱す恐れがない場合や使用者への労務提供に格別の支障を生じさせない場合には，兼業禁止規定の効力が及ばないとする解釈が示されている。個別のサービス内容を踏まえ，①競業関係にならないか，②秘密保持義務違反にならないか，③利益相反行為にならないか，④使用者の対外的信用を毀損しないか，⑤総労働時間が過重なものになってしまわないか等が判断要素になるとしている。

　準則では，個人間の直接的な取引を成立させるプラットフォームの提供役，つまり個人間のニーズのマッチングの場を提供する役割を担うプラットフォー

---

(18)　なお，前掲・総務省『平成29年度情報通信白書』26頁では，フリマを「モノ」のシェアとして分類しているが，「モノ」のシェアの場合には資産の所有権の移転を伴う点で，「空間」のシェアの場合とは異なるとする説明がなされている。

ムの運営・管理を行うシェア事業者については直接的な言及はない。シェアリングエコノミーは，個人等が保有する活用可能な資産をインターネット上のマッチングプラットフォームで取引しているにもかかわらず，準則では，プラットフォーム上で利用者間取引が行われるサービスである C to C 間の取引とシェアリングエコノミーとの関係についても言及されていない。

　もっとも，2016 年 6 月 2 日に閣議決定された「日本再興戦略 2016 ── 第 4 次産業革命に向けて ── 」では，シェアリングエコノミーを IT の革新的発展を基盤とした遊休資産等の活用による新たな経済活動[19]であるとした上で，健全な発展に向け必要な措置を取りまとめるとし，「消費者等の安全を守りつつ，イノベーションと新ビジネス創出を促進する観点から，サービス等の提供者と利用者の相互評価の仕組みや民間団体等による自主的なルール整備による対応等を踏まえ，必要に応じて既存法令との関係整理等を検討する」としている。

　上記の方針に基づき，内閣官房情報通信技術（IT）総合戦略室内に設置された「シェアリングエコノミー検討会議」は，2016 年 11 月に「シェアリングエコノミー検討会議 中間報告」[20]を公表し，その中で，シェアリングエコノミーに関する規制の基本的な方向性を示している。上記報告書によれば，第 1 に，シェアリングエコノミーにおいてサービスを提供する主体は，シェア事業者ではなく個人等であり，サービス品質についてはサービスを提供する個人等が責任を負うことが基本であること，「事故やトラブル時の対応への不安」を低減するために，サービスの提供者である個人，利用者，プラットフォームを管理するシェア事業者の全てについて，一定の安全性・信頼性を確保するための自主ルールの策定が必要であるとしている。

　第 2 に，シェアリングエコノミーは，個人等の遊休資産や能力が，一時的に他の個人等による活用へと展開されるサービスモデルであり，本業として資本を投下した事業者による反復継続的なサービス提供を念頭に個別サービスごとに規定された法令（業法）による適用が必要かどうか不明確である場合が多いとし，このグレーゾーン解消に向けた取組が必要であることを指摘している。

　後述するように（Ⅲ 1 参照），総務省・平成 29 年度情報通信白書では，シェ

---

(19)　この点については，ジュレミー・リフキン（柴田裕之訳）『限界費用ゼロ社会〈モノのインターネット〉と共有型経済の台頭』（NHK 出版，2015 年）も参照。

(20)　https://www.kantei.go.jp/jp/singi/it2/senmon_bunka/shiearingu/chuukanhoukokusho.pdf

〈論説〉2 電子商取引をめぐる取引環境の変化と今後の消費者法制の課題〔千葉惠美子〕

アリングエコノミーをネットオークション・フリマアプリサービスとともに，C to C 間の取引に分類している[21]。

（4） 準則の考え方

前述したように，準則は，電子商取引に包摂される取引を取り上げ，現行法の解釈論を明らかにしようとしている。しかし，2017 年改訂で新規の論点として追加された，アプリマーケット事業者の責任（準則 1 - 7 - 7）とシェアリングエコノミー（準則 1 - 7 - 8）が，C to C 間の取引とどのような関係にあるのかについて明確に記述されていないことからも明らかなように，準則は，業法による規制という枠組みの中で，電子商取引に分類される取引をその取引ごとに分析しているにとどまっている。しかし，それでは，各電子商取引に共通する問題がいかなる点にあるのかを十分に把握できない可能性がある。

もっとも，準則が各電子商取引について展開する法解釈を整理すると，以下の共通した方向性があるものと解される。

第 1 に，プラットフォーム運営事業者（以下，「プラットフォーマー」という）は，プラットフォーム利用者との間のプラットフォーム利用契約に基づき，提供するシステムの機能を維持・管理する義務を利用者に対して負うものと解している。

プラットフォームの一方の利用者（アプリ提供者，オークション出品者，出店者）による商品等の説明に詐欺・誇大広告等によって，あるいは，欠陥商品であるにもかかわらず合理的期間を超えて当該商品にかかる情報を放置していたことによって，プラットフォーム上でなされた取引によって被害を被った利用者（アプリ購入者，オークション落札者，商品・サービスの購入者）がいる場合に，プラットフォーマーは，プラットフォーム上での取引の安全を図る義務に違反したことを原因として，利用契約に基づいて責任を負う場合があると解している。すなわち，プラットフォーマーが利用者間の取引行為にかかる情報を仲介するシステムを提供している以上，プラットフォーマーには取引の安全を図るために一定の措置を講じるべき義務があると解している。この限りでは，後述するシステム提供者責任の見解と同様の結論を支持していることになる。ただし，プラットフォーマーがどのような具体的義務を負うことになるのか，義務に違反した場合に，どのような責任が発生するのかについて，準則からは必ず

---

(21)　前掲・総務省『平成 29 年度情報通信白書』15 頁　図表 1 - 2 - 1 - 2 参照。

しも明らかではない。

第2に，プラットフォーマーが，取引仲介システムなどプラットフォーム利用者に取引の「場」を提供しているにすぎない場合，プラットフォーマーは，原則として利用者間の個別の契約の成立や契約に起因するトラブルについて責任を負わないものと解している。この点で，準則は，システム提供者責任という観点からプラットフォーマーの責任を肯定する有力説の見解とは異なることになる。

もっとも，準則は，プラットフォーマーが自ら利用者に商品やサービスを提供しているといえる場合，プラットフォーマーが取引の場を提供しているだけであると利用者が認識しづらい外観があって，プラットフォーマーにその外観の作出に帰責事由がある場合には，名板貸し責任（商14条）や自己の商号の使用を他人に許諾した会社の責任（会社9条）を認める規定を類推適用して，例外的に，プラットフォーマーにも出店者やアプリ提供者と同様の契約上の責任が生じる場合があるとする。ただし，出店者・アプリ提供者・出品者など財やサービスを提供する主体とプラットフォーマーとが独立した別の事業者であることを明示している場合には，取引の相手方となったプラットフォーム参加利用者には誤認について重過失があることになり，プラットフォーマーの上記責任は発生しないと解している。

第3に，プラットフォーマー自身が実質的にみて利用者間の取引に関与している場合には，その役割に応じて，例外的に責任を負う場合があるとする。プラットフォーマーが，利用者の出品行為を積極的に支援し，これに伴う出品手数料や落札報酬を受け取っている場合，プラットフォーマー自身の判断にもとづいて特定の売主や特定の商品等の品質等を推奨した場合などが，この例外に該当すると解している。

以上から明らかなように，準則は，プラットフォーマーがプラットフォーム利用者間の取引にどのように関与したのか，またどのような影響を与えるのかによって，プラットフォーマーの責任を例外的に肯定していることになる。その意味では，準則は，プラットフォームが実質的に果たしている役割に着目して，プラットフォーマーの責任の有無を論じていることになる。しかし，準則では，取引の「場」であるプラットフォーム自体の法的意義については言及されておらず，プラットフォーマーがプラットフォーム上で取引行為に係る情報を仲介するシステムを提供する以上，一定の責任があると述べるにとどまって

〈論説〉2　電子商取引をめぐる取引環境の変化と今後の消費者法制の課題〔千葉惠美子〕

いる。

2　学説の対応と見解の対立点

（1）　プラットフォームの分類と共通した課題の抽出

電子商取引[22]に対する最近の学説の対応として，まず注目すべきことは，プラットフォームが果たす役割に応じて，プラットフォームを分類する点にある。プラットフォーム上でマッチングによって取引を成立させるシステムを提供している場合を「マッチング型プラットフォーム」（「場所貸し型」），プラットフォームでの情報発信・情報へのアクセスに係るサービスを提供するだけで，取引の成立にプラットフォーマーが関与していないものを「非マッチング型プラットフォーム」（「情報提供型」）と呼んで区別いるものが多い[23][24]。「非マッチング型プラットフォーム」の例としてはネット掲示板・SNS が，「マッチング型プラットフォーム」としては，ネットオークション・ネットショッピングモール・アプリマーケットが取り上げられている。

---

[22]　近時の電子商取引に関するまとまった文献としては，日弁連法務研究財団編『論点教材　電子商取引の法的課題』（商事法務，2004 年），東京弁護士会消費者問題特別委員会編『ネット取引被害の消費者相談』（商事法務，2010 年），吉川達夫『電子商取引法ハンドブック〔第 2 版〕』（中央経済社，2012 年），松本恒雄＝齋藤雅弘＝町村泰貴編『電子商取引』（勁草書房，2013 年）などがある。

[23]　プラットフォームビジネスについて法的観点から分析を加えた論稿としては，森亮二「プラットフォーマーの法的責任」現代消費者法 25 号（2014 年）42 頁，同「プラットフォーマーの法律問題」NBL1087 号 4 頁（2016 年），藤原総一郎＝殿村桂司＝宇治佑星「シェアリングエコノミーにおけるプラットフォーム規制（上）（下）」NBL1072 号 13 頁，NBL1073 号 55 頁（2016 年），齋藤雅弘・前掲注(13)105 頁，増島雅和「シェアリングエコノミーの主要な特性と競争政策への示唆」ジュリ 1508 号 28 頁（2017 年）などがある。森・前掲注(23)NBL1087 号 6 頁は，非マッチング型プラットフォームの場合には，参加提供者と参加利用者が立場を入れ替えつつ情報を提供し消費するとするが，マッチング型プラットフォームに分類されるシェアリングエコノミーのプラットフォームの場合にも，このような場合が多く，この点は必ずしも分類のメルクマールにはならないものと解される。

[24]　齋藤・前掲注(13)109 頁は，①情報提供型，②場所貸し型の他に，③取引仲介（媒介）型，④販売業者型に分類している。このうち，③は民商法上の媒介契約・仲立契約と性質決定できる場合，④は，後述するように，バリューチェーン型のビジネスモデルであり，間接ネットワーク効果が問題とならないことから，プラットフォーム型のビジネスとはいえないことになる。もっとも，アマゾンのように，同一のプラットフォームを基盤として，バリューチェーン型のビジネスモデル（新書の販売）とプラットフォーム型のビジネスモデル（中古品および書籍以外の商品の販売はネットショッピングモール）が展開されている場合もある。

［消費者法研究 第 5 号（2018. 9 ）］

　　ただ，プラットフォームに大量の情報が集積され提供されているという点で
は，マッチング型プラットフォームと非マッチング型プラットフォームに違い
はなく，マッチング型プラットフォームが取引の「場」を提供しているといっ
ても，「取引行為にかかる情報の仲介」の場なのか，それとも「取引行為の機
会の提供」の場なのか，マッチング型プラットフォームと非マッチング型プ
ラットフォームの区別は流動的である。また，プラットフォーム上で取引が成
立することを避け，取引についての業務規制や行為規制[25]，あるいは取引業
者としての登録などを回避するために，経営戦略として非マッチング型プラッ
トフォームが活用されている場合があることにも注意する必要がある[26]。

　　学説の対応として注目すべき第 2 の点は，プラットフォームビジネスが，プ
ラットフォーマー（場・環境を提供する者），参加提供者（プラットフォーム上で，
情報や商品・サービスを提供する者），参加利用者（その情報・商品・サービスを
利用する者）の三者から構成され，プラットフォームの利用者である参加提供
者と参加利用者はプラットフォームの利用規約への同意によってプラット
フォーマーと間でそれぞれプラットフォーム利用契約が，また，プラット
フォームの利用者間で財産権の移転や貸借・役務の提供がある場合には利用者
間契約があることを立論の前提としている点である（**図表 2 参照**）。

　　そこでは，三者間の取引構造を取引法の観点からどのように評価するのか，
プラットフォーム利用契約上およびプラットフォームを介して締結される利用
者間契約との関係で，プラットフォーマーに法的責任がないのかという点で問
題意識が共有されている[27]。

　　プラットフォームビジネスを巡る紛争類型は，プラットフォーマーが提供す
るシステムに瑕疵があってプラットフォームの利用者間の契約に損害を与える

---

(25)　たとえば，特商法は通信販売事業者を規制しており自らが売主となる事業者を，景
　　表法は自ら商品やサービスを供給する者を規制対象としている。不動産の売買・賃貸
　　についてのサイトで当該不動産についての情報を提供するだけであれば，宅地建物取
　　引業者としてとしての免許（宅建業法 2 条 2 号，3 条 1 項）も，宅建業法上の業務規
　　制の対象にもならない。また，オンライン旅行サイトで宿泊施設や航空券の情報を提
　　供するだけであれば，プラットフォームは参加利用者との間で宿泊・運送の手配契約
　　の当事者ではないから，旅行業法上の旅行業の登録を要しないものと解されている
　　（同 2 条 1 項 3 号，3 条）など。詳細については，齋藤・前掲注(13)113 頁以下参照。
(26)　この点について，森・前掲注(23)NBL1087 号 11 頁。
(27)　森・前掲注(23)NBL1087 号 4 頁，藤原＝殿村＝宇治・前掲注(23)NBL1072 号 18
　　頁以下など。

図表 2　プラットフォームビジネスと利害関係者間の契約

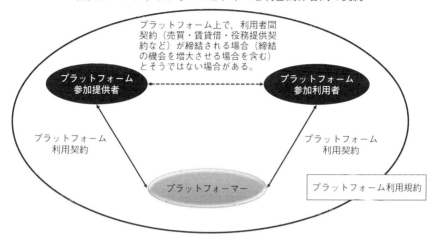

場合（自己起因型）と，プラットフォームを介して取引をした一方の利用者に起因して他方の利用者に損害を与えた場合（他者起因型）に大別されている[28]。前者の自己起因型の紛争類型としては，システムが正常に動作しなかったために取引の機会を失った場合（システム瑕疵型），プラットフォーマーによる表示や商品などの推奨が誤っていた場合（情報瑕疵型）など，後者の他者起因型の紛争類型としては，代金を決済したのに商品等の引渡しやサービスの提供がない場合（代金等詐取型），商品などのプラットフォームでの説明と実際の給付内容が異なる場合（目的物瑕疵型），違法な物品の販売やサービスが提供されている場合（第三者の権利侵害型），利用者が誇大広告・不実表示に該当する情報を提供した場合（情報瑕疵型）などが考えられる。

　自己起因型の場合には，利用規約において，プラットフォームの利用によって利用者が被った損害について，プラットフォーマーは一切の責任を負担しないとする免責条項が規定されている場合が多いことから，この条項の効力が問題となっている。一方，他者起因型の場合には，直接の原因者に加えてプラットフォーマーの責任を論じる余地がないのかが問題となっている。

　学説上，特に見解が対立しているのは，他者起因型の場合のプラットフォーマーの責任の問題である。すなわち，利用者間の取引行為との関係でプラット

---

(28)　齋藤・前掲注(13)131 頁，磯村・前掲注(11)686 頁参照。

フォーマーが第三者であることから，プラットフォーマーは利用者間の契約上のトラブルについて二次的にしか責任を負わない，あるいは，プラットフォーマーが利用者間の取引に積極的に関与する場合にだけ例外的に責任を負うと解する見解と，プラットフォーマーの第三者性を克服して，プラットフォーマーにもシステム提供者として一定の責任があるとする見解に分かれている。

　以下では，上記の見解の対立点を明らかにするために，それぞれの立論について分析を加えてみることにしよう。

（２）　プラットフォーマーの第三者性と責任限定の根拠

　利用者間の取引行為との関係でプラットフォーマーは第三者であるとする見解は，プラットフォーム利用契約が，媒介契約・仲立契約とは異なる点を根拠としており，媒介契約・仲立契約に係る法令の適用を排除している[29]。

　媒介契約とは，他人間の法律行為が成立するように，他人間に立って尽力することを目的とする有償の準委任契約である[30]。仲立契約は，事業として不特定多数の者から第三者との間の法律行為の媒介の委任を受ける契約であり[31]，媒介契約の下位概念となる。媒介が他人間で行われる法律行為の成立に尽力することである上，商事仲立人（商 543 条）および民事仲立人（他人間で行われる法律行為が商行為とならない場合）は，受任者として委任事務の処理について善管注意義務（民 644 条）を負っており[32]，委託者が契約締結をする上で必要な情報の提供義務（情報の収集・調査・情報内容の確認義務）があると解されている[33]。上記に加えて，仲立人は善管注意義務を履行する際に，法律行為の当事者双方の利益を公平に図る必要がある（公平忠実義務）がある点で特殊性があると解されている[34]。

　これに対して，プラットフォーマーは個別取引を成立させるために，取引情

---

(29)　藤原＝殿村＝宇治・前掲注(23)NBL1072 号 14 頁，17 頁，21 頁，22 頁。

(30)　江頭憲太郎『商取引法〔第 7 版〕』（弘文堂，2013 年）219 頁，民法（債権法）改正検討委員会編『詳解債権法改正の基本方針Ⅴ各種の契約（２）』（商事法務，2010 年）135 頁。

(31)　洲崎博史「仲立法制の在り方」川濱昇ほか編『企業法の課題と展望』森本滋先生還暦記念論集（商事法務，2009 年）411 頁以下，民法（債権法）改正検討委員会編・前掲注(30)138 頁以下参照。

(32)　江頭・前掲注(30)225 頁。

(33)　民法（債権法）改正検討委員会編・前掲注(30)137 頁。

(34)　民法（債権法）改正検討委員会編・前掲注(30)141 頁。

〈論説〉2　電子商取引をめぐる取引環境の変化と今後の消費者法制の課題〔千葉惠美子〕

報や取引の場となるインフラシステムを提供するだけであって，プラット
フォーム利用者に対して取引のあっせんや仲介をしているわけではない。

　そこで，上記の見解は，プラットフォーマーが，商事仲立人あるいは民事仲
立人に該当しないことを根拠に，プラットフォーマーはプラットフォーム利用
者に対して善管注意義務を負わないとして[35]，原則として，プラットフォー
マーは他者起因型の紛争類型から発生する責任を負わないと解している。

　ただし，以下の場合には，例外的にプラットフォーマーにも一定の責任があ
るとする。第1に，プラットフォーマーがシステムや場の提供を超えて利用者
間の取引の成立に積極的に関与した場合である（この場合には仲立人に準じて取
り扱うことになろうか）[36]。

　第2に，情報瑕疵型の紛争類型との関係では，個々の情報の適法性について
瑕疵を認識し，または，認識できる可能性がありながら，適当な措置を取ら
なった場合などには，プラットフォーマーにも違法な情報の流通について責任
があるとする。もっとも，プロバイダ責任制限法（特定電気通信役務提供者の損
害賠償責任の制限及び発信者開示に関する法律）3条では，インターネット上に
おける情報の流通に関するプロバイダ，サーバ管理・運営者などの責任は限定
されていることが指摘されている[37]。

　第3に，参加提供者・参加利用者が第三者の権利を侵害した場合には，プロ
バイダ責任制限法4条に準じて，プラットフォーマーには発信者情報の開示義
務があるものと解する見解[38]や，マッチング型のプラットフォームについて，
プラットフォーム上で提供されているサービスに伴って法益侵害があるとする
指摘を第三者から受けたにもかかわらず，プラットフォーマーが調査や違法行
為に対する警告等をおこなわず放置した場合には，プラットフォーマー自身の
不作為を原因として第三者に対して損害賠償など責任を負う場合があるとする

---

(35)　この他，池田秀敏「インターネット・オークションにおける諸問題－名古屋高等裁
　　判所平成20年11月11日判決」信法13号（2009年）205頁は，システムを用いて自
　　動的におこなわれる情報検索やマッチングには人的関係が希薄であることから，プ
　　ラットフォーマーに義務や責任を問いにくいとする。
(36)　藤原＝殿村＝宇治・前掲注(23)NBL1072号21頁。
(37)　藤原＝殿村＝宇治・前掲注(23)NBL1073号56頁。
(38)　藤原－殿村－宇治・前掲注(23)NBL1073号58頁。森・前掲注(23)NBL1087号8
　　頁は非マッチングプラットフォームにおける違法情報ついてではあるが，同様の指摘
　　をしている。

見解[39]がある。

（3） システム提供者責任論の展開

これに対して，ネットオークションに関連して，早い段階でシステム提供者の責任という観点からオークション運営者の責任について議論を展開された磯村教授の見解に注目する必要がある。磯村教授は，プラットフォーム利用者は，プラットフォーマーが提示する利用規約に同意して登録する場合にしかプラットフォーマーがプラットフォーム上で提供するシステムを利用できない仕組みになっている点にまず着目されている。確かに，プラットフォーム利用者には，このシステムを有償で利用する者（ネットオークションの出品者は出品手数料，落札時の落札システム利用料を負担する）と無償で利用する者（ネットオークションの入札者・落札者は手数料の負担がない）がいるが，有償の利用者との関係では，手数料や利用料の支払義務とプラットフォーマーのシステムの維持管理義務との間に対価性がある点を，無償の利用者に対しては，このシステムの利用によって取引の機会を増大させている点を根拠に，プラットフォーマーは，利用者に対してプラットフォーム上で提供するシステムの機能を維持・管理する義務を負っているものと解している[40]。

利用契約における上記の債務に違反する場合には，利用規約の免責条項（システムが正常に機能しなかった場合であっても，プラットフォーマーに一切の責任がないとする条項）は，消費者契約法10条に反して無効であると解している[41]。

また，プラットフォーマーが実質的に利用者間の取引に関与していない限り，システムの提供によって取引の機会を提供しているだけであり，原則として，利用者間で生じるトラブルから生じる責任を負わないとする見解に対しては，以下の点から反論を展開されている。

まず，プラットフォーマーが提供するシステムが構造的に利用者に一定のリスクを発生させるものであり，かつ，そのようなリスクが十分に予見させる状

---

(39)　森・前掲注(23)NBL1087号7頁。

(40)　磯村教授は，プラットフォームの利用者には，出品者と入札者といった利害を異にする利用者がいること，また，無償でプラットフォームを利用する者も，取引の機会を増大させる利益をプラットフォーマーに与えることを指摘しており，後述するように，プラットフォームに間接ネットワーク効果があることに注目されている点で興味深い。

(41)　磯村・前掲注(11)697-698頁。

〈論説〉2　電子商取引をめぐる取引環境の変化と今後の消費者法制の課題〔千葉惠美子〕

態でありながら，これを放置している場合には，システムの管理・運営について義務違反があると解している[42]。具体的には，本人確認手続をせず，利用者による詐欺的行為が頻発している場合を挙げている。

　注目すべきことは，この種のシステムを利用した取引では，プラットフォーマーが予め設定したフォーマットに従ってシステム上でしか取引に必要な情報を得られないことから，利用者間の取引内容がシステムの設計のしかたに依存していることを根拠に，プラットフォーマーが利用者間の取引との関係で第三者的な立場にあるわけではないと解している点である[43]。

　このように，システム提供者責任論は，全体のシステムが，プラットフォームの各利用者とプラットフォーマー間の利用契約およびプラットフォームの各利用者間の契約から構成されていることを前提に，プラットフォーマーがシステム提供者であるという点から，個別の契約に分解して契約責任を論じることの問題性を指摘し，利用者間契約との関係でプラットフォーマーの第三者性を克服して一定の責任を肯定する点に意義がある[44]。

　ただし，上記の点から，具体的なプラットフォーマーの義務と義務違反の場合にどのような責任が肯定できるかを直ちに説明することは難しい。システム提供者責任論を支持する見解の中には，プラットフォーマーがプラットフォームのいわば所有者・設置者であるとして，この点からシステムの危険性や損害発生のリスクについてもプラットフォーマーが責任を負うべきであるとする見解がある[45]。しかし，プラットフォーマー自身が利用者間の取引の内容を変更することができるわけではない。その意味では，プラットフォーマーに損害回避義務があると解することは困難であり，また，プラットフォーム上の取引

---

(42)　磯村・前掲注(11)700頁。もっとも，齋藤・前掲注(13)145頁は，他者起因型のトラブルの場合，他人の行為による被害の発生であることから，プラットフォーマーのほう助が問題となり，プラットフォーマーの過失を認定することは難しいことを指摘する。

(43)　磯村・前掲注(11)701頁。

(44)　ネットオークション上で，出品者による詐欺によって被害を被った利用者がオークションサイト運営者に対して損害賠償を求めた事件で，名古屋地判平20・3・28判時2029号89頁は，この点を指摘し，一般論としてではあるが，プラットフォーマーに詐欺被害防止に向けて注意を喚起をする義務があると判示している。

(45)　金山直樹『現代における契約と給付』(有斐閣，2013年)181頁は，民法717条1項の規定を参考にして，契約の名において人を一定の〈場〉に引き入れた者は，契約という無体物の設置または保存上の瑕疵によって契約相手方に損害が生じたときには，責任を負うべきであるとする。齋藤・前掲注(13)146頁。

［消費者法研究 第5号（2018. 9 ）］

についてプラットフォーマーに一般的な監視義務があると解することも難しい。全体のシステムが，プラットフォームの各利用者とプラットフォーマー間の利用契約およびプラットフォームの各利用者間の契約から構成されているという点から，利用者間契約における契約自由の原則を尊重しながら，システムが本来備えるべき安全性を直ちに明らかにできるわけではないからである(46)。したがって，工作物責任や危険責任の考え方のアナロジーから直ちにプラットフォーマーの契約上の義務や責任を論じることは難しいものと解される。

　この点を解明するためには，プラットフォームの利用によってどのようなプロセスを経て取引がなされているのか，全体としてのシステムの仕組みを理解するだけでなく，全体のシステムにおけるプラットフォームが果たしている役割，すなわちプラットフォーマーが「取引の場の提供」することの意義を法的に解明することが必要になる。この点が解明されないと，プラットフォームビ

---

(46)　金山・前掲注(45)180 頁は，システム構築者の責任を肯定するために，立法論としてではあるが，プロバイダ責任制限法を改正してフラットフォーマーの法的責任を明確化すべきことを提案する。しかし，山本宣之「インターネット・オークション運営者の不法行為責任」民商 113 巻 4 - 5 号 669 頁が指摘するように，プロバイダ責任制限法は，情報の流通により他人の権利が侵害されたときに，特定電気通信設備を用いて他人の通信を媒介する者の損害賠償責任を制限するための法律であり，システム提供者責任論における責任の正当化根拠と整合的かどうかは疑問である。曽我部真裕・林秀弥・栗田昌裕『情報法概説』（弘文堂，2016 年）154 頁によれば，インターネットプロバイダ事業者が提供するサービスは多義に分かれており，ホスティングサービスプロバイダ・コンテンツプロバイダ，経由（アクセス）プロバイダかによってプロバイダ責任制限法の「特定電気通信役務提供者」に該当するかどうかは変わってくるようである。

　なお，齋藤・前掲注(13)150 頁は，プロバイダ責任制限法の考え方を参考に，取引の相手方や第三者からプラットフォーム利用者の不正行為や違法行為について情報提供があった場合に，プラットフォーマーに問題が指摘された利用者への問い合わせをすることを義務づけ，あわせて合理的期間内に当該利用者から回答や説明・反論がない場合にはプラットフォーマーに当該利用者への ID の停止などの損害回避措置を合理的期間内にとるべき義務があるとし，損害回避措置義務違反がある場合には，システムに瑕疵があるとして，プラットフォーマーの不法行為責任を肯定することも検討すべきであるとする。利用者間契約における契約自由の原則を尊重しながら，適正な取引が利用者で行われるように配慮するものであり，制度設計としては拝聴に値する考え方である。ただ，この立論では，取引が安全に行われるようにプラットフォーマーに損害回避措置義務があることが前提となっており，システム提供者がなぜ責任を負担すべきなのかを正面から論じる必要性があることになる。プロバイダ責任制限法 3 条 1 項における「情報流通における認識・認識可能性」の要件を緩めるだけでは対応できない問題である。

ジネスにおける収益構造を理解できないことになり，全体システムを構成する各契約における給付の内容とその対価性を明らかにすることもできない。

そこで，次章では，プラットフォームビジネスの法的意義を解明するために，経済学で，デジタル・プラットフォーム型ビジネスモデルをどのように捉えているのか，プラットフォームビジネスの経済分析を手懸かりとして，プラットフォームの役割を解明し，プラットフォームを介して行われる新しい電子商取引がどのような特色をもつ取引なのかを明らかにすることにしよう。

Ⅲ　電子商取引におけるプラットフォームの意義
—— シェアリングエコノミーを素材として

すでに指摘されているように，新しいビジネスモデルに対しては，既存のビジネスモデルと比較して十分な利用者保護が図られていないとする批判や，業法によって規制されている既存の事業者と比較して新規ビジネスの事業者は規制の外で野放しで事業を展開しており公平な競争が保障されていないといった批判が登場してくることになる[47]。

現行の法規整の多くは，新たな技術を前提としているものではないことから，新しい技術に基づく新たな経済行為の法規整の在り方を議論するためには，新しい技術に基づく新たな経済行為自体を法的に分析することが前提になるはずである。

前述したように，現在，ICT の高度化によって様々な事業分野のデジタル化が進行し，産業のモジュール化・ソフトウェア化・ネットワーク化は事業領域の階層化（これをレイヤー構造化という）を生じさせ，1 つの製品やサービスが複数の事業分野が積み重なって提供されるようになってきている。

プラットフォーム型のビジネスモデルでは，まさにこのような事業領域の階層化が進んでおり，自己の経営資源だけではカバーできない範囲までビジネスを拡大することを可能にしている。裏を返せば，プラットフォームビジネスは，他のプレイヤー（企業・消費者など）が提供する製品・サービス・情報と一緒

---

(47)　増島雅和「シェアリングエコノミーの主要な特性と競争政策への示唆」ジュリ 1508 号（2017 年）32 頁は，既存の事業者からのこのような主張は，消費者を人質にとって新規ビジネスモデルの出現を妨げ，市場への参入を制限する競争抑圧的主張であるとして，既存の事業者のにわか消費者団体化戦略であると批判している。

［消費者法研究 第 5 号（2018. 9）］

になって初めて価値をもつことになる。プラットフォームを形成する意味は，後述するように，ネットワーク効果を生み出し，全体としてのシステムの価値を高める点にあるが，何をプラットフォームと見るかは着眼点によって変わってくることになる[48]。

　電子商取引の場合，多くは，ネットワーク・コンテンツアプリ・コンテンツ・利用デバイスから構成されているが，電子商取引におけるプラットフォームは，ネットワークレイヤーとコンテンツアプリレイヤーの結節点となっており[49]，利用者がネット上で商品・サービスなどの情報を入手する場所として機能しているという共通性がある。

　そこで，本章では，電子商取引における事業領域（レイヤー）の構造化との関係で重要な役割を果たすプラットフォームに着目して，これらの電子商取引を類型化する際のメルクマールを明らかにする。その上で，プラットフォームビジネスモデルを採用している電子商取引がどのような特色をもつ取引なのかを明らかにし，このような分析を踏まえて，シェアリングエコノミーを素材に，プラットフォーム型電子商取引の取引構造に法的分析を加えてみることにしよう。

1　電子商取引の類型化とその基準 —— バリューチェーン型かプラットフォーム型か

　平成 29 年度情報通信白書[50]では，スマートフォンを介した取引形態を，第 1 に，財・サービスの提供者が企業か消費者か，第 2 に，財・サービスを有料で提供を受けたか，データの提供した上で無料で提供を受けたかによって，①企業対企業（B to B），②企業対企業対消費者（B to B to C：両面市場），③企業対消費者（B to C），④消費者対消費者（C to C）の 4 類型に分類している。電子商取引についても，上記の区分にそって**図表 3** に示すように分類されている。

　平成 29 年度情報通信白書には，経産省の「準則」と比較すると，電子商取引を類型化する際の視点が示されているが，②類型である企業対企業対消費者（B to B to C：両面市場）では，プラットフォーム利用者がデータの提供の見返

---

(48)　曽我部＝林＝栗田・前掲注(46)78 頁の「図表 4 - 3 プラットフォーム機能の類型化」参照。

(49)　曽我部＝林＝栗田・前掲注(46)76 頁参照。

(50)　前掲・総務省『平成 29 年度情報通信白書』15 頁。

〈論説〉 2 電子商取引をめぐる取引環境の変化と今後の消費者法制の課題〔千葉惠美子〕

図表 3　平成 29 年度情報通信白書における取引の類型化

	企業対企業 B to B	企業対企業対消費者 B to B to C（両面市場）	企業対個人 B to C	個人対個人 C to C
概念図	企業提供者 → 財・サービス → 企業利用者 ← 金銭	企業仲介者（広告・サービス②、データ、金銭、データ）企業提供者 → 財・サービス → 消費者利用者 ← 金銭	企業提供者 → 財・サービス → 消費者利用者 ← 金銭	消費者提供者 → 財・サービス → 消費者利用者 ← 金銭
類型例	FinTech（法人向け）／AR/VR（法人向け）	情報検索／SNS（ソーシャルメディア）／ネット動画（無料）	FinTech（個人向け）／AR/VR（個人向け）／ネットショッピング／電子書籍／音楽／ネット動画（有料）	シェアリングエコノミー／オークション／フリマアプリ

りに無料でプラットフォーム上の財・サービスを利用できることが強調されている。これに対して、③類型である企業対消費者（B to C）に分類されているネットショッピング、および、④類型の個人対個人（C to C）に分類されているネットオークション・フリマアプリサービス、シェアリングエコノミーは、有料でプラットフォーム上の財やサービスを利用できる点で他の類型と違いがあることが指摘されている。

上記白書では、プラットフォームビジネスかどうかという視点から取引の類型化が行われていないためか、両面市場モデルである点について記述があるのは、②類型だけである。後述するように、B to C 取引に分類されているネットショッピングの中にもネットショッピングモールのようなプラットフォーム型ビジネスであること、また、C to C 取引に分類されているネットオークション・フリマアプリサービス、シェアリングエコノミーがプラットフォーム型ビジネスであること、これらの取引がすべて両面市場モデルであることは認識されていない[51]。

このように両面市場であることの意味やプラットフォームビジネスにおけるプラットフォームの機能が認識されていないということは、これらの取引においてプラットフォーム運営事業者の役割を正確に認識できないことにつながり、法規整の在り方を検討する場合にも、プラットフォーマーの法的地位や責任を

---

(51)　Web 上で貸し手と借り手を募り、Rating 等を実施して融資を実現するサービス、P2P レンディング、（ソーシャルレンディングとも呼ばれる）も、プラットフォームを介して行われる融資であり、両面市場モデルに該当するはずであるが、B to B 取引ないしは B to C 取引に分類されている。

考える際に，重要な判断要素を見落とす可能性があることになる。上記白書では，ネットオークション・フリマアプリサービス，シェアリングエコノミーでも，プラットフォーム利用者がプラットフォーマーに対してデータの提供を行っている点が見過ごされており，上記の視点が欠落していることが影響しているものと思われる。

　そこで，以下では，まず，プラットフォームビジネスの特色を明らかにするために，商品・サービスの流通過程に焦点をあて，B to C 間の電子商取引と C to C 間の電子商取引を比較してみることにする。

　B to C 間の電子商取引も C to C 間の電子商取引も，インターネットなどの通信ネットワークに接続され，遠隔で物やサービスを購入できる点では共通する。しかし，前者の典型であるインターネット通販では，事業者が製造したり仕入れた商品などをネットワーク上で消費者に直接供給することになり，事業者を供給者，消費者を需要者とする単一市場が形成されることになる。いわば，パイプライン型あるいはバリューチェーン型のビジネスモデル[52]である。バリューチェーン型ビジネスでは，サプライチェーン・マネジメントとこれを支援する情報ネットワークの発展によって，複数の企業が価値を最大化するように連鎖することになるが，消費者は，完成品を販売する事業者と取引を行うことになり，消費者の選択権は完成品を買うか買わないかという点に集約されることになる。

　これに対して，C to C 間の電子商取引の場合には，利害を異にする利用者サイドに情報提供と合意形成のための「場」としてプラットフォームが提供されており，プラットフォームを提供するプラットフォーマー自身は商品などの財を取得しない。プラットフォーマーは，売主と買主など利害を異にするが相互に依存関係にある利用者を共通のプラットフォームを介してネットワーク上でつなぎ，利用者間の取引のマッチングだけを担当することになる。プラットフォーム上にある，どの情報にアクセスし，どの商品を購入し，どのような

---

(52)　企業の競争優位を向上するためのバリューチェーン型ビジネスについての先駆的研究として，M. E. ポーター（土岐坤ほか訳）『競争優位の戦略』（ダイヤモンド社，1985年）。パイプライン型の事業からプラットフォーム型の事業への展開をプラットフォーム革命として，参加者の利益が高まるプラットフォームの構築こそが競争優位となることを指摘するものとして，M. W. Van Alstyne, Geoffrey G. Parker, S. P. Choudary "Pipelines, Platforms, and the New Rules of Strategy" *Harverd Business Review*., April, 2016. http://hbr.org/2016/04

図表4　バリューチェーン型ビジネスモデルとプラットフォーム型ビジネスモデル

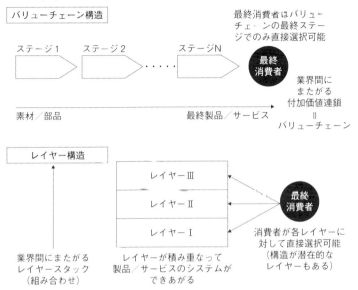

＊根来龍之・藤巻佐和子「バリューチェーン戦略論からレイヤー戦略へ」早稲田国際経営研究44号（2013年）145-162頁参照

サービスの提供を受けるのか，また，それらをどのように組み合わせるのかについては，利用者に選択の自由あり，利用者の利便性が増大することになる。そこでは，ネットワーク事業者・プラットフォーム事業者，コンテンツアプリ開発事業者など，全体の取引システムを構成する要素が，要素ごとに独立した事業者によって担当され，しかも，後述するように，プラットフォーム上で独立した事業分野として階層化していることから，電子商取引では，プラットフォーム上で「組織の市場化」が生じていることになる。

これまで業法による法規整では，バリューチェーン型ビジネスを念頭に，資本を投下した事業者による反復継続的なサービス提供を念頭に，個別サービスごとに法規整が加えられてきた。

バリューチェーン型ビジネスの場合，消費者は，完成品の提供事業者との間にしか契約関係になく　契約責任については完成品の提供事業者に対して責任を追及することが原則となる。そこでは，消費者が取引をする事業者との間の単一市場を念頭において法規整の在り方を検討すればよかった。消費者政策の

観点から見た場合，バリューチェーン型ビジネスに対しては業法的規制が有効に働き，消費者と事業者の二者対立構造の中で，消費者の選択の自由をいかに保障するのかを論じればよかった。インターネット通販の場合に特商法において通信販売としての規制が可能であったのは，インターネット通販が伝統的なバリューチェーン型ビジネスであったからにほかならない。

　これに対して，プラットフォーム型ビジネスの場合には，プラットフォームを構成する事業領域は階層化しており，その一部についてオープン化が行われると，プラットフォーム上に様々なサービスプロバイダーが登場し，利用者の選択の自由が拡大することになる。しかし，他方で，業法による規制では，全体としての取引を構成する一部の事業分野だけが規整の対象となり，全体としての取引を規整することは難しくなる。

　新しい電子商取引の多くが，法令（業法）による法規整になじまなくなってきている理由は，まさに，これらの取引では，全体のシステムを構成する事業分野の階層化（レイヤー構造化）が進展しているためである。事業者と消費者間の契約に適用される消費者契約法や電子消費者契約法が，CtoC間の電子商取引に限定的にしか適用されないことになるのは，このような取引構造の変化に消費者契約法や電子消費者契約法が十分に対応していないためである。

　ネットショッピングモールにおけるモール運営業者も，ネットオークションにおけるオークションサイト運営業者も，アプリマーケットにおけるアプリマーケット運営業者も，共同購入クーポンサービスにおけるサイト運営業者も，シェアリングエコノミーサービスにおけるマッチングプラットフォーム運営業者も，プラットフォーマーである。

　ネットショッピングモールでは，出店するテナントと買い物客が，オークションサイトでは出品者と落札を希望する者が，アプリマーケットでは，アプリ開発業者とこれを購入する者が，共同購入クーポンサービスでは，クーポンを提供する出店者と購入者が，シェアリングエコノミーサービスでは，商品やサービスを提供する者とこれを利用する者が，それぞれプラットフォーム上で取引を行っており，そこでは，プラットフォームの利用者が増大すれば相互に取引の機会が増大する関係にあり，2つ以上の異なるユーザーグループのプラットフォームへの参加・利用の程度が互いに影響を与えている。

　プラットフォームとの関係では，プラットフォーマーが供給者，プラットフォームの利用者が需要者の関係になるが，プラットフォームの利用者サイド

〈論説〉2　電子商取引をめぐる取引環境の変化と今後の消費者法制の課題〔千葉惠美子〕

には，2種類以上の利害を異にする利用者が存在することになり，プラットフォーマーとプラットフォームの各利用者の間にはそれぞれ市場があることになる。経済学では，このようなマーケットを両面市場（two-sided market），2種類以上の利用者サイドがある場合には多面市場（multi-sided market）(53) と呼んでいる。

　もっとも経営学(54)では，プラットフォームを広く「異なる要素やグループを結びつけてネットワークを構築する基盤」という意味で使っている。技術開発や製品企画の分野では，「複数の階層（レイヤー）あるいは補完的な要素（コンポーネント）で構成される産業やシステム製品において他の階層要素を結ぶ基盤」（基盤型プラットフォーム）をプラットフォームと呼び，また，産業組織論では「ユーザー・グループを仲介し，両者のマッチングとやりとりのために利用される基盤」（媒介型ないしエージェンシー型プラットフォーム）と定義している(55)。上記の分類を参考にすれば，電子商取引は，後者，すなわち，媒介型ないしエージェンシー型プラットフォーム事業の一つといえることになる。

　プラットフォーム型ビジネスでは，両面（多面）市場が全体として1つのシステムを構成していることから，この全体を1つの市場として観察する必要があることが指摘されている(56)。経営学では，このようなプラットフォーム型のビジネスをツーサイドないしはマルチサイドのビジネスモデルと呼んで，プ

---

(53)　林秀弥「プラットフォームを巡る法と政策」岡田羊祐・林秀弥編著『クラウド産業論』（勁草書房，2014年）22頁では，「あるサイドの顧客によるプラットフォームの利用がグループ間のネットワーク効果の外部性を生じさせ，その顧客の便益が，プラットフォームによってもう一方のサイドの顧客をどのくらい集めたかに依存するような市場」と定義している。

(54)　丸山雅祥『経営の経済学〔第3版〕』（有斐閣，2017年）235頁，根来龍之＝足代訓史「経営学におけるプラットフォーム論の系譜と今後の展望」早稲田大学IT戦略研究所ワーキングペーパーNo.39（http://www.waseda.jp/prj-riim/paper/2011_RIIM-WP-39_revied.pdf）1頁（2011年）参照。

(55)　製品企画分野における基盤型プラットフォームについて詳細な経済分析を加えた論稿として，立本博文『プラットフォーム企業のグローバル戦略：オープン標準の戦略的活用とビジネス・エコシステム』（有斐閣，2017年）がある。根来龍之・加藤和彦「プラットフォーム間競争における技術「非」決定論のモデル」早稲田国際経営研究41号81頁（2010年），根来＝足代・前掲論文14頁によれば，プラットフォーム上で様々なサービスがあわせて提供されて1つのシステムを構成している場合には，基盤型プラットフォームとしての意味もあり，SNSやポータルサイトは，基盤型プラットフォームと媒介型ないしエージェンシー型プラットフォームの複合型プラットフォームとして進化しているとする指摘がなされている。

図表 5　プラットフォームビジネスにおける全体システムの構造

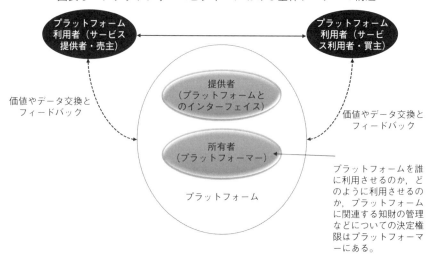

ラットフォーマーがどのような経営戦略をとるべきかが議論されている。

　法律学では、前章で述べたように、「マッチング型プラットフォーム」（「場所貸し型」）と「非マッチング型プラットフォーム」（「情報提供型」）に区分して検討がなされているが、前述したように、両者を区別するメルクマールは、プラットフォーム上でマッチングによって取引を成立させるシステムを提供しているかどうかという点にある。

　したがって、ネットオークション、ネットショッピングモール、ネットフリーマーケット、シェアリングエコノミーは、媒介型のプラットフォームビジネスであり、プラットフォーム上でマッチングによって取引を成立させるシステムを提供している点で、いずれもマッチング型プラットフォームに分類できることになる。

　以上の検討から明らかなように、法規整の在り方を検討するためには、多様な電子商取引を以下の点から類型化するべきである。まずは、バリューチェーン型ビジネス（単一市場）かプラットフォーム型ビジネス（両面市場）かとい

---

(56)　経営学では、企業間のネットワーク関係を生物学の生態系に例えて、多数の参加者が共同の発展と生き残りを目的として相互依存している状態を「エコシステム」と呼んでいる。

図表6　媒介型プラットフォームビジネスの類型化

プラットフォームの役割／分析の視点	マッチング型プラットフォーム（プラットフォームが提供するネットワークを介して利用者間取引が締結できる場合）		非マッチング型プラットフォーム	
プラットフォーム利用者	B & C	C & C	B & C	C & C
プラットフォーマーの収益構造	商品やサービスを提供する利用者サイドからの手数料	両利用者サイドからの手数料	商品やサービスを提供する利用者サイド等からの広告収入	利用者サイドへの広告掲載による収入
該当例	ネットショッピングモール　カード決済　アプリマーケットサイト　共同購入クーポンサイト　ネットオークション	シェアリングエコノミー（狭義）　フリーマーケット　ネットオークション	情報検索サイト　クチコミサイト等	SNS

　う観点から分類する必要がある。次に，プラットフォーム型ビジネスについて，プラットフォームを介してプラットフォームの利用者相互間で取引をするシステムが提供されているかどうかという点からマッチング型プラットフォームビジネスと非マッチングプラットフォームビジネスに分類する必要があるが，図表6に示すように，両者の間にはプラットフォーマーの収益構造に違いがある。そこで，プラットフォームを介した取引の成約を原因とする利用者サイドからの手数料収入によるのか，それとも広告収入によるのかが，全体システムの取引構造にどのような影響を与えているかを分析する必要がある。その上で，プラットフォーム利用者間の取引がB to C間の取引かC to C間の取引かによって法規整の在り方に違いが生じるかを検討することが有益であるように思われる（図表6参照）。

　財・サービスの提供者が企業か一般人かという観点から単純に電子商取引を類型化することは，プラットフォーム型の多様な電子商取引の市場構造および取引構造の分析を正確に認識できなくなるおそれがある。

[消費者法研究 第5号(2018. 9)]

2　プラットフォーム型電子商取引に対する分析の手法

　プラットフォーム型ビジネスにおいて，利害を異にする利用者が利用しやすい環境をつくるためには，プラットフォーマーがプラットフォームの利用者間の利害対立を効果的にマネージメントすることが必要になる。具体的には，システムとしてのアーキテクチャ（モジュール化の度合い），プラットフォームの構造のうちどのレイヤーについて利用者の選択の自由を認めているのか（インターファイスのオープン化の程度），プラットフォームとそのインターフェイスに関する情報を外部者にどの程度開示するのか，利用者が参加するに際して課金を行うのかなど，プラットフォーム上での利用者に関するデータを有効活用して，誰にどのようにプラットフォームを利用させるか，プラットフォーマーがシステム全体の仕組みとプラットフォームの利用のルールについて決定をしている[57]。

　前述したように，プラットフォームには，財やサービスの利用者が増加すると，利用者の利便性や効用を増加させる意義がある。これを情報の経済学では「ネットワーク効果」とか「ネットワークの外部性」といっている。ネットワーク効果には直接ネットワーク効果と間接ネットワーク効果がある[58]。直接ネットワーク効果とは同一の利用者グループの中で，利用者が増加すると，そこで利用されている商品やサービスの利用価値が高まることをいう。これに対して，プラットフォームの利用によって，2つ以上の異なる利用者サイドの利便性や効用に相互に影響を与えている場合を間接ネットワーク効果と呼んでいる。たとえば，ネットショッピングモールの場合，ネット会員が多ければ多

---

(57)　アナベル・ガワー＝マイケル・A・クスマノ（小林敏男監訳）『プラットフォーム・リーダーシップ・イノベーションを導く新しい経営戦略』（有斐閣，2005年）50頁，166頁は，インテル・マイクロソフト，NTTドコモなどを対象に，パソコンOSをプラットフォームとして補完製品としてアプリやハードウェアが存在するような「基盤型プラットフォーム」について，プラットフォーマーはリーダーシップを発揮して，本文で言及した要素を考慮して経営戦略を立てていることが示されている。裏を返せば，プラットフォーマーは，本文で述べたような要素を考慮して全体システムを構築していることになる。本稿で検討対象としているプラットフォームは，取引の媒介機能をもつ媒介型プラットフォームであるが，プラットフォーマーがプラットフォームを介して全体システムを構築する際にも同様の要素を考慮していることが推測される。

(58)　岡田羊祐「クラウド産業論：本書の分析視角」岡田羊祐・林秀弥編著『クラウド産業論』（勁草書房，2014年）6頁，丸山・前掲注(54)239頁，小田切宏之『イノベーション時代の競争政策――研究・特許・プラットフォームの法と経済』（有斐閣，2016年）228頁など参照。

〈論説〉2 電子商取引をめぐる取引環境の変化と今後の消費者法制の課題〔千葉惠美子〕

いほど加盟店が収益を得る機会が増大し，加盟店が多いほどネット会員にとっても利便性が増大しネット会員が増えるといった関係が，これに該当する。つまり，異なる利用者サイド間でネットワーク効果があることを間接ネットワーク効果と呼んでいる。

　プラットフォームビジネスでは，プラットフォームを基盤として内部に複数の市場が形成されている。ネットショッピングモール・ネットオークション・フリマアプリサービス，シェアリングエコノミーの場合には，プラットフォーマーと出店者など財・サービスの提供者間に市場があり，同時に，プラットフォーマーとプラットフォーム上で財・サービスの提供を受ける者の間にそれぞれ市場があることから，前述したように，両面市場（2つ以上のユーザーグループがいる場合には多面市場）となる[59]が，各市場はプラットフォームビジネスという全体システムの機能の一部を構成していることから，「市場の組織化」が生じていることになる。

　両面市場である場合には，このように利害を異にするプラットフォーム利用者がおり，プラットフォーマーは2つの市場を相手にすることになる。このため，市場の厚生の最大化が何によってもたらさせるのかを分析することは難しい。片方の市場における価格の効果だけを分析しても意味はない。価格と限界費用の間に直接的な関係がなく，片側の利用者サイドで価格を限界費用以上に設定し，もう一方の利用者サイドで価格を限界費用以下に設定することもあり

---

(59)　両面市場の経済学は，フランスのジャン・ティロールとジャン・ロチェット，イギリスのマーク・アームストロングによって確立され，2004年1月にフランス・国際産業経済研究所＆政策研究センター主催で開催された経済学シンポがその後の経済理論に影響に与えたとされる（Rocher J.C. and J. Tirole "Platform Competition in Two-Sided Markets," *Journal of Europion Economic Association,* Vol. 1, No.. 4 pp. 990–1029. Rocher J.C. and J. Tirole "Two-Sided Markets::A Progress Report" *The RAND Journal of Economics, ,* Vol. 37, No.. 3 pp. 645–667. Armstrong, M. "Competition in Two-Sided Markets," *The RAND Journal of Economics,* Vol. 37, No.. 3 pp. 668–691）。両面市場の経済学は，ネットワーク効果（プラットフォームの需要者側＝利用者サイドの規模の経済性）の理論と複数財生産企業の理論における財の補完性（プラットフォームの需要者側＝利用者サイドの範囲の経済性）を融合した理論とされる（黒田敏史「多面市場における競争戦略」岡田洋祐・林秀弥編著『クラウド産業論』（勁草書房，2014年）49頁。そこでは，2つ以上の市場を対象に，間接ネットワーク効果をてこにして，利用者サイドの双方からの利益を最大化するには，どのような価格戦略が有効なのかについて理論分析がなされてきた。砂田充・大場弘，「双方向市場の経済分析」公正取引委員会・競争政策研究センター共同研究 CR02-10（2010）http://www.jftc.go.jp/cprc/reports/index.files/cr-0210.pdf，丸山・前掲注(54)242頁，黒田・前掲論文51頁も参照。

うることになる。プラットフォームの需要者（＝利用者）の規模の拡大がプラットフォーム型のネットワーク産業の価値を決めていくことになるから，抽象的には，プラットフォームマーは数が足りていない側の料金を引き下げ（場合によっては無料にして），数が足りている側から高めに課金することが適切であることになる。このため，一方の市場だけに着目して，財・サービスが無料で提供されているのか，有料で提供されているのかは，全体システムを理解するためには必ずしも重要ではないことになる[60]。

このように，プラットフォーム型ビジネスでは，「組織の市場化」「市場の組織化」が同時に生じている。両面（多面）市場では，間接ネットワーク効果をいかに高めるかが全体としてのシステムの価値を高める関係にあるから，自己の収益の最大化を図るためには，プラットフォーマーがプラットフォームの利用者間の利害対立を効果的にマネージメントすることが必要となる。このため，プラットフォーマーは，利用者にネットワーク効果の増加につながる行動，これを損なう行動を阻止・抑制すること（正のネットワーク効果）を最大限に引き出すための仕組みと仕組みを動かすためのルール作りをすることになる。したがって，取引法の観点から分析する際にも，両面（多面）市場を構成要素とする全体システムを1つの市場として観察し，全体システムのルールとなるプラットフォームの利用規約自体の分析が必要となる。

電子商取引の場合には，プラットフォーマーが単独でプラットフォーム利用規約を作成し[61]，プラットフォーム利用者がこれに同意することによってプラットフォーム上でサービスを受けることができる仕組みになっている。プラットフォームの利用規約は，プラットフォーマーによる全体システムの設計

---

(60)　林・前掲注(53)33頁，第4次産業革命に向けた横断的制度研究会報告書（2016年）http://www.meti.go.jp/press/2016/09/20160915001/20160915001-3.pdf，この他，流通・取引慣行ガイドライン改正を契機として，プラットフォームに関する独禁法上の問題を検討した特集が，ジュリ1508号でなされている。

(61)　国際ブランドのクレジットカードも媒介型プラットフォームビジネスの一つである。プラットフォーマーである国際ブランドVISAやMASTERCARDは株式会社であるが，国際ブランドの意思決定は，国際ブランドとメンバー契約を締結しているアクワイアラー（加盟店管理会社）・イシュアー（カード発行会社）の団体的意思決定によっている。この点については，伊藤栄寿「クレジットカードの決済ネットワーク —— 国際ブランドをめぐる法構造」現代消費者法36号57頁（2017年），玉垣正一郎「クレジットカード決済システムの構造 —— 各種手数料の意義」現代消費者法36号49頁（2017年）参照。

図の役割を果たしており，契約当事者間の契約の効力を個別に分析するだけでは，全体システムの取引構造を理解することはできない（**図表2参照**）[62]。

そこで，プラットフォーマーが予め定めたプラットフォームの利用規約に基づいてプラットフォーマーとプラットフォーム利用者間の契約関係（以下では，「プラットフォーム利用契約」ないしは「利用契約」という）が成立することになるから，まずは，①利用規約自体を分析し，②間接ネットワーク効果によるプラットフォーム利用契約の相互の関連性を考慮しながら，各利用者サイドとの間のプラットフォーム利用契約の内容を解明すること，さらに，③①②の分析に基づいて内容が確定したプラットフォーム利用契約が，財・サービス提供者・利用者間の契約（以下では，「利用者間契約」という），ないしは三者間の責任関係にどのような法的影響を及ぼすことになるのかを解明することが必要になる。③の分析にあたっては，B to C 取引か C to C 取引か，また，利用者間契約がプラットフォームを介してしかできないのか，そうではないのかについて留意する必要がある。

そこで，以下では，上記の観点からプラットフォームビジネスの一つであるシェアリングエコノミーの取引構造について法的に分析を加えてみることにしよう。

3　シェアリングエコノミーの取引構造

プラットフォーム上で，サービスを提供する利用者サイドが加盟店である出店者に限定されるネットショッピングモールと比較すると，シェアリングエコノミーの場合には，プラットフォームの両方の利用者サイドに，多数の多様性のある利用者が登場する点で特色がある。この特色は，マッチングの確率を高

---

(62)　契約主体が多様で，全体としての取引システムが複数の契約によって構成されている場合の私法上の問題については，ネットワーク化した取引構造について契約結合という観点から法的分析を試みたグンター・トイブナー（藤原正則訳）『契約結合としてのネットワーク』（信山社，2016年）が注目される。ただ，そこで主な考察の対象となっているのは，トヨタのカンバン方式（just in system）やフランチャイズシステムである。これらは，一連の経済主体の活動を管理することによって価値を生み出すバリューチェーンに依拠したビジネスモデルであり，「供給サイド」の規模の経済と範囲の経済が問題となるビジネスモデルに対する法的分析であるといってよいだろう。これに対して，媒介型ないしエージェンシー型プラットフォームビジネスでは，前述したように，プラットフォームの利用者，つまり「需要サイド」の規模の経済，範囲の経済が存在する点に特色があり，法的分析の手法に違いが生じてくることになる。

[消費者法研究 第 5 号（2018. 9）]

めることになる反面，プラットフォームを介して供給される商品・サービス・
情報の質の確保とシステムを悪用する者を排除しなければ，負のネットワーク
効果が生じる原因にもなる。したがって，シェアリングエコノミーの場合，プ
ラットフォームの利用者が提供するサービス・情報の質を高めるとともに，シ
ステムを悪用する者を排除するために，全体システムをどのように構築するの
か，そのためにどのようにルールを作るのか極めて重要になる[63]。また，
ネットショッピングモールとシェアリングエコノミーはプラットフォーマーの
収益構造の点でも違いがある（図表 6 参照）。シェアリングエコノミーの場合に
は，両利用者サイドから手数料を徴収しており，間接ネットワーク効果を生み
出す仕組みとしてはより柔軟性があることになる。

　そこで，以下では，シェアリングエコノミーの代表的な取引である民泊を対
象に，民泊のプラットフォームビジネスモデルを世界展開している Airbnb[64]
（エアビーアンドビー）を素材として，シェアリングエコノミーの取引構造を解
明することにする。

（1）　利用規約と利用規約に基づくプラットフォーマー・各利用者サイド間の利用契約の相互関連性

　Airbnb の利用規約[65]（以下では「利用規約」という）では，まず前文で，以
下のような規定が置かれている。

　　　「本サービス利用規約（以下「本規約」といいます）は，Airbnb（以下に定
　　義されます）のウェブサイト（サブドメインを含みます）並びに Airbnb が

---

(63)　増島・前掲注(47)30 頁は，取引を成立に導く信頼メカニズムを考える際に，シェ
　　アリングエコノミーでは，商品やサービスを提供する側も提供される側も，プラット
　　フォーム利用者について十分な情報がないとして，アメリカの FTC では，プラット
　　フォーム利用者の評判の見える化（レーティング）とプラットフォーム事業者による
　　双方の利用者サイドへの信用補完が取引を成立させるために有効であることを指摘し
　　ている。これに対して，わが国では，トラブル防止や事前相談・苦情窓口などをプ
　　ラットフォーム事業者が構築することの重要性が強調されている（内閣官房情報通信
　　技術（IT）総合戦略室「シェアリングエコノミー検討会議中間報告書」（2016 年 11
　　月）40 頁以下）として，信頼メカニズムの構築のしかたの違いを指摘しており，興味
　　深い。
(64)　Airbnb がどのようにビジネスを展開してきたのかについては，ブラッドストーン
　　（井口耕二訳）『UPSTARTS』（日経 BP 社，2018 年）参照。
(65)　https://www.airbnb.jp/terms（2018 年 4 月 16 日改訂版）参照。

98

サービスを提供するその他のウェブサイト（以下，総称して「本サイト」といいます），携帯電話，タブレット及びその他のスマート端末対応の Airbnb アプリケーション，アプリケーション・プログラム・インターフェイス（以下，総称して「本アプリケーション」といいます），並びに全関連サービス（以下，総称して「Airbnb サービス」といいます）のお客様によるアクセス及び利用に適用される，お客様と Airbnb との間の法的拘束力を持つ契約（以下「本契約」といいます）となります。本サイト，本アプリケーション及び Airbnb サービスを以下，総称して「Airbnb プラットフォーム」といいます。お客様による Airbnb プラットフォームの利用に適用される Airbnb のホスト保証規約，ゲスト返金ポリシー，差別禁止ポリシー及びその他のポリシーは，引用により本契約の一部に組み込まれるものとします。」

「お客様による Airbnb プラットフォームの利用を通じて行われる又はこれに関連して行われるすべての支払い処理サービス（以下「本支払サービス」といいます）は，支払サービス利用規約（以下「支払規約」といいます）に定められている内容に従い，1社又は複数の Airbnb Payments 法人（個別に又は総称して「Airbnb Payments」といいます）によって提供されます。

「ホストは，自身のリスティング及びホストサービスに適用されるすべての法律，規則及び規制の把握，理解及び遵守について単独で責任を負うものとします。」

また，利用規約「1．Airbnb サービスの範囲」には，次の規定が置かれている。

「1.1 Airbnb プラットフォームは，登録ユーザー（以下「メンバー」といいます）及び一定の第三者サービス提供者（以下，サービスを提供するメンバー及び第三者を「ホスト」といい，ホストが提供するサービスを「ホストサービス」といいます）が集まり，ホストが Airbnb プラットフォーム上にホストサービスを公開（以下「リスティング」といいます）し，その利用を希望するメンバー（ホストサービスを利用するメンバーを以下「ゲスト」といいます）と直接やりとりと取引を行うことのできるオンライン上のマーケットプレイスを指します。ホストサービスには，バケーション用又はその他の用途の不動産

（以下「宿泊施設」といいます）の提供，様々な分野における単発又は複数日のアクティビティ（以下「体験（エクスペリエンス）」といいます）の提供，特色あるイベントや場所への案内（アクセス）（以下「イベント」といいます）の提供，並びにその他様々な旅行関連及び非旅行関連のサービスの提供が含まれます。」

「1.2 Airbnb は，Airbnb プラットフォームの提供者であり，いかなるリスティング及びホストサービスの所有，作成，販売，再販売，提供，支配，管理，運営，提案，交付及び供給もしておらず，新 EU パック旅行指令第 2015/2302 号の定める旅行主催者又は旅行販売者ではありません。ホストは，自身のリスティング及びホストサービスについて単独で責任を負うものとします。メンバーは，予約を行い又は予約を承認する場合には，メンバー間で相互に直接契約を締結するものとします。Airbnb は，メンバー間の契約関係の当事者又はその他の参加者ではなく，かかる当事者又はその他の参加者になることもありません。また，Airbnb は，不動産仲介業者又は保険業者でもありません。Airbnb は，支払規約に規定される場合を除き，いかなる資格においてもメンバーの代理人として行為することはありません。」

　上記の利用規約からすれば，プラットフォーマーである Airbnb と利用者サイド間の利用契約は，民商法上の媒介契約・仲立契約ではないことになる（Ⅱ2(2)参照）。しかし，同時に，Airbnb は利用者サイドに宿泊サービス等の情報のみを提供しているというわけではないことも明らかである。ホスト・ゲスト間でのホストサービス提供契約の締結は，Airbnb プラットフォーム上でのみできる仕組みになっているからである。したがって，システム提供者責任論者が，利用者間の契約がシステムの設計のしかたに依存していることを根拠に，利用者間契約との関係でプラットフォーマーは第三者的な立場にあるわけではないと指摘している点は，その限りでは的を射ていることになる。
　たとえプラットフォームを介して利用者間で行われる取引についての責任が原則としてホストとゲストにあるとしても，契約の相対効の原則を引き合いに出し，この点から直ちにプラットフォーマーとプラットフォームの各利用者間の法律関係を個々に分断して，Airbnb は，ホストとの間で Airbnb プラットフォームに宿泊物件等の掲載サービスを有料で提供する契約を締結し，ゲスト

〈論説〉2　電子商取引をめぐる取引環境の変化と今後の消費者法制の課題〔千葉惠美子〕

との間では宿泊先やサービスの情報を無料で提供する契約を締結しているにすぎないと解すべきではない。

しかし，すでに指摘したように（Ⅱ2(3)参照），プラットフォーマーが全体システムを構築しているという点から，直ちにプラットフォーマーの責任を肯定することができるわけではないことも確かである。プラットフォーマーは利用者間で契約をするかどうか，また，利用者間契約の本質的な内容（つまりホストが提供するどのようなサービスに対してゲストが対価としていくら支払うか）について変更することはできないのであり，プラットフォーマーに損害回避義務があるとして，プラットフォーム上の取引について一般的な監視義務があるとすることは難しい。かえって，このような一般的な監視義務をプラットフォーマーに負わせることは，プラットフォームに大量の情報を集積できるメリットを減殺するリスクのほうが高いとする批判を受けることになる[66]。

プラットフォーマーが全体システムを構築するために利用規約を定めていることからすれば，むしろ，プラットフォームを介して供給される商品・サービス・情報の質の確保とシステムを悪用する者を排除するために，どのように利用規約が定められているのかを分析し，これを手懸かりとして利用者間の取引との関係でプラットフォーマーがどのような責任を負担するのか論じるべきであろう。

このような観点からAirbnbの利用規約を見ると，以下の点に注目する必要がある。

Airbnbプラットフォームでは，予約確定前にAirbnbプラットフォームの外で利用者が相互に連絡できない仕組みになっている。

また，プラットフォームを介して行われる取引の透明性を維持し，詐欺を防止する目的で，利用規約において，Airbnbは多くの情報提供をプラットフォーム利用者に求めている。

以下に示すように，Airbnbの利用規約（2.4）によれば，Airbnbは，メンバーの身元確認についていかなる責任も負わないと規定しながら，Airbnbプラットフォームでは，アカウント登録の際に，本人確認のための情報（写真・

---

[66]　藤原＝殿村＝宇治・前掲注(23)NBL1073号57〜58頁は，プラットフォーム利用者に適切な情報提供をさせるためには，口コミなどの評価システムやコンピュータによる自動的な検索などの不正発見のテクノロジーなどによる対応など，プラットフォーマーの自発的な技術革新に任せるべきであるとする主張がなされている。

101

［消費者法研究　第5号（2018.9）］

電話・メールアドレス・政府発行の身分証明書・オンラインプロフィールなど）提供をしないと，プラットフォームを利用できない仕組みになっている。また，Airbnb自身が可能な限りでホスト・ゲストの犯罪歴を照会し，不適切な登録について外部から報告を受け付けることができるとしている。

> 「2.4Airbnbは，透明性を維持し又は詐欺を防止する目的のため，適用法令によって許容される範囲で，(i) 政府が発行する身分証明書若しくはその他の情報の提供をメンバーに求めること，又はメンバーの身元若しくは経歴を認証するために追加的なチェックを行うこと，(ii) メンバーを第三者のデータベース若しくはその他の情報源と照合し，サービスプロバイダからの報告を請求すること，及び (iii) Airbnbがメンバーを特定するために十分な情報を有している場合には，刑事上の有罪判決の公的記録若しくは性犯罪者登録簿からの報告書又は（利用可能な場合）お客様の法域における同等の経歴若しくは登録性犯罪者に関する確認情報を取得することができます」

　プラットフォームを通じて，様々な情報の吸い上げが行われ，プラットフォームを利用者する第三者に情報が提供されることなる。
　Airbnbは，プラットフォームを介して，メンバーの個人情報がホストに提供される一方で，ホストにも本人確認情報を求めるとともに，下記のような物件の情報や法令（日本では，旅館業法，住宅宿泊事業法[67]など）のチェックなどをプラットフォーム上のフォーマットに従って登録させ，メンバーにこれらの情報を提供し，ホストサービス提供契約が締結される機会を増大させている。
　プラットフォーム上の情報の質を利用者相互間でチェックできるように，サービス提供後，サービス利用者とサービス提供者が相互に評価しあう仕組みが導入されている（利用規約10.1）。ホストとゲストの上記のレビューシステムを通じて，ホストとゲストがともにAirbnbプラットフォーム上で契約を締結するかどうかを判断するように制度設計がなされていることになる。
　利用者間の契約であるホストサービス契約を締結するかどうかを判断するための上記の情報（当事者およびホストサービスの内容やその評価）をプラット

---

(67)　住宅宿泊事業法については観光庁のポータルサイトに詳しい解説がある。https://www.mlit.go.jp/kankocho/minpaku/index.html

〈論説〉2 電子商取引をめぐる取引環境の変化と今後の消費者法制の課題〔千葉惠美子〕

フォーム上で利用者に提示できるかどうかは，以下のように Airbnb によってコントロールされることになる。

　　　「5.1 Airbnb は，その単独の裁量により，メンバーが，(i) Airbnb プラットフォーム上に又は Airbnb プラットフォームを通じて，テキスト，写真，オーディオ，ビデオその他の資料及び情報などのコンテンツ（以下「メンバーコンテンツ」といいます）を作成，アップロード，投稿，送信，受信及び保存すること，並びに (ii) メンバーコンテンツ及び Airbnb が Airbnb プラットフォーム上で又はこれを通じて利用可能にしたコンテンツ（Airbnb が所有するコンテンツ及び第三者から Airbnb による又は Airbnb を通じた利用をライセンス又は許可されたコンテンツを含みます）（以下「Airbnb コンテンツ」といい，メンバーコンテンツと併せて以下，総称して「総コンテンツ」といいます）にアクセスし，これらを閲覧することを可能にすることができます。」

　このように，ホストサービス契約の締結において，通常は，ホスト・ゲスト間でなされるべき契約締結交渉を放棄することと自己の情報を提供する見返りに，Airbnb は，それぞれとの間の利用契約に基づいてゲストに対してはホストとホストが提供するサービスの情報を，ホストに対してはゲストの情報を提供していることになる。Airbnb がこのような情報提供義務を負担するのは，このような情報提供サービスをすることによって利用者間の契約の成約率を上げることが自己の収入源になっているからに他ならない。
　利用規約によれば，予約が確定すると，ホストとゲストは，それぞれプラットフォーマーへ手数料の支払義務が発生することが定められている[68]。Airbnb は，ゲストから予約料金の小計の 5 ～15％をゲストサービス料として受けとり，ホストには 3 ～ 5 ％の手数料を請求し，ホストの受取金からホストサービス料が自動的に差し引かれる仕組みになっている[69]。

---

(68)　Eisenmann, T., G. Parker and M.W. Van Alstyne"Strategies for Two-Sided Markets" *Harverd Business Review*, Oct 2006, pp. 92-101 によれば，収益構造という観点から見た場合に，プラットフォームにはプラットフォーム事業の収益源になる利用者サイド（Money Side）と無料ないしはコスト割れでサービスや商品を提供する利用者サイド（Subsidy Side）があることを明らかにしている。後者の Subsidy Side は，利用者を集めるために，このような選択がされており，需要創造をするサイドであることになる。

103

図表7　シェアリングエコノミー（民泊）の仕組み──Airbnb

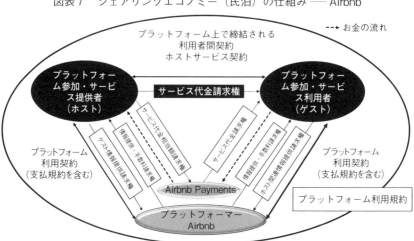

　ゲストは，プラットフォーム上でのホストサービス契約の予約確定によって，Airbnbに対して手数料支払義務を負う関係にあることから，Airbnbからのホスト及びホストサービス情報の提供を受け予約が確定したことに対する対価として，Airbnbに対して，自己の情報を提供し手数料支払義務を負っているものと解される。

　一方，ホストも，Airbnbプラットフォームにホストの宿泊物件等の掲載費用としてAirbnbに手数料を支払っているわけではない。ホストサービス契約の予約確定によって手数料支払義務を負っているからである。ホストもAirbnbからゲスト情報の提供を受け予約確定したことに対する対価として，Airbnbに対して，自己の情報および宿泊物件などの情報の提供と手数料支払義務を負っているものと解される（以上，図表7参照）。

　プラットフォーマーは，システムの提供によってプラットフォーム利用者に取引の機会を提供しているだけでなく，プラットフォームの利用者情報をプラットフォーマーに提供させることによって（利用者の先履行になる）宿泊予約をより多く確定させ，利益を得ていることになる。このように，プラットフォームに大量の情報が集積されることによるメリットは，プラットフォーム

---

(69)　Airbnb利用規約のサービス料 https://www.airbnb.jp/help/article/1857/what-are-airbnb-service-fees 参照。

〈論説〉2 電子商取引をめぐる取引環境の変化と今後の消費者法制の課題〔千葉惠美子〕

の利用者だけが享受しているわけではなく，プラットフォーマー自身にも収益をもたらしていることになる[70]。

　プラットフォーマーは，データ収集についてのルールについて決定権限があり，プラットフォーム利用者に対して情報を選別して呈示することも可能である。したがって，プラットフォーム利用者間での契約交渉を禁じ，プラットフォーム利用者から提供されるデータを自己の収益源とする場合には，その範囲で，悪意をもってプラットフォームのデータを利用する者を排除するゲートキーパーとしての責任が，プラットフォーマーにはあるものと解すべきである[71]。

　プラットフォームビジネスを巡る紛争類型には，前述したように，プラットフォーマーが提供するシステムに瑕疵があることを原因とする自己起因型の紛争類型と，プラットフォーム利用者に起因して，他方の利用者に損害が発生する他者起因型があるが，Airbnb の利用規約からすれば，プラットフォーマーによる表示が誤っていた場合には，Airbnb は，利用契約に基づいてホスト・ゲスト双方に対してホストサービス契約の相手方の情報に関する限度で情報提供義務違反があることになり，この点を根拠に Airbnb には損害賠償責任が発生するものと解される。

　また，後者の他者起因型の紛争類型のうち，利用者が誇大広告・不実表示に該当する情報を提供した場合ついては，誇大広告・不実表示を原因として利用者間契約の取消しができるかどうかとは別に，誇大広告・不実表示となる情報を提供した利用者に対して Airbnb は損害賠償請求権があり，他方で，この情報に基づいて契約を締結したもう一方の利用者との関係では，情報提供義務違反を原因とする損害賠償義務が発生する可能性がある。

　利用規約において，プラットフォームの利用によって利用者が被った損害について，Airbnb には一切の責任を負担しないとする免責条項が規定されているとしても，利用規約にもとづいてプラットフォーム上でしか契約の締結を認

---

(70)　同旨，齋藤・前掲注(13)149 頁注(51)。

(71)　英データ分析会社ケンブリッジ・アナリティカが，ファイスブック上の 5000 万人規模の利用者情報を学術目的で取得した第三者から不正に入手し，ターゲティングの方法で，政治目的を伏せて特定の利用者にメッセージを送り，2016 年の米大統領選でトランプ氏の陣営に有利に働くように情報操作が行われた疑いがあるとする報道がなされている（日本経済新聞 2018 年 3 月 21 日朝刊）。

105

［消費者法研究 第5号（2018. 9）］

めないこと，また Airbnb の単独の裁量によって総コンテンツへのアクセス・閲覧が可能である以上，Airbnb は責任を免れることはできないものと解される。

（2） プラットフォーム利用規約の枠組みに拘束される利用者間契約

利用規約は，ホストとゲストの間で締結されるホストサービス契約の債務の履行についても影響を与えることになる。宿泊サービスの利用料金の決定権は宿泊サービス契約の当事者であるホストにあるが，利用規約において，ホストとゲスト間でのホストサービス利用代金について直接的な金銭授受が禁止され，ゲストは支払サービス利用規約[72]に基づいて，以下のように，Airbnb のプラットフォームを通じてサービス利用料を支払う仕組みになっている（**図表7**参照）。

支払サービス利用規約

「7.1 通常の場合，Airbnb Payments は，ゲストの予約リクエストがホストにより承認された時点，又はゲストと Airbnb Payments が相互に合意したその他の時点で，各ゲストから総料金を回収します。」

「9.1 Airbnb プラットフォームを通じて提供されるサービス（ホストサービス，補助ホストサービス，問題解決センターを通じて行われた一定の取引など）に関する支払いを回収する各メンバー（以下「提供メンバー」といいます）は，当該サービスを購入するメンバー（以下「購入メンバー」といいます）から代金を受領するための限定的な債権受領代理人として，Airbnb Payments を任命するものとします。」

「9.2 各提供メンバーは，購入メンバーが Airbnb Payments を通じて行った支払いを当該提供メンバーに対する直接の支払いとみなすことに同意し，当該購入メンバーから直接支払いを受領したのと同様に，当該購入メンバーと事前合意した方法により，購入されたサービスを当該購入メンバーに提供するものとします。」

上記の約定からすれば，ゲストからホストへのサービス利用代金支払債務の

---

(72) https://www.airbnb.jp/terms/payments_terms 参照。

〈論説〉2 電子商取引をめぐる取引環境の変化と今後の消費者法制の課題〔千葉惠美子〕

弁済については，ホストが弁済受領権限を Airbnb Payments に与える構成が採用されているものと解される。ホスト・ゲスト間の利用者間契約において，約定通りのホストサービスが提供されない場合に，ゲストはホストサービス契約上，宿泊費など代金債務の履行を拒絶できる関係にあるから，他者起因型の紛争類型のうち，プラットフォーム上で説明されているサービス内容と実際の給付内容が異なる場合（目的物瑕疵型）には，ゲストは Airbnb Payments に対する支払を拒絶できるものと解される。代金を決済したのにサービスの提供がない場合（代金等詐取型）には，利用規約で，ホストとゲスト間でのホストサービス料について直接的な金銭授受が禁止されている以上，代金の巻戻しについても，Airbnb Payments を介して行うことになるものと解される。したがって，ゲストは，ホストサービスの履行不能を原因としてホストサービス契約を解除した場合には，代金相当額の返還を Airbnb Payments に対して請求できるものと解べきである。

一方，ゲストがホストに被害を与えた場合に，Airbnb は被害補償システム[73]を提供している。ゲストによってホストに対して損害賠償義務が履行されない場合に，Airbnb が保証人としてホストに支払を保証する契約であると解される。Airbnb がゲストに代ってホストに損害を賠償した場合には，ゲストに対して求償権が発生する可能性がある。

Ⅳ　結びにかえて —— 電子商取引法の制定に向けて

2016 年 OECD「電子商取引における消費者保護に関する理事会勧告」によれば，OECD 加盟国各国は，2016 年勧告の実施状況をモニターし，OECD 消費者政策委員会（CCP）は，本勧告採択後の 5 年以内及び 5 年後の適当な時期に理事会報告を行わなければならないものとしている。

これまでの検討結果から明らかなように，上記勧告の序文で主要な改訂事項として指摘されている点について，わが国では十分な対応がとられているとはいえない状況にある。

---

(73)　https://www.airbnb.jp/terms/host_guarantee/。「ホスト補償規約」に基づく Airbnb ホスト保証プログラムでは，Airbnb の定めた条件が満たされる必要はあるが，ホストに対して $1,000,000USD まで補償する仕組みが約定されている。

電子商取引には，バリューチェーン型のほかに，多様なプラットフォーム型のビジネスが展開されているが，すでに述べたように，シェアリングエコノミーなど新たなビジネスモデルとして注目されている電子商取引の多くは後者に属する。

これまでの業法による法規整は，消費者が取引をする事業者との間の単一市場を念頭においた業態ごとの法規整であり，バリューチェーン型ビジネスには対応できても，プラットフォーム型のビジネスに基づく電子商取引には対応していない。前述したようにプラットフォーム型のビジネスでは，事業分野の階層化（いわゆるレイヤー階層化）が進展していることから，業法での対応では，全体のシステムの一部しか法規整の対象にならないという問題が生じている。上記勧告の要請に対応するためには，電子商取引という観点から，バリューチェーン型ビジネスだけでなく，プラットフォーム型ビジネスにも対応する法規整を考えることが必要である。

電子商取引に対して包括的な法規整を考えるにあたっては，デジタル化に伴う産業構造の転換を踏まえる必要がある。イノベーションを阻害しないで，新しい技術による利用者の利便性を尊重することも必要である。したがって，バリューチェーン型ビジネスに対する業法の規制をそのままプラットフォーム型ビジネスに拡張するべきではない。すでに見てきたように，プラットフォーム型ビジネスの特色は，プラットフォームの利用者が個人データと引き換えに財やサービスの提供を受ける点にあり，プラットフォームの利用が有償か無償かはプラットフォーム型ビジネスでは，二次的問題である。

すでに見てきたように，プラットフォーム型ビジネスで重要な役割を果たしているプラットフォームには，いわゆる「組織の市場化」と「市場の組織化」いっ2つの役割がある。

「組織の市場化」とは，法的には，1つの取引システムを構成する要素ごとに，独立した法主体がその要素を業務として担当し，全体としての取引システムを分業化する一方で，各法主体を契約で結びつけて，全体システムとして運営することにほかならない。プラットフォーム型ビジネスの電子商取引では，プラットフォーマーは利用者間の取引をする「場」を提供しているにすぎないとする主張として「組織の市場化」が表れることになる。「組織の市場化」は，契約の相対効の原則と相まって，全体システムを構成する各契約が分断され，契約の当事者となっている者は原則として当該契約から生じるトラブルについ

〈論説〉2　電子商取引をめぐる取引環境の変化と今後の消費者法制の課題〔千葉惠美子〕

てのみ責任を負うべきであり，当該契約の当事者となっていない者に基因する損害については責任を負わないとする立論に結び付くことになる。1つの取引システムが複数の契約に分化することによって，全体の取引システムとの関係では無責任化が生じることになる。

　このような「組織の市場化」という現象は，バリューチェーン型ビジネスでも見られるが，プラットフォーム型ビジネスでは，事業分野の階層化が進行しているために責任の分断化がより強く表れることになる。

　他方で，プラットフォーム型ビジネスでは，プラットフォームを介した「市場の組織化」が行われている。

　プラットフォームビジネス型の電子商取引の場合には，プラットフォームを基盤として内部に複数の市場が形成されており，各市場は，プラットフォームを介して，プラットフォームビジネスという全体システムの機能の一部を果たす関係になる。これを「市場の組織化」と呼んでいる。プラットフォーム利用契約は，プラットフォーマーが作成したプラットフォームの利用規約に基づいており，利用規約への同意によって成立する仕組みになっている。利用規約では，全体としてのシステムが最適化するように各利用契約の内容が規律・調整されている。したがって，プラットフォーム参加提供者・プラットフォーマー間とプラットフォーム参加利用者・プラットフォーマー間の2つのプラットフォーム利用契約は，利用規約への同意によって相互に関連性が生じることになる。取引法の観点からみると，これが，プラットフォームを介した「市場の組織化」の意味である。

　したがって，包括的電子商取引法を構想するにあたっては，バリューチェーン型ビジネスモデルとプラットフォーム型ビジネスモデルに分けた上で，後者については，プラットフォーマーが作成したプラットフォームの利用規約が，プラットフォーム利用契約およびプラットフォームの利用者間の契約をどのようにコントロールしているのかを考慮することが必要になる。プラットフォーマーにとっても，プラットフォームの利用者間の利害対立を効果的にマネージメントすることが自己の収益のためには必要であり，それが全体システムとの関係で合理性があるのかが問われることになる。本稿では，上記の観点からAirbnbの利用規約を素材として具体的な検討を試みたが，今後の立法政策との関係では，マッチング型の電子商取引については，以下の2点について考慮すべきである。

第1に，マッチング型のプラットフォーマーは取引の機会を提供しているだけでなく，プラットフォームを介して利用者間契約が成立するように，利用規約で定めている（プラットフォーマーの収益がプラットフォーム利用者の取引の成約に依存していないと判断できる場合に，はじめて非マッチング型のプラットフォームと認定できる）。この仕組みによって，プラットフォーマーは，プラットフォーム上で，利用者の個人データと引換えに利用者間契約の相手方のデータを提供し，このサービスの対価として手数料を得ている点である。利用規約に基づく二つの利用契約が相互に関連していることとの関係で，各利用契約におけるプラットフォーマーの情報の管理・提供義務の内容が明らかになり，プラットフォーマのプラットフォーム利用者に対する利用契約上の責任の範囲が画定されることになる。

第2に，プラットフォーム利用者間の契約の成立を前提に，プラットフォーマーは，利用者に対してプラットフォーム利用にかかる手数料および利用者間契約上の代金を決済できる関係にある点である。そこでは，利用規約がプラットフォーム利用契約だけでなく，利用者間契約の内容をもコントロールしており，利用規約と利用者間契約との関係についても検討する必要があることになる。利用間契約が利用規約によって拘束されている場合には，前述した市場の組織化が一層進んでいることになる。

2016年OECD「電子商取引における消費者保護に関する理事会勧告」には，電子商取引において使用する支払メカニズム（電子決済）についても，その全般に適用される消費者保護の最低限のレベルを構築する取組が要請されている。電子決済は，プラットホームを介して行われることから，本稿での検討結果を前提にするべきことになるが，電子決済はリテール決済の一部を構成すること，また，電子商取引以外の取引でも使用されていることから，電子決済については，別に議論をすることが必要となる。

2018年6月15日に閣議決定された「日本再興戦略2018」では，サービスや機能に着目した横断的な規制改革の推進が挙げられており，プラットフォーム型ビジネスの台頭に対応したルール整備が喫緊の課題となっている。

思わぬ誤解があるかもしれないが，本稿が，新しい電子商取引についての解釈論および電子商取引法の制定に向けた今後の立法政策に参考となれば幸いである。

❖ 3 ❖
製品の「欠陥」「瑕疵」

松 本 克 美

Ⅰ　本稿の課題
Ⅱ　製造物責任法上の「欠陥」
Ⅲ　民法上の「欠陥」「瑕疵」
Ⅳ　改正民法の「契約内容不適合」と「瑕疵」「欠陥」

［消費者法研究 第5号（2018.9）］

I　本稿の課題

　日常用語での製品とは，「製造した品物」のことである。「品物」とは「物
品」と同意語で，「不動産以外の有体物」を言う[1]。つまり動産である。1994
（平成6）年に制定され，1995（平成7）年7月1日から施行されている製造物
責任法は後で詳しく検討するように，加工された動産である製造物に「欠陥」
があった場合の製造業者等の損害賠償責任について規定し，既に製造物責任法
を適用した裁判例も約270件に及んでいる[2]。しかし，製造物責任法が成立
する以前でも，製品の「欠陥」に対する損害賠償請求が民法709条の不法行為
責任の規定に基づき追及されてきた[3]。これらの事案に関する裁判例では，
民法典には「欠陥」という文言はないにもかかわらず，製品に「欠陥」があっ
たかどうかが論じられている。

　ところで，民法といえば，昨年5月に債権関係を中心とする民法の一部改正
法[4]（以下，改正民法という）が成立し，2020年4月1日から施行される。改
正前の現行民法（以下，改正前民法という）は，売買目的物に隠れた「瑕疵」が
あった場合の瑕疵担保責任を規定していた（改正前570条）。「瑕疵」という言

（1）　以上，日常用語の説明については，新村出編『広辞苑〔第7版〕』（2018年）によ
　　る。
（2）　製造物責任法適用の裁判例については，PLオンブズ会議・伊藤崇作成の「製造物
　　責任法に係る判決・和解状況一覧参照」現代消費者法24号（2014年）50頁以下が
　　2014年5月31日時点で収集したものとして，259件の裁判例をリスト化している。な
　　お，この中には提訴後和解で決着した事案も相当数含まれている。その後，2018年1
　　月20日時点で，製造物責任法に関連する9件の裁判例がLEX/DBに搭載されている。
　　その他，製造物責任に関する裁判例を集めたものとして，升田純『最新PL関係判例
　　と実務：誤使用問題を含めて』（民事法研究会，2010年），羽成守・青木荘太郎編『製
　　造物責任』（青林書院，2014年）など。
（3）　製造物責任法施行以前に製造業者等に不法行為責任を追及する裁判例については，
　　平野裕之『製造物責任の理論と法解釈』（信山社，1990年）「第三章　わが国における
　　製造物責任論 ── 現行法解釈をめぐる状況と問題点の確認」273頁以下，平野克明
　　『欠陥商品訴訟と製造物責任：製造物責任立法を展望して』（成文堂，1993年），加藤
　　雅信編著『製造物責任法総覧』（商事法務研究会，1994年）「第一部第三章　製造物責
　　任法と我が国の過去の裁判例 ── 総合判例リステイトメント・製造物責任」，升田純
　　「詳解製造物責任法」（商事法務研究会，1997年），米村滋人「III　製造物に関する事
　　故」窪田充見編『新注釈民法（15）』（有斐閣，2017年）618頁以下等参照。
（4）　その概説として，潮見佳男『民法（債権関係）改正法の概要』（きんざい，2017
　　年）。

112

葉は日常用語では普通使わないので,「瑕疵」をわかりやすく説明するために「欠陥」のことであると言ったりもするが[5],民法典の条文には「欠陥」という言葉はない。さらに,改正民法では,従来の「瑕疵」という言葉に変えて,「契約の内容に適合しない」という言葉が使われている (改正562条)。

本稿は,こうした錯綜した使い方をされている「欠陥」「瑕疵」概念を製造物責任法,民法との関連で検討する。まず,製造物責任法上の「欠陥」につき検討した上で (Ⅱ),民法上の「欠陥」「瑕疵」につき検討し,最後に,改正民法の「契約内容不適合」が製品の欠陥問題に与える影響につき若干の検討を行うことにする (Ⅳ)。

Ⅱ 製造物責任法上の「欠陥」

1 製造物責任と「欠陥」の定義

製造物責任法によって生じる責任,すなわち製造物責任について,製造物責任法3条は次のように定める。

「製造業者等は,その製造,加工,輸入又は前条第三項第二号若しくは第三号の氏名等の表示をした製造物であって,<u>その引き渡したものの欠陥により他人の生命,身体又は財産を侵害したとき</u>は,これによって生じた損害を賠償する責めに任ずる。ただし,その損害が当該製造物についてのみ生じたときは,この限りでない。」(下線引用者。以下同様)。

このように製造物の「欠陥」は,製造物物責任法が規定する製造物責任が成立するための中核的要件となっている。製造物責任が「欠陥責任」[6]と言われる所以である。ここでいう「欠陥」について,製造物責任法2条2項は次のように規定する。

---

(5) 内田貴『民法Ⅱ〔第3版〕』(東京大学出版会,2011年) 124頁は,「欠陥のことを瑕疵という」とする。

(6) 経済企画庁国民生活局消費行政第一課編『逐条解説 製造物責任法』(商事法務研究会,1994年 —— 書名の傍点部分で略す。以下,同様) は,製造物責任は「製品の『欠陥』が製造業者等の『過失』に代わる帰責事由とされていることから『欠陥責任』ともよばれる」とする (8頁)。通商産業省消費経済課編『製造物責任法の解説』(1994年,通称産業調査会) 冒頭の「刊行に際して」1頁も,製造物責任法が「不法行為に関する『過失責任』の大原則を製品事故の分野で『欠陥責任』に転換」したとする。

[消費者法研究 第5号(2018.9)]

「この法律において『欠陥』とは，当該製造物の特性，その通常予見される使用形態，その製造業者等が当該製造物を引き渡した時期その他の当該製造物に係る事情を考慮して，当該製造物が通常有すべき安全性を欠いていることをいう。」

2 「欠陥」の主張証明責任，判断基準と判断要素

(1) 主張証明責任

製造物の「欠陥」は製造物責任を成立させる要件なので，製造物責任に基づき損害賠償請求をする側が，「欠陥」を主張証明しなければならないと解されている[7]。問題は，いかなる場合に「欠陥」があると認定されるのかである。2条2項の定義が示すように，「欠陥」とは，「当該製造物が通常有すべき安全性を欠いていること」であるから，これを証明できれば，「欠陥」が証明できたことになる。問題は，「当該製造物が通常有すべき安全性」は何を基準に定めるのかという点である。

(2) 製造物責任法における「欠陥」の判断基準

例えば，自動車が物に衝突した場合に問題となる運転ないし同乗していた者の安全性を考えても，1000万円以上もする超高級車が有する安全性と100万円以下の軽自動車の安全性には差異があることは容易に想像出来るであろう。例えば同時に起こった多重衝突事故で超高級車にはほとんど損傷はなく，運転者，同乗者は何ら負傷もしなかったが，軽自動車は大破し，運転者が死亡したとしよう。この場合，当該軽自動車には安全性を欠く「欠陥」があったとは一概には言えない。なぜなら，製造物責任を成立させる「欠陥」は製造物に要求される「絶対的安全性」を基準にしているのではなく，「当該」製造物，すなわち，超高級車ではない，その軽自動車に「通常」有すべき安全性を欠いていたかどうかが基準になるからである。しかし，軽自動車であるからといって，

（7） 製造物責任法制定以前から，製造物責任法を制定した場合の製造物責任の成立要件である「欠陥」「損害の発生」「欠陥と損害との間の因果関係」の証明は，「証明責任分配の一般原則によれば，この三つの要件のいずれについても，被害者の損害賠償請求権の発生原因事実として，被害者が証明責任を負う」（上原敏夫「推定規定」経済企画庁国民生活局消費者行政第一課編『製造物責任法の論点』（商事法務研究会，1991年）79頁）と解されてきた。製造物責任法成立後の管轄担当省庁による解説も同様である（前掲注（6）「解説」98頁）。もっとも，何をどの程度証明したら「欠陥」を証明したことになるのかについては，本文で述べるように様々な議論がある。

どんな軽微な衝突でも大破して運転者や同乗者が死傷しても仕方がないことにはならない。絶対的安全性を基準にしないと言っても，後述するように最低限の安全水準は必要である（Ⅳ参照）。この最低限の安全水準は後述のように法令で定められることがある。

それでは，当該製造物が「通常有すべき安全性」は何を基準に判断されるべきなのか。製造物責任法3条は「当該製造物の特性・・・その他の当該製造物に係る事情を考慮して」と規定するが，これらの「事情」は，後述するように，通常有すべき安全性を欠いているかどうかを判断する際の「判断要素」であって，「判断基準」ではない。つまり，製造物責任法自体は，「通常有すべき安全性」自体の「判断基準」は明文で定めていないのである。判断基準は従って，解釈に委ねられていることになるが，この点については，従来から，3つの判断基準が議論されてきた。

（3）　「通常有すべき安全性」の判断基準

製造物責任の法理は日本に先行してアメリカで，ついでヨーロッパで発展してきた法理である[8]。そこでは，製造物の欠陥の判断基準として，「標準逸脱基準」（当該製造物が標準的に有する性状を欠いている場合に欠陥があるとする基準），「消費者期待基準」（消費者が当該製造物に一般的に期待する安全性を欠いている場合に欠陥があるとする基準），「危険効用基準」（当該製造物の有する危険性とその効用を比較衡量して，危険が効用を上回る場合に欠陥があるとする基準）が論じられてきた[9]。

また製造物責任の法理の展開の中では，このような欠陥の判断基準の議論とともに，次のような三つの「欠陥類型」[10]も合わせて議論されてきた。

（4）　欠陥類型

①　製造上の欠陥　　例えば，飲料水の瓶が突然割れたような場合に問題と

（8）　これについては，安田総合研究所編著『製造物責任　国際化する企業の課題』（有斐閣，1989年），小林秀之『製造物責任法　立法化と対策』（中央経済社，1993年）「第1章　欧米各国の製造物責任法とわが国の立法化」5頁以下，加藤雅信編著・前掲注（3）「第1部第4章　製造物責任法の国際的展開」279以下等で詳細に紹介されている。

（9）　土庫澄子『逐条講義　製造物責任法　基本的考え方と裁判例』（勁草書房，2014年）80頁以下，米村・前掲注（3）642頁以下など参照。

（10）　本文で述べる二つの欠陥類型についての説明として，土庫・前掲注（9）51頁以下，米村　前掲注（3）641頁以下。

[消費者法研究　第 5 号（2018. 9）]

なる欠陥である。飲料水の瓶は通常割れないように製造されているはずだが，製造過程でたまたまその瓶に傷がつくなどして割れる状態で出荷されたような，標準設計から外れて製造過程でたまたま生じた欠陥である。アウスライサー（Ausreisser）ともいう。

②　設計上の欠陥（構造上の欠陥）　　設計に欠陥があったために，その設計によってつくられた製造物には全て同じ欠陥がある場合である。構造に欠陥があるので，構造上の欠陥とも言われる。例えば，あるメーカーが製造したある型の自動車の電気系統の設計に欠陥があり，走行中に部品から火が出てしまうような場合である。

③　指示・警告上の欠陥　　例えば，医薬品の服用の仕方や副作用についての警告を欠いていたために，その医薬品を服用したものが副作用で健康被害にあったような場合である。

（5）　欠陥類型と欠陥の判断基準の関係

先にあげた標準逸脱基準は，製造上の欠陥を判断する場合に適した基準である[11]。薬の副作用などについての欠陥を判断する際には，消費者の期待を基準にすべきなのか，危険効用基準により判断すべきなのか（薬の効用が大きい場合には，後者の基準によると欠陥でないと判断される可能性が高くなる）についてアメリカでは議論されていることが紹介されている[12]。しかし，日本の製造物責任法は，これらの欠陥類型や判断基準を明文で定めているわけではないので，必ずしも，当該製造物の欠陥が上記 3 類型のどの欠陥類型に当たるのかとか，上述の 3 つの欠陥の判断基準どれを適用すべきかを論じなくても，何れにしても「当該製造物が通常有すべき安全性」を欠いていることが証明できれば製造物責任は成立する[13]。

---

(11)　米村・前掲注（3）643 頁。

(12)　小林秀之責任編集・東京海上研究所編『新製造物責任法大系 I 』（1998 年）61 頁以下（小林秀之・松本恒雄）等。

(13)　米村は，日本の裁判実務における欠陥判断においても，多様な判断要素を製品の種類の特性に応じて判断するので，一律に本文に掲げた 3 つの基準と 3 つの欠陥類型の元に欠陥判断がなされているのではないことを指摘する（米村・前掲注（3）644-645 頁）。製品類型ごとに「欠陥」を検討したものとして，平野克明「『欠陥』概念　医薬品，食品，自動車，機械，器具などの具体的な裁判例を踏まえて」山田卓生編集代表・加藤雅信編『新・現代損害賠償法講座 3 製造物責任・専門家責任』（日本評論社，1997 年）61 頁以下。

〈論説〉3 製品の「欠陥」「瑕疵」〔松本克美〕

（6）　欠陥の判断要素

①　「当該製造物の特性」　　欠陥の有無の判断要素として，製造物責任法は，第一に「当該製造物の特性」を挙げている。欠陥の有無との関係で，特に問題となるのが，当該製造物の特性として危険性を内包している場合である。これには，ナイフや包丁，ハサミなど外形からして危険性がわかるものもあれば，医薬品のようにその危険性についての説明がなければ一般に認識が困難なものもある。特に当該製造物に危険性が内包されていてもそれが外形からは認識困難な場合は，その危険性についての説明や使用方法などの指示・警告が十分に尽くされていないと，その製造物の使用により危険が現実化することが予測できる。

②　「その通常使用される使用形態」　　濡れたタオルを乾かすために，電気ストーブに濡れたタオルを被せておいたら，タオルが燃えて，電気ストーブはもちろん，家が全焼してしまったという場合に，この電気ストーブに欠陥があったと考えるものはいないであろう。電気ストーブに直接，燃えやすい布などをかぶせたら，火が出る可能性があることは一般に認識可能である。電気ストーブにタオルをかぶせて乾かすというのは通常の使用形態でないのであるから，そのような異常な使用方法により損害を被ったとしても自業自得である。

③　「その製造業者等が当該製造物を引き渡した時期」　　②にも関係するが，危険性を内包した新しい製品が製造・流通された時に，その時点では，通常の使用形態についての社会的な認識がないというのであれば，十分な指示・警告をしておかないと「欠陥」があると判断される可能性がある。しかし，すでに，当該製造物の通常の使用形態については，いちいち注意をしなくても認知度が高まっている場合には，その点について指示・警告を尽くさなかったことがただちに「欠陥」と言えるのか微妙な場合もあろう[14]。

④　「その他の当該製造物に係る事情」　　上述の①から③までは欠陥の判断要素の具体的な例示であるが，製造物責任法3条はこれらの例示の後に，「そ

---

(14)　こんにゃくゼリーを幼児（事故当時1歳9か月）が誤嚥したことによる窒息死事件についての神戸地裁姫路支判平成22・11・17判時2096・116は，本件事故当時（平成20年7月），こんにゃくゼリーの食物特性に対する認知度が発売当時の平成7年時と比べて高まり（被告企業が依頼したインターネット調査で9割以上），また，事故報道の認知率も86％以上であったことを，設計上の欠陥，指示・警告上の欠陥を否定する一要素としている。

117

［消費者法研究　第5号（2018.9）］

の他の当該製造物に係る事情」を判断要素にかかげている。具体的には，法令や当該製造物を製造する事業団体の適格性基準，リコール等の有無などがこの「事情」に当たり得ることが議論されている[15]。

3　「欠陥」判断と予見可能性

冒頭で述べたように，製造物責任は民法上の不法行為責任のような「過失責任」ではなく，「欠陥責任」である。従って，過失責任のように被害者が加害者に被害発生の予見可能性，結果回避可能性があることを前提に結果回避義務を尽くさなかった過失があることを証明する必要はない。また，製造物責任法は，「欠陥」があった場合の一般的な免責事由としては，開発危険の抗弁を掲げるだけである。

開発危険の抗弁とは，「当該製造物をその製造業者等が引き渡した時における科学又は技術に関する知見によっては，当該製造物にその欠陥があることを認識することができなかったこと。」（法4条1号）である。この場合の「科学又は技術に関する知見」とは，当該製造物の引渡し時の世界最高水準の知見と解されており[16]，未だ，日本で開発危険の抗弁による免責を認めた例はないと言われている[17]。

このように，被害発生の予見可能性の問題は，開発危険の抗弁という形で極めて厳格に位置付けられているわけであるが，それ以外に，「欠陥」自体の判断において，被害発生の予見可能性は一切関係がないのかというと，ここが議論のあるところである。特に問題となるのが，指示・警告上の欠陥なので，この点はのちに具体例で検討しよう。

4　「欠陥」の判断をめぐる具体例の検討

以上の一般論を前提として，「欠陥」の有無が争われた事例を製造物の類型ごとにいくつか紹介して，どのように「欠陥」判断がなされるべきかを検討しておこう。

①　食品　　食品には絶対的安全性が求められるため，その食品を食べたら

---

(15)　米村・前掲注（3）657頁以下。

(16)　経済企画庁消費者行政第一課編・前掲注（6）「逐条解説」109頁，小林秀之・吉田元子「開発危険の抗弁」前掲注(13)『新・現代損害賠償法講座3』120頁。

(17)　中村雅人「製品事故による消費者被害の救済と製造物責任法のあり方」現代消費者法24号（2014年）47頁。

〈論説〉3　製品の「欠陥」「瑕疵」〔松本克美〕

健康被害が生じた場合には，その食品に「欠陥」があると判断されることになる[18]。もっとも，消費期限を過ぎて食べた食品によって腹痛を起こしたような場合は，「その通常の使用形態」ではないので，欠陥は否定されよう。

　問題は，食品としての性質自体に危険性はなくても，食べるものが高齢者や子どもの場合に，喉を詰まらせて窒息事故が発生する危険性があるような場合である。こんにゃくゼリーを食べて窒息死した被害者の遺族が製造業者に製造物責任を追及した事案では，本件のような事故当時この製品の特性や幼児などには小さく切り分けて食べさせないと危険であることは社会に認識されていた，伝統的な食べ物である餅の誤嚥による窒息死の方が件数が多いなどとして，本件製造物の欠陥を否定した[19]。ただ，いくら社会的な認識が高まっても，そのような認識がない者の事故件数が相当数あるならば，事故防止のためにより効果的な設計や指示・警告が求められる場合もあるのではないか[20]。

　②　電気製品　　当該製品の特性からして，通常の使用形態からは生じないような健康被害が生じたような場合は，「欠陥」が認定されやすい。例えば，電気ストーブを使っていたら，化学物質が排出され，化学物質過敏症に罹患した事案[21]，携帯電話をズボンのポケットに入れこたつで寝たら，低温火傷をした事案[22]では，それぞれ1審で請求は棄却されたものの控訴審では，当該ストーブの輸入業者，携帯電話の製造メーカーに製品の「欠陥」による製造物責任が認められている。このように，当該製造物の通常の使用形態からはそのような健康被害は生じないという場合に，問題となるのは，当該製造物の使用と損害発生との間の因果関係である。損害発生の原因が当該製造物の使用とは無関係であるならば，当該製造物に「欠陥」がないことにもなるし，逆に，当該製造物を通常の使用形態で使用していたにもかかわらず損害が発生したので

---

(18)　イシガキダイ事件・東京地判平成14・12・13判時1805・14は，「食品は，その性質上，無条件的な安全性が求められる製品であり，およそ食品に食中毒の原因となる毒素が含まれていれば，当該食品は通常有すべき安全性を欠いているものというべきである」とする。

(19)　前掲注(14)のこんにゃくゼリー事件判決参照。

(20)　土庫は，「新規食品が特に窒息事故を起こしやすい場合には，その危険を消費者に知らせ，消費者の選択に資するとともに危険回避の対策が求められる」ことを指摘する（土庫・前掲注（9）104頁）。

(21)　東京地裁平成20・8・29判時2031・71。

(22)　仙台地判平成19・7・10判時1981・66，その控訴審である仙台高判平成22・4・22判時2086　42。

［消費者法研究　第 5 号（2018. 9 ）］

あるならば，その製造物に何らかの欠陥があったことを推測させることになる。このような場合に被告からは，当該製造物の流通前の使用実験からはそのような事故の発生は確認されていない，あるいは，同種の事故発生は確認されていないというなどという反論がなされることがある[23]。しかし，被告の内部データがどれだけ信憑性があるのかという問題に加えて，同種の事故がこれまで起きていなくても，アウスライサーのような製造上の欠陥であるならば同種の事故がないことは当該製造物に欠陥がないことの反論にはならない。また，設計上の欠陥があった場合でも，今回の損害は，その欠陥による損害発生の第 1 号である可能性を否定できないわけであるから，実験段階での事故未発生や同種事故の未発生は欠陥を否定する決定的な論拠にはならない。むしろ，被害者に生じた健康被害が当該製造物の使用前には発現していないのに，当該製造物の使用後に発現したのであれば，他に原因がなければ当該製造物の欠陥により発生した損害であると言えよう[24]。

　なお，「当該製造物が通常有すべき安全性」を欠くことが欠陥なのであるから，それ以上に，当該製造物のどの部品ないし電気系統の配線等にどのような欠陥があったのかまで証明することは不要と解されよう。この点で，製造物責任法施行以前の民法 709 条の適用事例においても，欠陥が証明されれば，具体的な欠陥原因の証明は不要であるとしていたテレビ発火事件・大阪地判平成 6・3・29 判時 1493・29 が注目される。原告は被告に対して，被告は，欠陥のないテレビを供給すべき製造者としての義務に違反して，通常の用法で使用中に発煙，発火するという，消費者が期待する通常の安全性に欠ける「欠陥」

---

[23]　前掲注[21]電気ストーブ事件の別訴 1 審東京地判平成 17・3・24 判時 1921・96 は，当該電気ストーブから発散する化学物質による健康被害の症例報告はないという被告の主張を因果関係否定の根拠の一つに挙げ，請求を棄却した。携帯火傷事件の 1 審は，被告が行った実験結果では同型の携帯には人を火傷させるような発熱は生じないとのデータを携帯の欠陥否定の一つの根拠にしている。なお携帯火傷事件については，原告側訴訟代理人による詳細な事案の紹介と各審級の判決の批判的検討がある（吉岡和弘「欠陥，因果関係の立証 —— 携帯火傷事件をもとに」現代消費者法 24 号（2014 年）17 頁以下，同名論文・消費者法 7 号（2015 年）14 頁以下）。

[24]　前掲注[23]の電気ストーブ事件の控訴審判決（東京高判平成 18・8・31 判時 1959・3 ）は，原告本人の健康状態が当該電気ストーブの使用を始める前と使用を始めた後でどう違うかを比較検討して，他に原因が考えられないことから，本件電気ストーブから発散した化学物質が原因の化学物質過敏症に罹患したものと因果関係を肯定した。携帯電話事件でも，原告に生じた低温火傷の火傷跡と本件携帯電話の形状が一致することを理由に，因果関係を肯定している。

のあるテレビを製造，販売したのであるから，これによって生じた損害を賠償する義務を負うと主張し，判決もこの義務違反の過失による民法709条の責任を製造者に認めた。同判決は次のように判示している。「製品の欠陥が認められれば，製造者の過失が推認されるから，利用者は，それ以上に欠陥原因や注意義務違反の具体的内容を解明する責任を負うものではなく，製造者が責任を免れるには，製造者において欠陥原因を解明するなどして右の推認を覆す必要があるというべきである。」なお，本文で述べた通り，製造物責任法が適用される事例では，開発危険の抗弁以外には，過失がないことは免責抗弁とならない。

③　医薬品　医薬品はその製造物の特性からして，効用性とともに危険性も内包していることが多い。一定の使用の仕方をしていれば，当該医薬品に危険性はない，あるいは非常に小さい場合には，そのように指示・警告を尽くしていれば，欠陥は否定され得る。問題は，どのような内容・程度の指示・警告を尽くせば足りるかである。この点が最高裁まで争われたイレッサ事件では，裁判所の判断が分かれた[25]。東京事件の上告審判決である最判平成25・4・12民集67・4・899は，「欠陥」を否定したが，その理由は，①　指示・警告の対象は通常その医薬品を使用する者であり，本件では，ガン治療を行う専門医である，②　本件の説明書の記載内容は専門医に対する指示・警告としては十分な内容であったというものである。しかし，イレッサ服用による死亡事故が続いた後に流通した説明書は，最初の説明書と異なり，副作用により死亡する危険性があることを，以前よりも明確に記載しており[26]，それ以後は，副作用による死亡事故が減っているのであるから，がん治療の専門医に対する指示・警告としても十分と言えたのか疑問も残る点である[27]。

なお，指示・警告上の欠陥が問題となるような事故類型では，具体的な被害の発生の予見可能性がなければ，その危険性に対する指示・警告もなしえないから，その意味での予見可能性は必要であるという議論がある。イレッサ・最判平成25年の裁判官岡部喜代子の補足意見は「上告人らの主張するように販

---

(25)　製薬会社の製造物責任を肯定する判決（大阪地判平成23・2・25訟月58・3・1132，東京地判平成23・3・23判時2124・202）が出た後，その控訴審はいずれも逆転して請求を棄却し，東京高判平成23・11・25判時2131・35，大阪高判平成24・5・25訟月59・3・740），最高裁も東京事件で請求棄却の原判決を維持した（最判平成25・4・12民集67・4・899）。

売開始時における添付文書に主張のような副作用の発生に関する指示警告を行うためには，販売開始時点において指示警告を行うことが可能でなければならず，そのような副作用の発生が予見可能でなければならない」ことを指摘する。同様に，「指示・警告の不十分性に基づく欠陥を判断する際には，警告の対象となる危険性は特定されている必要があるため，これに対する予見可能性が必要となる。」とする指摘もある[28]。また製造物の「欠陥」は，諸事情を考慮して総合的に判断するのであるから，危険の予見可能性の問題は「欠陥」判断に含まれ得るとの見解[29]もある。しかし，そのような予見可能性が必要だとすると，過失責任ではない「欠陥責任」としての製造物責任のあり方と矛盾しないかが問題となる[30]。指示・警告上の欠陥の際に問題となる危険性の「『予見可能性』は過失の前提となる権利・法益侵害ないし損害の予見可能性と内容を異にし，ここで『予見可能性』を要求することのみを根拠に指示・警告に関す

---

(26) イレッサが流通に置かれた最初の添付文書（第1版・平成14年7月）では，重大な副作用の説明については，まず，1）重度の下痢が挙げられ，副作用による急性の間質性肺炎については，4番目に「間質性肺炎（頻度不明（注1））：間質性肺炎があらわれることがあるので，観察を十分に行い，異常が認められた場合には，投与を中止し，適切な処置を行うこと。」と記載されていたのみであった。ところが，副作用による死亡者が相次ぎ，平成14年10月15日の厚生省の行政指導により改訂されたイレッサの添付文書では，「【警告】本剤の投与により急性肺障害，間質性肺炎があらわれることがあるので，胸部X線検査等を行うなど観察を十分に行い，異常が認められた場合には投与を中止し，適切な処置を行うこと。なお，患者に対し副作用の発現について十分に説明すること。（『重要な基本的注意』および『重大な副作用』の項参照）」「【使用上の注意】2．重要な基本的注意（1）急性肺障害，間質性肺炎等の重篤な副作用が起こることがあり，致命的な経過をたどることがあるので，本剤の投与にあたっては，臨床症状（呼吸状態，咳および発熱等の有無）を十分に観察し，定期的に胸部X線検査を行うこと……」との記載に改められた。
(27) 吉村は副作用の危険にさらされるのは，患者本人なのであるから，患者の自己決定のために必要な情報を現場の医師が伝えられる情報提供が添付文書によってなされていたかどうかが重要であることを指摘する（吉村良一「判批」私法判例リマークス49号（2014年）45頁）。
(28) 米村・前掲注（3）660-661頁。
(29) 鎌田薫「欠陥」判タ862号（1995年）53頁。但し，鎌田は，危険の認識可能性がないことを製造業者側が証明すべきことを主張し，その結果，開発危険の抗弁と同じことになるとする。
(30) 潮見佳男は，イレッサ訴訟の最高裁判決は「指示・警告上の欠陥を理由とする責任を『無過失責任』から実質的に『過失責任』に転じたばかりか，かつての薬害訴訟において確立したかに見えていた過失の高度化までをも否定する方向に作用し得るものである」として厳しく批判する（潮見佳男「製造物責任再考──不法行為法理論の深化を期して」NBL1105号（2013年）1頁）。

る欠陥の判断が過失判断と同質化するとは言えない」[31]との見解があるが，両者は区別され得るものなのか疑問である。

　他方で，具体的な副作用の認識可能性を「欠陥自体の問題とするときは証明責任の所在が異なってくると考えられ，製造者の方が科学技術の水準について知見を有していることから，開発危険の抗弁の問題として扱う方が望ましいと思われる」[32]とする見解がある。私見もこの見解を支持する。当該医薬品の説明書などに記載された使用方法に従って服用した，あるいは，治療医が治療に使ったにもかかわらず健康被害が生じた場合には，通常有すべき安全性を欠いていたとして「欠陥」があったと解すべきである。

　その時点で流通した後に明らかになった副作用について予見できなければ指示・警告ができないではないかという問題は，「欠陥」の有無の判断においてではなく，「欠陥」があることを前提としての開発危険の抗弁として製造業者等が主張証明すべき問題と捉えるべきである。なぜなら，製造物責任とは異なる過失責任のもとでの民法709条の不法行為責任の成否においても，加害者に予見可能性がなかったら過失がなくなるわけではなく，加害者が尽くすべき予見義務を尽くしても予見できなかったか否かが問題となるのである。不法行為責任の追及においては，被害者側が過失の証明責任を追うので，加害者にどのような予見義務とその違反があったのかは被害者側が証明すべき問題となる。しかし，過失責任ではない欠陥責任である製造物責任においては，被害者は，製造業者等の予見可能性の問題は抜きに，客観的に見て「当該製造物が通常有すべき安全性」欠いていたか否かを証明すればよく，製造業者等が被害発生を予見できたか否かは，開発危険の抗弁の問題として製造業者等が証明すべき問題と考える。そうでなければ，指示・警告上の欠陥は過失責任と同じものに過ぎなくなってしまうのではなかろうか[33]。

　指示・警告上の欠陥では危険性や対処法についての予見可能性が必要となるとしつつ，「最高水準の知見による危険性の認識可能性は，原則として欠陥判断では考慮されないものと解すべき」[34]とする見解があるが，指示・警告上の欠陥で問題となる予見可能性は過失判断で問題となる予見可能性と違うという前提[35]自体が，両者がそのように区別できるものか疑問である。上述したよ

---

(31)　木村・前掲注（3）649頁。
(32)　大塚直「判批」民事判例V（2012年）147頁。

［消費者法研究 第5号（2018. 9）］

うに，端的に，指示・警告上の欠陥も含めて危険性の認識可能性は開発危険の抗弁の問題に集約すべきと考える。

5 開発危険の抗弁の規定の再検討

なお，立法論になるが，現行の製造物責任法4条1号の規定する開発危険の抗弁は削除した方が良いという意見がある[36]。先に述べたように，開発危険の抗弁の前提となる「科学又は技術に関する知見」は，その当時の世界最高水準の知見であって，容易に免責は認められない。実際に，日本で開発危険の抗弁が認められて製造業者等が免責された例は1件もないことは前述した。にもかかわらず，この抗弁の削除論が出るのは，被告となったものが認められそうにない開発危険の抗弁をいちいち主張してきて訴訟が長引く，裁判が科学論争の場になる，それに対応するための原告の負担も大であるということらしい[37]。確かに，そういう面があるのかもしれないが，私見は開発危険の抗弁の削除論には消極的である。なぜなら，開発危険の抗弁が削除されることによって，提

---

(33) 土庫は，指示・警告上の欠陥の有無を判断する際に，危険についての具体的な予見可能性を必要とすることが「過失の判断枠組みにとどまる」ことになってしまうことの問題性を指摘し，それでは，製造物責任法の意義が製造上の欠陥と設計上の欠陥がある場合に限定されてしまうことになるとして，「指示・警告に関する判断枠組みを，製造物責任の責任根拠である危険責任・信頼責任・報償責任から再検討し，公平の観点から修正する理論的・実際的必要が生じているのではないだろうか」とする（土庫澄子「欠陥の判断要素に関する検討－原理としての製造物責任試論」現代消費者法24号（2014年）12頁以下）。

(34) 米村・前掲注（3）672頁。

(35) 前掲注(31)参照。

(36) 朝見行弘は，開発危険の抗弁を「維持すべき妥当性を見出すことができない」（朝見行弘「検証・製造物責任法の課題（1）」久留米大法学70号（2014年）128頁，「『開発危険の抗弁』については，これを明確に否定する旨の規定を設ける必要があるのではなかろうか」とする（同「制定20周年を迎える製造物責任法の現状と課題」消費者法7号（2015年）7頁）。日本の製造物責任訴訟のパイオニア的弁護士である中村雅人も，開発危険の抗弁は，「百害あって一利なしといえ，削除するのが望ましいといえる」とする（中村・前掲注(17)48頁）。

(37) 朝見は，そもそも日本の製造物責任法に開発危険の抗弁が導入されたのは，「無過失責任にもとづく事業者の賠償責任を過失責任と同レベルにまで引き下げることを意図」した産業界の意向を反映したものであり，確かに，開発危険の抗弁を認めた事例はなく，その限りで製造物責任の無過失責任性は維持されているが，「製造物責任法上，『開発危険の抗弁』が規定されている以上，可能な限り事業者がその抗弁を主張することは当然のことであり，原告となる消費者において，その反論の負担を負わざるを得ないことになり，さらには，裁判上の科学論争を回避できなくなる」ことを指摘する（朝見・前掲注(36)「課題」126頁）。

案者の意図とは全く反対に，被害発生の予見可能性の問題が「欠陥」判断の方に全面的に移行してしまい，しかも，そこでは，開発危険の抗弁の規定があった場合と異なり，予見可能性の前提として世界最高水準の知見が基準とならずに，「欠陥責任」であるはずの製造物責任が「過失責任」に逆戻りしてしまう危惧を感じるからである[38]。むしろ開発危険の抗弁は，「欠陥責任」である製造物責任に予見可能性を媒介として過失責任に変質させようとする解釈論へ歯止めになっているとは言えないのであろうか[39]。

　他方で，削除論とは逆に開発危険の抗弁に被害防止の行為規範としての積極的な意義を持たせようとする見解も主張されている。例えば，医薬品を流通させる時点でその医薬品により重篤な副作用があるかもしれない危険性が抽象的にせよ予見可能であれば，開発危険の抗弁による免責はないのだから，「消費者安全の確保の観点から望ましい技術開発を促進する行為規範となりうる」[40]というわけである。

　すでに，製造物責任法制定直後にも，イギリスの開発危険の抗弁の考え方として，「開発危険の抗弁で判断するのは危険の認識可能性であり，欠陥で判断するのは代替設計・安全装置・警告等の防止措置の実施可能性である。欠陥の判断では，当該危険を認識できたと仮定して，防止措置を実施する義務があったかを判断する」ということを紹介し，「わが国でも，開発危険の抗弁の明文化は，危険性の認識に限って製造者の注意義務を重くすることになろうが，それは一つの合理性を持つ解釈のように思われる」[41]とする指摘もなされていた。また，欠陥判断そのものについても，「製造物責任法立法の目的の一つとして欠陥判断の一般ルール化による将来的な製品安全確保の確率が挙げられていたことを踏まえると，欠陥判断が製造業者に対する行為規範として機能することは法の趣旨にも合致する」として，「製造物責任法における欠陥とは，伝統的な過失とは異なる形で政策判断をもとに措定された製造業者の行為義務の違反

---

(38)　この点は，筆者が製造物責任法 20 周年を契機に製造物責任法の現状と課題をテーマにした消費者法学会シンポジウムでもコメントという形で問題提起した点である（消費者法 7 号（2015 年）40-41 頁）。

(39)　松本・前掲注(38)67-68 頁。

(40)　土庫・前掲注(33)16 頁。

(41)　瀬川信久「欠陥　開発危険の抗弁と製造物責任の特質」ジュリスト 1051 号（1994 年）22 頁。

を意味し，したがって『欠陥責任』は特殊の義務違反責任として整理される」との見解[42]も出されている。製造業者等の行為義務について開発危険の抗弁が持つ意義の検討は，今後さらに理論的に深化させるべき課題である。

III　民法上の「欠陥」「瑕疵」

1　製造物責任法施行以前

製造物責任法施行以前は，製造業者等に損害賠償責任を追及するための根拠条文としては，不法行為責任に関する民法709条，債務不履行責任に関する415条，瑕疵担保責任に関する570条などが考えられた。このうち，瑕疵担保責任は，当該製造物に生じた損害自体についての損害賠償請求には有用であっても，損害賠償の範囲は信頼利益の賠償に限られるという法定責任説の立場に立つと，当該製造物の欠陥から生じた健康被害などの拡大損害については賠償請求できないという限界が生じる[43]。

また，被害者と製造者との間に直接の契約関係があれば，売買契約上の信義則を根拠に生じる安全配慮義務違反の債務不履行責任を理由に健康被害に対して損害賠償請求するという法的構成も考えられるが，直接な契約関係がないと債務不履行構成ができないという問題が生じる[44]。

そこで，不法行為責任によって製造者に損害賠償を請求するという法的構成が主流となる。その中で，民法典には不法行為成立の要件にはなっていない製造物の「欠陥」の有無を論じる裁判例も蓄積されてきた[45]。ここでの「欠陥」

---

(42)　米村滋人『製造物責任における欠陥評価の法的構造（三）・完』法学73巻（2009年）436-437頁。

(43)　Ｙ１業者がパックした生牡蠣を仕入れたＹ２業者から購入した生牡蠣を飲食店が顧客に提供したところ，牡蠣がSRVS（Small Round Structured Virsus ＝ 小型球形ウィルス）に汚染されており，多数の食中毒患者が出て，この飲食店が客への見舞金や営業停止期間の営業損害，信用失墜などによる損害を被ったとして，Ｙ１に製造物責任と不法行為責任，Ｙ２に瑕疵担保責任を追及した事案で，横浜地裁は，Ｙ１に対する不法行為責任に基づく損害賠償請求を一部認容したが，Ｙ２への損害賠償請求ついては，瑕疵担保責任に基づく損害賠償の範囲は信頼利益に限定され，原告が求める損害賠償は履行利益の賠償であるとして，Ｙ２への損害賠償請求は棄却した（横浜地判平成15・12・16LEX/DB25483314）。

(44)　この点を指摘するものとして，米村・前掲注（3）613頁。

(45)　製造物責任法施行以前の裁判例については，前掲注（3）参照。

概念は，不法行為の成立要件である過失の推定機能を果たさせる点に意義があったと言える[46]。

2　製造物責任法施行以後

（1）　民法上の不法行為責任の追及が考えられる場合

　製造物責任法施行後は，製造物に欠陥があれば，製造物責任法を根拠に製造業者等に欠陥責任を追及すれば良い。従って，製造物責任法と共に，あるいは製造物責任法ではなく民法の不法行為責任が追及される事案は，加工された動産としての「製造物」の要件に当てはまるかが争点となる事案[47]や，製造物責任法による損害賠償請求権が時効消滅している場合[48]，或いは，そもそも製造物責任法が適用されない不動産の欠陥[49]によって損害が発生した場合などである。

（2）　最判平成19年の建物の安全性瑕疵論

　このうち，後者に関連して注目されるのが，賃貸経営用に購入したマンションに多数の欠陥があったことが判明して，契約関係にないこのマンションの建築施工業者等に不法行為責任を追及した別府マンション事件の最判平成19・7・6民集61・5・1769[50]である。最高裁は，当該事案では直接問題になっていない通行人や隣家の住人などに生じる被害をも想定して次のように判示した。

　建築施工者等は「建物の建築に当たり，契約関係にない居住者等に対する関

---

(46)　製造物責任法施行以前の事案である前掲のテレビ発火事件大阪地裁判決は，通常の使用形態では火が出るはずのないテレビ自体から発火したことから，当該テレビには「欠陥」はあったとして，そのような「欠陥」のあるテレビを製造流通させことの過失を推定している。

(47)　前掲注(43)の生牡蠣事件では，Ｙ１は，生の牡蠣をパックしただけだから，製造物責任法上の「加工された動産」に当たらないとして，製造物責任を否定する主張をしていた。判決は，この点に触れることなく，不法行為責任を認めているが，それは，「加工」に当たるか否かの判断が微妙なため，それを避けるためという側面があるのではないか。同様に，学校給食に提供された冷やしうどんを食べた小学生の女児がO157により死亡したことに対して，両親が当該学校と学校給食を管理する堺市に製造物責任，債務不履行責任（安全配慮義務違反），国家賠償責任に基づく損害賠償を請求した事案でも，冷やしうどんにのせられO157に汚染されていたと推測される，カイワレダイコンが加工された動産に当たるか否かを被告が争ったため，判決は，製造物責任につき判断することなく国家賠償責任を認めた事案がある（大阪地裁堺支判平成11・9・10判タ1025・85）。

係でも，<u>当該建物に建物としての基本的な安全性が欠けることがないように配</u><u>慮すべき注意義務を負う</u>と解するのが相当である。そして，設計・施工者等がこの義務を怠ったために建築された建物に建物としての基本的な安全性を損なう瑕疵があり，それにより居住者等の生命，身体又は財産が侵害された場合には，設計・施工者等は，不法行為の成立を主張する者が上記瑕疵の存在を知りながらこれを前提として当該建物を買受けていたなど特段の事情がない限り，これによって生じた損害について不法行為による賠償責任を負うというべきである。」

　民法709条には，「瑕疵」という言葉はないにもかかわらず，なぜ最高裁は，「建物としての基本的な安全性を損なう瑕疵」という言葉を使うのであろうか。私見はこの安全性瑕疵概念は，製造物責任法施行以前に製造業者等に不法行為責任を問う時に争点となった「欠陥」と同じく，過失を推定させる機能を有するものと考えている[51]。すなわち，建築過程にどのような過失があるのかを，

---

(48)　製造物責任法5条1項は，「被害者又はその法定代理人が損害及び賠償義務者を知った時から3年」の短期消滅時効を定めるとともに，「その製造業者等が当該製造物を引き渡した時から10年を経過したときも，同様とする」という二重期間を定めた。また，同条2項は「前項後段の期間は，身体に蓄積した場合に人の健康を害することとなる物質による損害又は一定の潜伏期間が経過した後に症状が現れる損害については，その損害が生じた時から起算する」としている。不法行為責任に基づく損害賠償請求権の場合は，短期消滅時効は損害及び加害者を知ったときから3年なので，製造物責任法と同じだが，長期期間は「不法行為のときから20年」なので，期間が長い。また，20年期間の起算点である「不法行為の時」について，筑豊じん肺最判は，加害行為から相当期間を経て損害が発生した時は，損害発生時が「不法行為の時」であると解したので，何れにしても，被害者が損害及び賠償義務者を知らない時は，不法行為責任構成による損害賠償請求権の方が製造物責任より長期間権利行使できるわけである。筑豊じん肺最判の起算点論の画期的な意義については，松本克美『続・時効と正義－消滅時効・除斥期間論の新たな展開』（日本評論社，2012年）77頁以下，同「民法724条後段の20年期間の起算点と損害の発生 —— 権利行使可能性に配慮した規範的損害顕在化時説の展開」立命館法学357・358号（2015年）1809頁以下，同「不法行為による潜在型損害の消滅特効起算点－民法724条の『不法行為の時』と『損害の性質』論」立命館法学378号（2018年）等を参照されたい。なお，改正民法がこの20年期間を時効と明示したことから（改正724条2号），製造物責任法の5条の見出しがそれまでの「期間の制限」から「消滅時効」に改められている。

(49)　なお私見は，立法論としては，不動産についても製造物責任を拡大すべきと考えている（松本克美「不動産と製造物責任」立命館法学367号（2016年）870頁以下）。

(50)　本判決についての詳細は，松本克美「建物の瑕疵と建築施工者等の不法行為責任 —— 最高裁2007（平19）・7・6判決の意義と課題」立命館法学313号（2007年）774頁以下を参照されたい。

〈論説〉3 製品の「欠陥」「瑕疵」〔松本克美〕

建築過程に関与していない建物の買主や被害を受けた歩行者，隣人などが証明することは極めて困難である[52]。しかし，建物としての基本的な安全性を損なう瑕疵があることが証明できるならば，建築施工者等は，「当該建物に建物としての基本的な安全性が欠けることがないように配慮すべき注意義務」を負っていたのであるから，そのような安全性注意義務に違反したために安全性瑕疵が生じたものと事実上推定できよう[53]。この意味で，最高裁の「安全性瑕疵」論の展開は，製造物責任法が不動産に適用されないことによる被害救済の隙間を「安全性瑕疵」概念によって埋めようとするものとも解釈できる[54]。同時にこの判決が示した安全性瑕疵論は，不動産に限らず，動産の製造業者等への不法行為責任の追及に当たっても活用し得る可能性を秘めているとも言える[55]。

ところで，不動産に瑕疵があった場合に，その瑕疵によって被害が発生した場合には，民法 717 条の土地工作物責任の適用が考えられる。この場合の土地工作物責任は占有者の責任は必要な損害発生防止措置を尽くしSいれSれば免責されるので，民法 709 条の過失の証明責任を加害者側に転換した点で，準無過失責任ないし中間責任と言われる。土地工作物の所有者の責任は不可抗力等でなければ免責されないので無過失責任である[56]。

---

(51)　松本克美「建物の安全性確保義務と不法行為責任 ── 別府マンション事件・再上告審判決（最判 2011（平 23）・7・21 の意義と課題）立命館法学 337 号（2011 年）1418 頁，同「建物の安全と民事責任 ── 判例動向と立法課題」立命館法学 350 号（2013 年）1766 頁。

(52)　建築過程における建築施工者の過失を証明することの困難は，建物の建築を発注した注文者にとっても，同じであろう。そこに，請負人の瑕疵担保責任が無過失責任として規定されていた意義がある。

(53)　実際の裁判例でも，安全性瑕疵が認められる場合には，それをもって建築施工者の注意義務違反を容易に認める傾向にある（神戸地裁平成 23・1・18 判決・判時 2146・106，仙台地裁平成 23・1・13 判例時報 2112 号 75 頁など）。なお，松本克美「民法改正と建築瑕疵責任」立命館法学 375・376 号（2018 年）2207 頁以下も参照。

(54)　米村は，不動産は製造物責任法の適用から除外されているが，「709 条の適用に当たっては，不動産の特殊性に配慮する必要はあるものの製造物責任としての検討対象から当然に排除する理由はない」ことを指摘する（米村・前掲注（3）625 頁）。

(55)　米村は，最判平成 19 年の「判例法理の直接の射程は建物の瑕疵の場合以外には及ばないと解される一方で，契約責任の成否や適用範囲とは独立に不法行為責任の要件判断をなしうることを示しており，通常の製造物責任領域における不法行為責任の判断にも同様の判断がなされる可能性がある」という示唆に富む指摘をする（米村・前掲注（3）625 頁）。

［消費者法研究 第5号（2018.9）］

従って，土地工作物の瑕疵によってその土地工作物の所有者や占有者以外の者が被害を被った場合は，土地工作物責任を追及することができる。そこで上述の建築施工者等への安全性瑕疵責任が固有の意義を有するのは，被害者がその瑕疵ある建物の所有者や占有者で土地工作物責任を追及できない場合[57]，あるいは，土地工作物責任を追及できても，所有者や占有者の資力に問題がある場合などが考えられる。

Ⅳ　改正民法の「契約内容不適合」と「瑕疵」「欠陥」

1　改正民法の「契約内容不適合」責任

冒頭に紹介したように，改正民法は「瑕疵」という用語を民法から削除し，売買目的物の種類や品質が「契約の内容に適合しないものであるとき」は，買主は，売主に対し，目的物の修補，代替物の引渡し又は不足分の引渡しによる履行の追完や，代金減額を請求することができるとした（改正562条，563条）。また，改正民法によれば売買目的物が契約内容不適合である場合の損害賠償と解除については，債務不履行一般の規定が適用される（改正564条）。

---

(56)　なお土地工作物責任における占有者の責任が第一次的責任，所有者の責任は占有者が免責された時に問題となるので第二次的責任と言われることもあるが，所有者は無過失でも土地工作物責任を免れないのであるから，究極の責任者であり，訴訟においても最初から所有者を被告として土地工作物責任を追及できると考えるべきである。この点につき，平野裕之『民法総合6・不法行為法・第3版』（信山社，2013年）280頁，松本克美「土地工作物責任における〈第一次的所有者責任・第二次的占有者責任論〉の可能性」立命館法学321号（2009年）485頁。

(57)　なお下級審裁判例の中には，建物の賃借人は土地工作物の「占有者」だから，土地工作物責任を追及できる「他人」に当たらないので，土地工作物の所有者に土地工作物責任を追及できないとするものがある（賃貸ビルの漏水被害についての東京地判昭和44・11・7下民20・11＝12・800，賃貸マンションの手摺りからの同居人転落負傷事故に関する東京地判1981（昭和56）・10・8判時1041・82など）。しかし，問題となっている土地工作物の瑕疵につき，賃借人が管理責任を有しない場合には，賃借人も所有者（賃貸人）に土地工作物責任を追及できると考えるべきである。この点で，最判平成2・11・6判時1407・6が，液化石油ガス消費設備の瑕疵をめぐる土地工作物責任における「占有者」を，「保守，管理及び操作に関しては本件ガス消費設備に対し直接的，具体的な支配を及ぼしていた」か否かを基準に賃借人でなく，賃貸人としている点が参考になる（松本克美「建物吹付けアスベストと建物賃貸人の土地工作物責任－大阪地裁2009（平成21）・8・31近鉄事件判決の検討を中心に－」立命館法学327・328合併号（2010年）880-927頁参照）。

130

2 「契約内容不適合」と「瑕疵」の異同

両者の異同について，「契約内容不適合」は，従来の主観的瑕疵概念に相当するもので，当該契約の内容を離れて客観的に目的物が通常の品質を欠いた場合をいう客観的瑕疵を含まないとする見解[58]があるが，疑問である。契約でいちいち定めていなくても，その契約の目的物が通常の品質を有していることは契約の当然の前提となっていると解すべきである[59]。だとすれば，「契約内容不適合」には，当該目的物が通常有すべき品質を欠く場合を含むことになる。

3 製造物責任法の「欠陥」と改正民法

製造物責任法は，民法の特別法であり，改正民法の影響は直接には受けないはずである。しかし，注意すべきは，上述の改正民法における「契約内容不適合」責任の判断思考が製造物責任法上の「欠陥」判断に影響を与える可能性である。民法上の契約内容不適合責任の成否が争いになる事例においては，被告とされたものが，契約内容不適合からは従来の客観的瑕疵は排除されるというような見解を利用（悪用？）して，例えば，当該目的物の価格がこれこれだから，求められる目的物の品質は原告が主張するような高いものではなく，この程度のものであって，従って契約内容不適合はないなどと主張することが予想される。

目的物の価格は製造物責任の欠陥の判断要素の一つである「当該製造物の特性」に含まれると解されてきた。例えば，「当該製造物の特性」の一つとして，「価格対効果」をあげ，「ある製品に具備されている安全性は，当該製品の価格との関係で一定の幅があり，同じ価格帯に属する同種製品には，少なくとも当該価格帯における平均的な安全性が求められる」[60]とされたり，目的物の価格を「当該製造物の特性」の一つに位置付け，「安価な製品であれば，安全装置等が十分に装備されていないとしても，欠陥とはならない場合がある」とし，その正当性としては，「製品価格との相関で消費者が自由に安全性の水準を含む性状を選択できる余地を残すことが適切であり，一定水準の安全性を備えない製品につき一律に欠陥を肯定すべきではない」[61]とされてきたのである。

---

(58) 潮見佳男『基本講義 債権各論Ⅰ〔第3版〕』（新世社，2017年）90頁以下。
(59) この点の詳細な私見は，松本・前掲注(53)論文を参照されたい。
(60) 前掲注(6)「逐条解説」69頁。
(61) 米村・前掲注(3)649頁。

［消費者法研究 第5号（2018. 9）］

（649頁）。

　目的物の価格が安ければ，当該目的物に求められる品質は，従来の客観的瑕疵概念に内包されていたような通常の品質でなくても良いというような発想が実務に広がると，民法の特別法である製造物責任における「欠陥」判断においても，「当該製造物の特性」として当該製造物の価格に焦点を当て，この程度の価格などだから，「当該製造物が通常有すべき安全性」は原告が主張するような品質ではなく，この程度のものと言って「欠陥」を否定する主張として現れる可能性がある。しかし価格が安ければ安全性が低くても良いなどという発想が安易に広がらないように注意しなければならない。いくら価格が安くても当該製造物が通常有すべき最低限の安全性を欠いたら，それは「欠陥」と判断されるべきである(62)。

―――――――――――

(62)　米村・前掲注（3）も，「もとより，製品の最低限度の安全性は担保される必要があり，いかに低価格の製品であってもそのような安全性を備えていなければ欠陥が肯定される」ことを強調している（649頁）。

132

4

業法中の民事ルールの意義と消費者契約法・民法
—— 特定継続的役務規制を題材に

丸山絵美子

Ⅰ　本稿の課題
Ⅱ　特商法における特定継続的役務規制
Ⅲ　検　　討

［消費者法研究 第5号（2018. 9）］

I　本稿の課題

　本稿は，役務の提供を目的とする消費者契約に対する法的規制の展開を題材に，業法中の民事ルールの意義，そのようなルールと消費者契約法・民法との関係について検討するものである。

　日本においては，特定商取引に関する法律（以下，「特商法」という。）によって，特定継続的役務提供（内容・期間・契約金額が政令で指定された役務）に対し，比較的強い規制が行われている（書面交付義務，広告規制，禁止行為・指示対象行為などの行為規制はその違反に対し行政の指示や命令，さらには罰則が予定され，また，クーリング・オフ，中途解除権，損害賠償額の予定条項規制などの民事ルールが置かれる）。特商法は，1976 年に訪問販売等に関する法律（以下，「訪問販売法」という。）として，訪問販売，通信販売および連鎖販売取引を対象に，販売方法の特殊性（無店舗販売等）に結びついて生じる問題状況に対処しようとする立法であった。行政処分・罰則・民事ルールの複合規制という特徴を当初より有するが，出発点における訪問販売規制は 43 品目の指定商品に限定された狭い範囲を対象とし，民事ルールも訪問販売4日間，連鎖販売 14 日間のクーリング・オフ規定，訪問販売における売買契約解除に伴う損害賠償請求額の上限規制，そしてネガティブオプションに関する返還請求権喪失規定があるだけであった[1]。訪問販売法は，規制対象および規制内容が改正を経て拡大していくが，1999（平成 11）年の訪問販売法の改正によって特定継続的役務提供が規制の対象に加わることになる。本稿は，まずは，販売方法に特殊性があるわけではない継続的役務提供に対し，特商法において規制を導入した目的とその結果を，その後の改正の経緯も含め確認し，とくに民事ルールの形成を中心に消費者契約法や民法との関係においてその意義と課題を検討していく。特商法に特定継続的役務規制が導入された 20 年もの昔に遡り，あらためてこのような検討を行う理由は，日本において消費者私法として一定のルールが形成される際の議論の仕方の特徴[2]や法的ルール形成の結果に対する評価状況[3]を把握しておくことが今後の消費者私法の展開にも資するのではない

（1）　通商産業省政策局商政課・消費経済課編『訪問販売等に関する法律の解説』（通商産業調査会，1977 年）参照。

かと考えたからである。なお，法改正等の結果に関しては，行政庁の年度政策評価などをみても，個別の法改正の影響分析の詳細を確認することはできなかったため，新たな問題状況や法改正の必要性について議論が行われる際に，前回法改正後の状況に言及する資料がある限りでそれを紹介するにとどまっていることをお断りしておく。

そして，本稿は，公法・私法の区別をはじめとする日本の法体系・法的な図式[4]が，近代民法典形成において重視された私的自治や正義といった一定の価値・原理を尊重し整合性を保持しつつ，しかし硬直化に陥らずに政策的な観点からも修正を施され発展していくことが重要ではないか[5]という問題意識に基づき，より一般的な検討の目的・視点を設定して，上記の課題について分析・検討を加えていくこととする。すなわち，業法における民事ルール，消費者契約法，民法（便宜的に，三層の民事ルール呼ぶことがある）の関係性[6]，および消費者私法の立法論・解釈論[7]において基準とされるべき価値[8]とそれが多元的である場合の調整の仕方を探求するため，①業法中の民事ルールの消費者契約法や民法との関係にかかわる議論に注目し，かつ，②立法・解釈の様々な段階で，ルールの形成に関与しているアクターが尊重すべきと考えているように見受けられる価値基準を可能な範囲で析出し，かかる問題について展開されている先行業績を踏まえ考察を加えていく。

（2） 法形成過程におけるアクターのインセンティヴ構造を考察し，様々なバイアスが消費者法のルール形成にどのように影響するのかを，NOVA 事件，プロパガス設備設置費用償還訴訟，貸金業法の改正を素材に分析する業績として，森田果「消費者法を作る人々」新世代法政策学研究 15 号（2012 年）259 頁がある。そこで指摘されている通り，消費者立法活動の分析や法学者が果たすことのできる役割について自覚することは重要である。森田果論文は，消費者全体の利益にかなうかという基準から，法ルール形成者たちの行動を評価することを課題とする。本稿の課題はそれと異なり，考慮に入れられるべき価値基準を制定法の種類との関係も含め検討するというものである。
（3） 法の影響，その意図せざる結果の有無や程度を知ることの大切さが指摘されている（飯田高『法と社会科学をつなぐ』［有斐閣，2016 年］11 頁以下参照）。本稿が特定継続的役務規制の結果を確認するためにアクセスできた資料は限られているが，容易にアクセスできる資料の限界・どの程度の事後評価が行われているかを知ること自体，一定の意味があるのではないかと考えた。
（4） 法的思考と法的知識の枠組み・図式については，山本敬三「民法における法的思考」田中成明編『現代理論法学入門』（法律文化社，1993 年）224 頁を参照。

［消費者法研究　第 5 号（2018. 9）］

II　特商法における特定継続的役務規制

1　1999（平成 11）年の規制導入の目的・手段

（1）　問題状況と自主規制の試み

物ではなく，役務に関する消費者からの苦情・相談は 1980 年代から増加し

（5）　立法論のみならず解釈論において政策の観点を入れるべきか，いかにして取り入れることが可能となるかが問題となる。川濱昇は，政策の考慮について，ドゥオーキンの見解やアイゼンバークの見解を参照しながら，制定法の適用に際し，制定法整合的説明や原理論的制約を受けながら，「当事者を超えた利益（最終的な社会状態）＝政策的考慮」を容れた法の解釈の余地はあるとし（同『『法と経済学』と法解釈の関係について —— 批判的検討 —— （二）』民商 109 巻 1 号［1993 年］17 頁以下），ただし，政策の観点が入る以上，因果法則的思考のかかわりを否定できず，裁判所がそれに関する経験的知識を信頼するに足る形で利用する可能性の限界に言及し（同・前掲 24 頁），かつ，事実との突合せなしに，単純なモデルで概念法学的法的道具主義とでもいうべき法と経済学に基づく解釈論が展開されることに警鐘を鳴らしてもいた（同「『法と経済学』と法解釈の関係について —— 批判的検討 —— （四・完）」民商 109 巻 3 号［1993 年］433 頁以下）。また，平井宜雄は，現代社会において「目的＝手段思考様式」による「将来志向的判断」が迫られる場面が増加していることを前提に，決定に携わる者の討論を経て，「目的＝手段思考様式」と「法＝正義思考様式」の才盾相克をできるだけ小さくする方向性の模索すべきことを説いていた（同『法政策学（第 2 版）』［有斐閣，1995 年］110 頁以下）。商法学においては，早くから立法論と解釈論とが政策目的実現のために連続的に捉えられ，法の経済分析に基づく解釈論の展開が積極的に行われている（田中亘「商法学における法解釈の方法」民商 154 巻 1 号［2018 年］36 頁）。経済学の知見を参照する有用性を前提としつつ，立法・解釈の目的や価値基準として何を重視すべきか。法学の果たすべき役割について，自覚的に議論する必要がある。

（6）　このような問題意識は，20 年も前に著されている森田修「民法典と個別政策立法」『岩波講座　現代の法 4　政策と法』（岩波書店，1998 年）111 頁や日本消費者法学会設立時の第 1 回大会の山本豊の報告「消費者契約私法のアイデンティティ —— 一般契約法と消費者契約法」現代消費者法 1 号（2008 年）57 頁と共通する側面を有する。二人の見解については，III 2 であらためて取り上げる。

（7）　法解釈においても当事者を超えた利益ないし目的を考慮に入れること（当該事案で採用されたルールが同種事件にも適用されることの帰結を考慮に入れるというレベルとは異なり，ある解釈・ルールの採用によってもたらされるかも知れない最終的な社会状態について予測と評価を行うということ）は，法的思考様式に反するわけではない（川濱・前掲注（5）（二）19 頁）。

（8）　平井・前掲注（5）69 頁は，一般的価値基準という概念を設定し，これをおよそ法制度である以上みたしていなければならない要件であり，具体的な目標ともなり得るものを意味すると定義する。平井は，法制度の一般的評価基準として「効率性」と「正義性」とを挙げ，前者が「目的＝手段思考様式」に，後者が「法的決定モデル」に対応するものと位置づけている。

136

ていった(9)。国民生活審議会がサービスと消費者保護に関する答申・報告を早くから公表するとともに(10)、訪問販売等に関する法律（以下、「訪問販売法」という）を所管していた通商産業省（以下、「通産省」という）も、サービスのトラブル増加に着目し、1986（昭和61）年5月に『役務取引等適正化研究会報告書』を公表していた(11)。国民生活センターは、以前から、宅配便、引越サービスなど広く普及しているサービス業について調査を行うことがあったが、1990（平成2）年には、事業者数の増加の中でトラブル増加も予測されるとして、学習塾（費用、宣伝、情報提供、契約・解約に関する実情）の調査を行い、『学習塾の実情』が公刊されている。

　中途解約の問題を中心とする継続的役務にフォーカスした議論がされるようになったのは、1991（平成3）年に実施された消費者保護に関する行政監察がエステティックサロンや英会話教室の中途解約や前払に係る苦情問題を採り上げて以降である。外国語会話教室やエステティックサロンでは業者の倒産によりクレジットの支払だけが残り、これが社会問題化していたのである。当時、割販販売法（以下、「割販法」という）では指定商品制が採用されており、サービスは抗弁対抗の対象外であったところ、通産省は、1992年10月8日付で、

---

(9)　東京都消費者情報オンラインシステム（MECONIS）のデータ分析によると、全体に関する相談の中で、役務に関する相談割合は、1975年30.5％だったところ、その後毎年増加し、1992年には50.6％（26,684件）に達したと報告されている（MECONISレポート93-Ⅰ、日本弁護士連合会消費者問題対策委員会編『継続的サービス取引——消費者トラブル解決策』別冊NBL32号、[1995年] 2頁参照）。1993（平成5）年の国民生活センター編『消費生活年報』では、1992年度の苦情相談分析に基づき、「"モノ"から"サービス"へ」苦情相談がシフトしていることを指摘している。

(10)　国民生活審議会編『サービスと消費者保護』（大蔵省印刷局、1973年）、国民生活審議会消費者政策部会サービス化委員会報告「新しいサービス取引における消費者保護について」経済企画庁国民生活局消費者行政第一課編『消費者問題に関する提言』（大蔵省印刷局、1987年）所収、国民生活審議会消費者政策部会報告「サービス取引における約款の適正化について」経済企画庁国民生活局消費者行政第一課編『サービス取引と約款』（大蔵省印刷局、1988年）所収。

(11)　通商産業省産業政策局『サービス取引　トラブル回避のために（役務取引等適正化研究会報告書）』（通商産業調査会、1986年）所収。役務の特質として、視認困難性、復元・返還の困難性、貯蔵不可能性、提供態様の多様性・弾力性、品質の客観的評価困難性が挙げられるとともに、継続的な提供を目的とするケースが比較的多いことが指摘されていた（同・17頁以下）。また、苦情相談分析では、資格取得講座、教養講座、学習塾・英会話教室、結婚情報サービスなども取り上げられており　多くの場合、①勧誘方法をめぐる苦情相談と②中途解約・前納金の返還をめぐる苦情相談が紹介されている（同・68頁以下）。

［消費者法研究 第5号（2018. 9）］

「継続的サービス取引に関する支払停止について」という通達を出し，クレジット業者に請求をやめるよう要請している。1992（平成4）年の国民生活センター編『消費生活年報』では，「急増する継続的役務取引のトラブル」が取り上げられ，1993（平成5）年の『消費生活年報』でも引き続き「継続的役務取引－トラブルの実態」が掲載されている。

　そして，1992（平成4）年10月に通産省内に設置された「継続的役務取引適正化研究会」が，翌年6月15日に『継続的役務取引適正化研究会報告書』を公表した[12]。この報告書では，消費者相談の中で特に苦情の目立つエステティックサロン，外国語会話教室，学習塾，家庭教師派遣の4業種を中心に，1991年に通産省及び通産局の消費者相談室等に寄せられた消費者相談の中から150件を抽出し，おおまかな傾向を分析した。それによると，勧誘態様に関する相談も一定数あるものの，解約関連の相談が多く（エステティックサロンについては解約関連の相談が3分の2，外国語会話や家庭教師では約半数，学習塾では6割を占める状況であった），その原因は消費者側の事情変更が多いことなどを確認している（35.3%）。そのうえで，トラブルの原因となっていると考えられる契約の性質から検討対象の範囲を設定するとして，①役務の成果を約しがたい契約で，かつ②継続的提供を目的とするものを対象とするとし，基本的方向性としては，①情報提供の拡充，②契約締結条件の適正化，とりわけ②－1）長期・高額前払の問題（クレジット利用問題を含む），②－2）契約離脱の問題（契約の多くは準委任に近く，信頼関係が崩壊しているような場合には，契約の続行強制が不合理であると評価されている）について，適正化の方策を図るべきと述べられている。この報告書では，前払金を一切返還しないなどの特約は有効と認められないことが多いだろうといったことを指摘しつつ，当面，業界の自主規制により適正化を促す内容となった。

　同時期，日本弁護士連合会（以下，「日弁連」という。）の消費者問題対策委員会も，継続的役務をめぐる苦情の内容が契約（解約）であることに注目し，現状把握にいち早く動き，消費者センターへのアンケートなどを踏まえ，1993（平成5）年1月22日付で『継続的サービス契約の関する意見書』を作成した[13]。

---

(12)　通商産業省産業政策局編『サービス契約110番（継続的役務取引適正化研究会報告
　　　書）』（通商産業調査会出版部，1994年）に所収。

〈論 説〉 4 業法中の民事ルールの意義と消費者契約法・民法〔丸山絵美子〕

　また，同年 1 月には，日本社会党シャドーキャビネット通商産業委員会「継続的役務取引適正化法案（仮称）」（1993 年 1 月 1 日）も公表されている。提案内容は，語学・知識の教授サービスおよび人の皮膚の美化等のエステティックサービスを提供する継続的役務提供契約のうち，一定の期間・回数で，一定金額以上のもので，前払が行われるものについて，前払金保全措置，書面交付義務，誇大広告・不実告知等の禁止，クーリング・オフ，中途解約権，違約金上限，罰則などの規定を設けるというものであった。同年 4 月には，公明党も，「継続的な役務の提供の係る取引の適正化に関する法律案大綱（仮案）」（1993 年 4 月 20 日）を公表している。

　前述の『継続的役務取引適正化研究会報告書』を受け，エステティックサロン・学習塾・家庭教師派遣・外国語教室の業界団体が標準約款や自主規制規約等を作成し，1994（平成 6）年には公表していく。しかし，4 業種について，1995（平成 7）年に全国の消費者センターに寄せられた苦情相談件数はいったん減少したが，1997（平成 9）年にかけてふたたび増加し，その内容は契約解除に関するものが 7 割を占めた。1997 年のエステ 8,058 件，外国語会話教室 2,763 件，学習塾 1,010 件，家庭教師派遣 1,784 件，総計 13,615 件という苦情相談件数（PIO-NET 情報による）は，消費者金融やマルチ商法等の苦情相談件数に匹敵する極めて深刻な数字と評される状況にあった[14]。自主規制が実効性を欠いた原因としては，業界団体の組織率の低さ，苦情の多い業者は業界団体に加盟していなかったことが指摘されている。外国語会話教室は，1992 年～1994 年に倒産もあり，苦情相談が継続していたことから，国民生活センターによる調査も行われ，『学習，教育等の継続的取引に関する調査』（1995 年 3 月），『外国語会話教室における中途解約トラブル問題』（1997 年 3 月）が公刊されている。

（2）　理論的検討の進捗

　1995 年には，日弁連の検討をまとめた『継続的サービス取引 —— 消費者トラブル解決策 —— 』が公刊されるとともに，1993 年 7 月から発足した「サービス取引研究会」〔沖野眞已，河上正二，中田裕康〕が，1995 年 10 月より，そ

---

(13)　日本弁護士連合会消費者問題対策委員会編・前掲注（9）に意見書要旨が掲載されている。

(14)　Ⅱ 1 で取り上げる『今後の消費者取引のルールの在り方に関する提言』の中の記述である。

の一連の研究成果を公表していく[15]。その中で，継続的役務提供の問題に取り組んだのが中田裕康である[16]。継続的役務提供契約の中途解約・前払金返還をめぐる問題状況に対し，関連する論文が次々と公刊されていたが，問題となっている諸契約の準委任への分類と信頼を基礎とする委任に任意解除権が認められていることに着目し，解除権放棄特約や違約金条項の無効を説くものが多かった[17]。このような中で，中田の考察は，あとでみる特定継続的役務規制導入に関する所管行政庁による趣旨説明との関連においても注目されるものである。中田は，給付の均衡法理を広げ，不確実性の均衡という概念を提唱し，継続的役務提供契約においては消費者・事業者間に不確実性の著しい不均衡がみられることを指摘し，それを考慮した契約の解釈，錯誤・詐欺等の成否，条項規制の可能性を提言した。中田は次のように述べている。「『情報の非対称性』が社会全体に不利益をもたらすことがあるとしても，当事者の評判や資格・経験・経営規模などの『シグナル』によって，あるいは料金体系の工夫により顧客の情報を集めうるという『自己選択メカニズム』によって，多くの場合は克服されるであろうから，原則としては，当事者の自由な判断に委ねておいてよいであろう。不確実性の不均衡を理由に，みずからの目算違いの結果から逃れようとすることは，原則として認められるべきではない。」「しかし，不確実性の不均衡が著しく，しかもそれが一方当事者の意図的な所産である場合は別ではないか」[18]。中田は，役務の特徴の分析や解決の選択肢について，経済学の知見も参照しつつ[19]，一定の場合には契約法において不確実性の不均衡を顧慮すべきとし，不均衡是正の方法の中でも事後的司法規制の有用性を説

----

(15)　一連の研究成果は NBL578 号以下（1995～1996 年）に掲載されている。

(16)　役務や継続的役務にかかわる中田裕康による一連の重要な論稿は，『継続的取引の研究』（有斐閣，2000 年）に所収となっている。「現代における役務提供契約の特徴」（初出，NBL578 号 21 頁・579 号 32 頁・581 号 36 頁［1995 年］を中田①，「継続的役務提供契約の問題点」（初出，NBL599 号 8 頁・601 号 30 頁・602 号 39 頁［1996 年］を中田②，「特定継続的役務提供契約の解除」（初出，クレジット研究 23 号 38 頁［2000 年］）を中田③とし，以下掲載の頁数は『継続的取引の研究』のものとする。これまで述べてきた特定継続的役務に対する規制の展開は，中田②・188 頁以下に詳しい。

(17)　松本恒雄「継続的役務取引と中途解約」法学セミナー 462 号（1993 年）88 頁，同「サービス契約の法理と課題」法学教室 181 号（1995 年）65 頁，池本誠司「継続的サービス取引の中途解約権」NBL520 号 8 頁・522 号 18 頁（1993 年）など。

(18)　中田・前掲注(16)中田② 206 頁以下。

いた。

（3） 法的規制へ —— 立法審議 ——

（a） 産業構造審議会消費経済部会・基本問題小委員会における検討・提言

　自主規制が功を奏さない状況下において，法的規制の必要性が指摘され，当時の通産省が産業構造審議会消費経済部会の中に「基本問題小委員会」を設置した。その検討結果を踏まえ，1999（平成11）年2月，同審議会消費経済部会が『今後の消費者取引のルールの在り方に関する提言』をまとめた。その第2章において，継続的役務取引が取り上げられ，深刻な苦情相談の増加，一般民事ルールや自主ルールでの対応不十分を前提に，継続的役務取引の特殊性に対応したトラブル解決策として，契約締結及び契約解除の適正化等のための措置を法制化する必要性が指摘された。具体的には，訪問販売法等を参考に，①契約締結の適正化のための措置として，イ）書面交付義務，ロ）不実告知・誇大広告等への行為規制，ハ）行政処分などの担保措置，②契約解除の適正化のための措置について，イ）クーリング・オフの導入（巧みな勧誘によりある種の錯誤状態で契約するケースや威迫的勧誘という実態があり，契約日から8日以内の苦情相談が実際にも多いとされる），ロ）中途解約制度の導入（継続性故の事情変更の生じやすさと役務故の内容・成果の事前評価困難性に起因して中途解除が希望されるケースが多い），ハ）損害賠償額等の制限（必要な措置であるが上限額設定には消費者保護と業界の商慣行に十分配慮すべき）を提言していた。中途解除の導入を理由づけるにあたり，準委任の性質や信頼の崩壊といったことには言及されず，上記の事情変更や役務の評価困難性から中途解除権の導入が適切とされるが，それ以上の詳細な理由づけは文章としては確認できなかった[20]。

---

(19)　中田・前掲注(16)中田①159頁以下。隣接諸学と法とのコミュニケーションと法的に操作可能な概念による接続の重要性については，藤谷武史「『法政策学』の再定位・試論 —— 『新世代法政策学』の基礎理論の探求」新世代法政策学研究9号（2010年）181頁，とくに206頁以下を参照。なお，長期高額割引取引の問題は，楽観主義といった行動経済学の知見も参考となることは，NOVA事件にみられる問題現象の原因として，森田・前掲注(2)267頁が指摘するところである。自信過剰・楽観主義に関する行動経済学の議論の詳細は，西内康人『消費者契約の経済分析』（有斐閣，2016年）40頁以下参照。

(20)　当時の産業構造審議会消費経済部会・基本問題小委員会の議事録などは入手できなかった。

［消費者法研究　第 5 号(2018. 9)］

（b）　法 案 審 議

　訪問販売法と割販法の一部改正法案は，1999（平成 11）年 3 月 5 日に閣議決定，第 145 回通常国家に提出され，審議されていくが，本稿の課題に照らし，立法の目的と用いる手段に関する議論にフォーカスする形で，整理していく。

　1999 年 3 月 10 日衆議院商工委員会での提案理由説明では，法案とともに，以下の提案理由が掲載されている。「特定継続的役務取引等の現状にかがみ，訪問販売等に関する法律において取引の公正及び購入者等の利益の保護を更に図るため，特定継続的役務取引に関し書面交付義務等の規制及び契約の解除等の制度を設け，並びに罰金の引き上げ等の措置を講ずるとともに，割賦販売法において役務の提供を対象とする等の必要がある。これが，この法律案を提出する理由である。」

　同年 3 月 12 日衆議院商工委員会においては，業種の発展と必要な規制のバランスに関する質問（奥谷委員）に対し，政府側は，必要な規制を最低限行い消費者利益の保護と産業の健全な発展のバランスをとる姿勢で臨むことを確認する（岩田政府委員，近藤政府委員）。民法の下では対等当事者の契約モデル・自己責任が原則であるが，悪質な計画倒産のケースもあり，例外としての最小限の規制という姿勢が示されている（与謝野国務大臣）。規制の遅れで被害が拡大したという指摘（大畠委員）に対しては，一方的中途解約権までいかないと問題を解決できないが，これを法定の権利として設定できるかという問題と，抗弁の接続で難渋したことが説明されている（岩田政府委員）。そして，訪販法の改正という方法の妥当性に関する質問（大畠委員）については，不確実な目的達成で誘引され長期で拘束されるという特殊性故にトラブルが発生しているので，特殊取引として規制できるとされ，4 業種以外のパソコン指導などトラブルの多い業種については，今後の追加指定という形で機動的に考えると応答されている。

　同年 3 月 19 日衆議院商工委員会では，4 業種に絞ることへの疑問が提起され（松本（龍）委員），トラブルの数とともに内容も深刻さも重要であり，結婚情報サービスは 4 業種に準じる状況であることが確認されている（岩田政府委員）。前払保全措置を行わないことへの質問（大口委員）については，規制緩和と行政コストの観点から業規制は適切ではないと判断したと説明され（岩田政府委員），また，第三者評価という方法はすでに考えられていることが示される（近藤政府委員）。政府側からは，繰り返し，規制緩和が基本というスタンス

142

〈論 説〉4 業法中の民事ルールの意義と消費者契約法・民法〔丸山絵美子〕

が示されている（与謝野大臣）。

同年3月24日参議院本会議においては，4業種以外にすでに問題が生じていること，消費者契約法案にも言及される（福山委員）が，従来の経緯からまずは4業種が対象であること，消費者契約法は国民生活審議会で報告が取りまとめられたのでそれを踏まえるべきこと（小渕恵三国務大臣），追加指定は実態を踏まえての総合的検討をし，機動的に対応することが説明される（与謝野国務大臣）。

同年4月13日，参議院経済・産業委員会において参考人質疑が行われている。参考人として招致されたのは，東京都生活文化局消費生活部指導担当課長舟橋とみ子，全日本エステティック業連絡協議会副理事長小暮元一郎，日本弁護士連合会消費者問題対策委員会副委員長村千鶴子である。舟橋からは，トラブルの増加の現状説明，誇大広告，重要事項の不告知，威迫・困惑などの行為を規制し，書面交付，クーリング・オフ，消費者取消権，中途解約と解約料の規制，前払金の上限，抗弁の接続などの必要性が説かれ，また，4業種以外への機動的に対応が要望された。小暮からは，自主ルールを遵守しているような業者に過剰負担とならないよう配慮が要望された。村からは，苦情件数に関し，実際に相談にいく消費者は全体の1.5%から1.7%であると説明される。山下委員からのなぜ消費者は高額な契約をするのかの質問に対し，舟橋からは単価を安くするためと回答され，村からは，分割クレジットの場合は，手数料でペイせず，説明不足の問題もあることが指摘されている。

同年4月15日参議院経済・産業委員会における質疑応答では，これまでと同様の質疑応答内容が多い。4業種が対象となったのには経緯があること，4業種以外は実態を踏まえて対応すること，前払保全措置は業規制となるので行わないことなどが確認されている。3年間700回の契約といった事例は，無理を承知の販売であるので上限規制の必要性が質問される（山下委員）が，長期契約自体の規制は難しく，およそ消化できない回数の押し付け販売なら民法の公序良俗違反の問題であると回答されている（与謝野大臣）。また，事案によって清算方法が違ってくるのかという質問（水野委員）に対し，中途解約のルールとしては，問題解決の観点から一律で割り切ることが説明されている（岩田政府委員）。

法案は，同年4月16日参議院本会議可決され，23日公布となる。法案の規制概要は，①書面交付義務，②誇大広告の禁止，③不実告知，威迫・困惑行為

の禁止，④指示，業務停止など，⑤クーリング・オフ，⑦業務概要等書類の備付閲覧，⑧中途解除権，中途解除に伴う違約金の上限規制，⑨関連商品のクーリング・オフ・中途解除・違約金規制である。割賦販売法では，4業種を対象に抗弁の接続導入が行われた。

（c） 所管行政庁による規制導入の趣旨説明

特定継続的役務提供規制の目的や採用された制度設計の選択理由を知るうえで興味深いのは，通産省「規制の新設に関する検討結果の公表について」（平成12年1月11日）という資料である。まず，①新規規制の目的については，契約や役務に関する情報が事業者に偏在し，顧客は評価困難であることから取引公正が害されやすいという「情報の非対称性」と長期性故の事情変更が生じやすい取引の特性という問題状況が指摘されたうえで，契約締結と契約解除の手続適正化をすることによって，トラブルの未然防止・有効な解決を図り，関連サービス産業の発展させることと説明される。そして，②書面交付義務など行為規制や民事ルール導入によって業者に生じるコストを推定し，期待される効果も説明されている。そのうえで，③他の選択肢との比較 —— 現状維持は重大な社会問題を帰結し現行法を前提とする裁判コストは高いこと，自主ルール導入のインセンティブがなく，トラブル解決に無力であるという比較 —— がされたうえ，①契約締結過程は訪問販売法のモデルを参考に公法規制を中心とし，②契約解除の適正化は民事ルールを整備し，③同時に行われる割賦取引の適正化も図る形で法規制によることが有効であり，具体的な内容を定めるにあたっては自主ルールなども参考とするので，善良な事業者に過重な負担を強いることを回避できるという検討結果が示されている。

（4） 整理 —— 規制導入の経緯・目的・特徴

継続的役務提供に対する規制導入の経緯についてやや詳細に紹介をしてきたので，ここで規制導入・ルール形成の契機・目的・特徴をまとめておくことにしよう。

（a） 規制導入の契機－問題状況の把握

特定継続的役務に対する規制導入の出発点は，消費者相談・苦情に関する統計データである。特定継続的役務提供規制の議論の過程では，委員会レベルにおける抽出による傾向調査も行われていたが（継続的役務取引適正化研究会），全国規模のデータとなるPIO-NET情報が規制の必要性の重要な資料とされていることがわかる。問題となっている業種を所管する行政庁がこのようなデー

タをもとに問題状況の把握をまずは行っている。また，国民生活センターの年報等における分析，日弁連による法的な観点による問題の指摘・意見書の提出等も問題状況としての認識に寄与したものと考えられる。

（ｂ）　解決手段の選択

特定継続的役務提供が問題となった当時，規制緩和を促進していた時代であり，まずは行政指導や自主規制というステップを踏まれている。しかしながら，自主規制によって苦情相談の減少という結果を得られず，その原因として組織率の悪さから自主規制が解決とならないことが指摘された。

そこで，訪問販売法改正による対応が検討される。『継続的役務取引適正化研究会報告書』の段階から，４業種の特徴から帰納した検討対象の絞り込みが行われ，法的に問題とされたのが情報提供や契約からの離脱問題であったため，書面交付義務や不実告知禁止などの行為規制（行政処分や罰則を控える）とクーリング・オフという解除権を有する訪問販売法の規制枠組みと適合的であった。法的規制を行う場合には，通産省所管の訪問販売法の改正によるというのがかなり初期の段階からの既定路線であったと考えられる。与党の法案も訪問販売法を参考に，書面交付義務，広告規制，不実告知等の禁止，クーリング・オフ，中途解約を提案していた。

（ｃ）　規制・民事ルール導入の趣旨・正当化

１）特定継続的役務（４業種）に対する規制の目的および手段の正当化

国会答弁において最小限の規制であることや対象の特殊性が強調され，また，「規制の新設に関する検討結果」において，「情報の非対称性」を原因とする市場の問題の存在，業者に生じるコストの推定と期待される効果への言及，他の選択肢との比較が行われている。所管行政庁としては，政策評価の導入が議論されていた時代でもあり，リスク・ベース，費用便益分析，代替手段の比較といった規制影響分析の観点とも合致する形で，現実のトラブルの解決に有効な規制を最小限の範囲で導入するスタンスであることを説明しようとしているように思われる[21]。目的手段思考に基づく法制度設計において，民事ルールも，その一手段として投入されたという位置づけが与えられそうである。

２）民事ルール導入の趣旨・正当化

もっとも，国会審議において，政府委員から，一方的な中途解約権を導入し

---

(21)　ただし，事前に具体的な分析がどの程度行われたかは不明である。

ないと根本的解決とならないが，法定の権利として設定できるかに難渋したという答弁があることから，私法体系や民法原理（民法が基底としている思想）との関係は意識されたのではないかと考える。私法体系・民法原理との関係について，基本問題小委員会において具体的にどのような議論がされたのか，当時の議事録を入手できなかったため不明であるが，①クーリング・オフ，②中途解除権・損害賠償額の上限規制について，所轄行政庁による趣旨説明と民事法体系における①②の一般的な位置づけにかかわる従前からの議論を確認しておく。

　ア）クーリング・オフ　　所轄行政庁解説における趣旨説明は，「特定継続的役務提供においては，取引の対象である役務提供の内容を客観的に確定することが難しいこと，また，その内容が専門的であること，その効果の達成等が不確実であること等から，勧誘に当たり巧みな言辞で必ず効果があがると信じ込まされてしまう等不適切な誘引行為等が行われることにより，特定継続的役務提供に係る取引に不慣れな契約の相手方が契約内容を十分理解せず契約締結の意思が不安定なまま契約の締結に至り，後日トラブルを生じたり，思わぬ損失を被る場合が少なくない。このような弊害を除去するため，いわゆるクーリング・オフ制度……を設け，特定継続的役務提供受領者等に再考の機会を与えるものである。」[22]というものである。

　クーリング・オフの私法体系上の位置づけ，民法原理との関係については議論があるものの[23]，ここでは，所管行政庁の趣旨説明において，取引の特性から典型的には意思が不安定なまま契約締結に至ってしまうという従来のクーリング・オフ導入を根拠づけていた観点が持ち出されていることを確認しておく。すなわち，訪問販売や電話勧誘では不意打ちによって契約締結の意思決定が実質的には十分ではないまま，契約締結をしてしまう状況が典型的に存在するため，クーリング・オフが必要とされた。そこでは，情報の非対称のみならず，一定状況下での消費者の情動が利用され，その状況でなければ契約締結時に最低限行われるはずの役務・商品の評価や契約締結自体の判断が行われずに契約締結に至るという問題が存在し，クーリング・オフ制度導入の正当化の一

---

(22)　通商産業省産業政策局消費経済課編『平成12年版　訪問販売等に関する法律の解説』（通商産業省消費経済課，2000年）336頁。

(23)　クーリング・オフの検討については，「特集　消費者撤回権をめぐる法と政策」現代消費者法16号（2012年）4頁以下に掲載の諸論文とそこに引用の文献を参照。

貫性を保持しようとする説明が行われているといえよう。

　もっとも，穏当な訪問販売等の場合にも，冷静な消費者にも，クーリング・オフ権が与えられる制度設計からすると，個々の取引に還元できない一定状況下における消費者層の保護が行われていることになる[24]。

　イ）中途解約権　　所轄行政庁解説における趣旨説明は，「特定継続的役務提供契約においては，①契約期間が一定程度長期にわたるため，役務受領者の側に事情変更が生じ，引き続き役務の提供を受けることが困難となる状況が発生した場合，②取引の対象である役務提供の内容を客観的に確定することが難しいこと，提供される役務の効果や目的の実現が不確実であること等から，役務受領者が期待した役務提供又は効果等が得られず，以後の役務提供を望まない場合等について，役務受領者が契約の解除を希望しても，事業者がこれに応じない等のトラブルが多発している。そこで，このようなトラブルを解決するため，中途解約制度を設けるとともに，中途解約に伴い事業者が請求し得る金額の上限を規定するものである」というものである[25]。

　所管行政庁の説明において，民法原理との関係が明確に示されているわけではない。しかし，民法研究者である中田によって通産省による規制の正当化の説明とも整合する理論的処方箋「不確実性の均衡」が提言されていたことを指摘できる。もっとも，中田は，特商法の具体的規律について，厳格な定義に基づく指定役務というピンポイントが一貫した理論や政策によって決定されるのではなく，所轄行政庁の権限に影響されないのかという懸念や消費者契約法では強行法としての中途解除権を一般的に付与できないとすると，ピンポイントが許されるのはなぜかといった疑問を提起し，①情報の非対称性，②克服されにくさ，③質の第三者評価の難しさのため，取引単位を小さくする必要がある取引というくくりで，規制対象を画していくことができるのではないかと論じている[26]。

　特商法では中途解約権および違約金の上限規制額が強行法的に一律に与えられている点において，やはり個々の取引の個別消費者の保護というよりは，継続的役務提供契約を締結した消費者層に私法的な正当化の観点からみれば過少

---

(24)　松岡久和「消費者撤回権と民法法理」現代消費者法 16 号 56 頁以下，拙稿「クーリング・オフの要件・効果と正当化根拠」専法（2000 年）25 頁以下。

(25)　通商産業省産業政策局消費経済課編・前掲注(22)346 頁。

(26)　中田・前掲注(16)中田③。

［消費者法研究 第5号(2018. 9)］

過剰を伴う包括的一律的な保護を与えていると評価することができるのではないか。

2 2003(平成15)年の政令改正による指定役務の拡大[27]

特定継続的役務提供規制は，2003年の政令改正によって，指定役務の範囲が拡大される。規制範囲の拡大の端緒となる問題状況の把握と経緯を，確認できた資料限りでではあるが，みていくことにしよう。

1でみたように，国会における特定継続的役務規制導入審議においてすでに，4業種に限らず，資格取得講座や結婚情報サービスの苦情相談の増加が指摘されていた。

2002(平成14)年10月に，国民生活センターは継続的役務について特別調査の結果を公刊した[28]。調査の理由は次のように述べられている。規制4業種の苦情・相談件数は，規制が施行された1999年10月以降，2000年までは大手エステ業者倒産によって増加をみせたが，その要因を除くと，減少傾向を示している。しかし，指定外の継続的役務について相談件数が増加し，中途解約・勧誘をめぐるトラブルが解決し難くなっていることから，とくにトラブルの多い業種について実態・問題点を調査したということである。

調査対象を絞るにあたり，まず，2000年と2001年度受付分で，安全性の問題を除外した販売方法・契約（解約）に係る相談が1,000件以上あって，上位のものであり，継続的役務の定義にほぼあてはまるものを対象としている。その結果は，上位から，資格講座（47,681）エステティック（26,563），語学教室（5,053），パソコン教室（4,933），家庭教師（4,231），ビジネス教室（3,970），結婚相手紹介サービス（2,968），学習塾（1,878），スポーツ教室（1,696），育毛サービス（1,422），精神修養講座（1,193），デザイン教室（1,040）となったが，資格講座，ビジネス教室，精神修養講座，デザイン教室は，電話勧誘販売・訪問販売が多く，指定役務として一定の適正化が図られ，かつ不適切な勧誘による二次被害が多いという理由で除外された結果，「パソコン教室」（市場

---

(27) 前年の2002(平成14)年の特商法改正による電子メール商業広告に対し迷惑メール規制（当初は，オプトアウト規制）が導入され，広告規制のある特定継続的役務の関連規定も改正されている。

(28) 国民生活センター『特定継続的役務 —— 適用外役務トラブルについて —— 調査報告書』(2002年10月)。

148

規模統計なし），「結婚相手紹介サービス」（市場規模 195 億円），「スポーツ教室」
（3000 億円），「育毛サービス」（1400 億円）が調査対象として設定される。相談
件数の推移，金額，契約の属性，代金支払方法，販売方法などの調査結果と相
談事例が紹介され，①中途解約に応じない，違約金が高額といったトラブル，
②店舗取引における勧誘態様の問題，③関連商品の解約が認められないといっ
た問題点があるとして，「パソコン教室」，「結婚相手紹介サービス」，「スポー
ツ教室」，「育毛サービス」の 4 業種の追加指定することが要望されている。

追加指定に関する経済産業省経済産業省消費経済審議会などにおける実質審
議に関する資料を確認することはできなかった。政令の改正が 2003 年 7 月 15
日に閣議決定され，2004 年 1 月 1 日から，「パソコン教室」と「結婚相手紹介
サービス」が規制対象に追加されている。

3　規制の導入結果にかかわる議論・資料

苦情・相談の増加という問題状況を端緒に，その解決策として，1999 年に
特定継続的役務提供として指定 4 業種に規制が導入され，2003 年に 6 業種に
拡大されたわけであるが，ここで，規制の結果にかかわる議論・資料を確認し
ておこう。

2 でみたように，2002 年当時，規制 4 業種の苦情・相談は減少傾向にある
と特別調査に示されているが，たとえば，エステティックサロンの認証制度の
検討が行われた際，エステに関する苦情相談は年間 1 万件以上の高止まりにあ
り（1999 年以降 2004 年まで），契約・解約に関する苦情が全体の 5 割強を占め
ているとされていた[29]。苦情相談の内容が導入された法制度を利用すれば解
決可能な問題なのか，それとも，導入された法制度では解決困難な問題に対す
るものかは不明であるが，具体的問題事例としては，特商法規制において関連
商品もクーリング・オフや中途解除の対象となるところ，関連商品ではなく推
奨品として販売が行われトラブルが多発したことがよく知られている[30]。

また，2004 年 1 月 1 日から，特定継続的役務提供の規制が及ぶこととなっ
た結婚紹介サービスについては，国民生活センターが，1 年も経過しない

---

(29)　エステティック産業の認証に関する研究会「エステティック産業に関するエステ
　　ティック認証ガイドライン」（平成 18 年 7 月）。
(30)　「エステティックサービスにおける『中途解約商法』の罠」国民生活 2004 年 12 月
　　号 52 頁参照。

［消費者法研究 第5号（2018.9）］

2004年12月3日には，「増加する『結婚相手紹介サービスのトラブル』——中途解約ができるようになっても解約料には不満」という資料を公表している。それによると，規制後も相談は減少せず，解約料の計算方法や高額な成婚料，その説明不足をめぐりトラブルが増加しているということであった。さらに2010年の国民生活センターの発表によれば，結婚紹介サービスではトラブルが減少せず，再び増加傾向を示しており，説明不足，広告とのギャップ，提供済サービスの捉え方・違約金計算方法，成婚料に関する相談が多い状況にあるということであった[31]。この苦情は，法的規制が功を奏さなかったというのではなく，法的規制を具体的に行わなかった部分において，法的帰結の不明確さの故に苦情・相談を発生させたものと評価できる。

4　2004（平成16）年改正による民事ルールの拡大

（1）　2004年改正

2004年改正は，販売目的を隠匿した勧誘等に対する規制強化，不実告知等に対する規制強化，クーリング・オフ妨害への対応，連鎖販売取引への中途解除権導入などを内容とする。改正の背景として，高齢者・若年層の苦情相談の増加，販売目的秘匿型勧誘や個人ビジネス勧誘において虚偽説明等に関する苦情・相談が増加，悪質な事業者によるクーリング・オフ妨害の多発などがある。専門的な検討は，産業構造審議会消費経済部会に設置された特定商取引小委員会および割賦販売分科会に設置された割賦取引小委員会が行い，その報告書が取りまとめられ，2004年2月に消費経済部会・割賦販売分科会で了承された。この報告書を入手することができなかったが，措置すべき事項の中に，悪質な訪問販売等に対する規制強化及び民事ルールの整備が掲げられ，クーリング・オフ妨害への対応規定や誤認意思表示取消権などの導入等は，特定継続的役務の規制にも及ぶことになった。

（2）　民事ルール拡大に関する議論

結果として，特定継続的役務規制としての民事ルールも拡大することになる2004年改正において，規制の目的・手段に関しどのような議論が行われたの

---

(31)　国民生活センター「結婚相手紹介サービスのトラブル増加——法規制後も目だつ，高額な解約料や説明不足によるトラブル」（2010年11月11日），鹿野菜穂子「結婚相手紹介サービスをめぐる法的問題」月刊国民生活2009年10月号13頁もこの問題状況について検討するものである。

か。専門的検討を行う小委員会の議事録は入手確認できなかったものの，民事ルールにかかわる国会審議のうち，規制目的や消費契約法との関係などにかかわる発言・説明を簡潔に確認しておこう。

2004年4月9日の衆議院経済産業委員会において，特商法関連の相談苦情が増加の一途を辿っていることから，後追い規制ではなく抜本的改革の必要性や未然防止の重要性に関し質問があったところ（梶原委員），政府側は，特商法はトラブルの非常に発生しやすい行為類型を対象に，不公正な勧誘行為によるトラブルを防止し，取引の公正を確保することを法益としている。今回の改正は，高齢者が若者をねらった点検商法やマルチ商法の増大に対し，行政規制の強化と民事ルールの整備を行い，事業者の悪質行為を抑止する効果を狙ったものと説明される。民事ルールの充実は救済の容易化という側面とともに，悪質なビジネスが成り立たないようにする効果があるという説明が行われている（青木政府参考人）。被害を減らすことができるのかといった質問に対し（菊田委員），包括的かつ実効性のある規制を行おうとすると通常の事業活動にまで過度負担や弊害を生ずるおそれがあるが，広く浅くにすると悪質事業者への実効性ある規制とならない。今回は，民事ルールの充実によって，被害救済が容易になり，また悪質商法がビジネスとして成り立たないようにするため大きな効果があると答弁されている（坂本副大臣）。同年4月14日の同委員会においても同様に，規制の実効性・末端販売員にまで規制の効果が行き渡るのかといった質問に対し（樽井委員），民事ルールの充実も大きな柱であって，販売員が知っていようが知っていまいが，虚偽の説明があって誤認があれば取消しされ，救済はもちろん，悪質商法がビジネスとして成立しなくなると説明されている（青木政府参考人）。

政府側の説明から，民事ルールの強化が悪質行為抑止の手段として重視されていること，複合規制である特商法による規制は広範囲にわたると事業活動への影響が懸念されるが，逆に，悪質商法を実効的に規制するには強い規制が必要というスタンスが伺われる。2004年改正が前提とした問題状況は，訪問販売・連鎖販売取引が中心であるものの，特商法5類型すべての不実告知等取消権という民事ルールの強化が行われた。訪問販売などと同様に，特定継続的役務についても，次のような所管行政庁の趣旨説明が行われている。「法44条で，事業者の不当な勧誘を抑止するために，不実告知及び事実不告知について罰則をもって禁止しているが，これらの禁止行為が行われたこと自体は，民事上の

［消費者法研究　第 5 号（2018. 9）］

契約の効力には直ちに影響を与えないものと解されている。事業者の行為が民法の詐欺や消費者契約法の不実告知等に該当すれば消費者は当該契約を取消しうることになるが，それらでは取り消すことのできない場合も多く，トラブルに遭遇した個々の消費者の救済は難しい状況にあった。そこで，平成 16 年改正において，事業者が不実告知や事実不告知といった特定商取引法上の禁止行為を行った結果として消費者が誤認をし，そのため，契約の申込みあるいはその承諾の意思表示をしたときは，民法や消費者契約法では取り消せない場合であっても当該意思表示を取り消せるものとして，被害を受けた消費者の救済を図ることとした(32)。」

　消費者契約法によって不実告知を理由に取消しできる範囲については，重要事項の解釈をめぐり争いがあり，また不利益事実不告知取消の要件は厳格であるという状況で，消費者契約法の改正自体は容易ではなかったところ，特商法においては，訪問販売や連鎖販売取引における虚偽説明による現実の苦情相談の増加を根拠に，そして消費者の救済とともに虚偽説明等を行う事業者の排除をコンセプトに，消費者契約法よりも明確に取消しできる範囲を拡大した取消権の導入が実現したことになる。特商法による不実告知等取消権の導入については，自己決定支援に関する規定として本来消費者契約法や民法で行うことが可能な手当を先取りしたという理解と禁止行為との結びつきがあるからこそ正当化される規制であって，また禁止行為と結びつけるなら意思表示の瑕疵理論から切り離して消費者の誤認要件を不要とするような改正も考えられるという理解とがあり得る(33)。

5　最判 2007（平成 19）・4・4 民集 61 巻 3 号 967 頁（NOVA 事件）：特商法の民事ルールの解釈

（1）　問 題 状 況

　中途解除に係る民事ルールについては，エステティックサービスや結婚紹介サービスなどにおいても，提供済役務の捉え方・計算方法についてトラブルが生じていたが，数量割引が行われた場合について，特商法 49 条 2 項の解釈に関し，以下のような事案が最高裁まで争われることとなった。

――――――――――――――

(32)　経済産業省商務情報政策局『平成 16 年版　特定商取引に関する法律の解説』（平成 16 年，財団法人経済産業調査会）255 頁。

(33)　拙稿「消費者取消権」法時 83 巻 8 号（2011 年）20 頁以下。

（2） 事案の概要

外国語会話教室 Y の受講者である X が，受講契約解除に伴い予め支払った受講料の清算を Y に求めた事件である。その約定では，受講料は，登録ポイント数に応じて定められる各ポイント単価に登録ポイント数を乗じて計算され，受講開始後解除の場合の清算は，清算規定によることとなっていた。Y の清算規定よれば，Y は，受領した受講料総額から，使用済ポイントの対価額，中途登録解除手数料等を控除した残金を返還することとなっており，その際，「使用済ポイント対価額は，使用したポイント数に，本件料金規定に定める各登録ポイント数のうち使用したポイント数以下でそれに最も近い登録ポイント数のポイント単価を乗じた額とその消費税相当額を合算した額とする。ただし，その額が，使用したポイント数を超えそれに最も近い登録ポイント数の受講料の額を超える場合には，その受講料の額とする。」と定められていた。なお，中途登録解除手数料は，特商法 49 条 2 項 1 号の通常生ずる損害の額として政令で定める額に則り，残額の 2 割または 5 万円のいずれか低い方とされていた。X は，本件清算規定は特商法 49 条 2 項 1 号に違反し無効であり，使用済ポイントの対価額は契約時単価に使用済ポイント数を乗じて算定すべきと主張した。これに対し，Y は，本件清算規定による清算を主張したというものであった。第 1 審は X の請求を全額認容した。原審は，原則として契約時単価によって提供済役務対価相当額を算定すべきであり，合理的な理由なしに契約時と異なる単価を用いることは法 49 条 2 項の趣旨に反し許されず，清算規定を無効であるとして，Y の控訴を棄却した。

（3） 判　　旨

上告棄却。

「法 49 条 1 項は，特定継続的役務提供契約が締結された場合，役務受領者は，同項所定の期間を経過した後においては，将来に向かって当該契約の解除をすることができる旨を定め，同条 2 項 1 号は，特定継続的役務提供契約が役務の提供開始後に解除されたときは，役務提供事業者は，役務受領者に対し，損害賠償額の予定又は違約金の定めがあるときにおいても，提供済役務対価相当額と解除によって通常生ずる損害の額として政令で定める額（外国語会話教室に係る特定継続的役務の場合，5 万円又は解除された契約に係る役務の対価の総額から提供済役務対価相当額を控除した額の 100 分の 20 に相当する額のいずれか低い額）を合算した額にこれに対する法定利率による遅延損害金の額を加算した金

［消費者法研究 第5号（2018. 9）］

額（以下，この金額を「法定限度額」という。）を超える額の金銭の支払を請求することができない旨を定めている。上記各規定の趣旨は，特定継続的役務提供契約は，契約期間が長期にわたることが少なくない上，契約に基づいて提供される役務の内容が客観的明確性を有するものではなく，役務の受領による効果も確実とはいえないことなどにかんがみ，役務受領者が不測の不利益を被ることがないように，役務受領者は，自由に契約を将来に向かって解除することができることとし，この自由な解除権の行使を保障するために，契約が解除された場合，役務提供事業者は役務受領者に対して法定限度額しか請求できないことにしたものと解される。」

「本件料金規定においては，登録ポイント数に応じて，一つのポイント単価が定められており，受講者が提供を受ける各個別役務の対価額は，その受講者が契約締結の際に登録した登録ポイント数に応じたポイント単価，すなわち，契約時単価をもって一律に定められている。本件契約においても，受講料は，本件料金規定に従い，契約時単価は一律に1200円と定められており，被上告人が各ポイントを使用することにより提供を受ける各個別役務について，異なった対価額が定められているわけではない。そうすると，本件使用済ポイントの対価額も，契約時単価によって算定されると解するのが自然というべきである。」

……「本件清算規定に従って算定される使用済ポイントの対価額は，契約時単価によって算定される使用済ポイントの対価額よりも常に高額となる。本件料金規定は，契約締結時において，将来提供される各役務について一律の対価額を定めているのであるから，それとは別に，解除があった場合にのみ適用される高額の対価額を定める本件清算規定は，実質的には，損害賠償額の予定又は違約金の定めとして機能するもので，上記各規定の趣旨に反して受講者による自由な解除権の行使を制約するものといわざるを得ない。」

「そうすると，本件清算規定は，役務提供事業者が役務受領者に対して法49条2項1号に定める法定限度額を超える額の金銭の支払を求めるものとして無効というべきであり，本件解除の際の提供済役務対価相当額は，契約時単価によって算定された本件使用済ポイントの対価額と認めるのが相当である。」

（4） 判決への評価と判決の影響

本判決に対する法学者による評価はすでに整理されている通り[34]，判決の射程が特商法事案もしくは同種役務に限られ，最高裁の意図は数量割引制度一

般の否定ではないという理解は一致している。しかし，最高裁の判断や理由づけを支持できるかについて評価は分かれている。違約金条項と提供済対価計算条項への規制は機能的に交錯することから，下級審が法49条2項1号全体に違反しないかを問題としてきたことに理解を示し，最高裁の判断を法49条2項1号の規定の趣旨を踏まえるものとして解釈論として支持できるという山本豊[35]などの見解と，下級審判決に対して対価計算方法の合意無効の問題であるので暴利行為の観点から民法90条のもとで検討すべきことを述べていた潮見佳男の見解[36]や最高裁の理由づけは脱法的清算規定のみを規制するものとなっていないことなどを問題視する鎌田薫[37]などの見解があった。さらに，大澤彩は，違約金・損害賠償額の予定条項の効力を判断するにあたり，契約締結過程を考慮に入れる必要性，特約の仕組みを消費者が理解していなかったという契約締結環境の再検討が必要ではないかという指摘をしている[38]。

　この事件は経済学の観点からも注目され，柳川隆は，価格差別によって経済厚生を高めることができ，NOVAの清算規定が消費者にとって不利益な悪質のものといえず，解約時清算方法について受講者に認識がなかったならば，契約時単価での清算も合理的であるが，情報不十分さは最高裁判決では考慮されていないことが問題とされている[39]。また，森田果は，NOVAの実態から問題は，説明義務違反や適合性原則違反という点にあり，特商法違反という判断は訴訟コストを低減させるとしても，当事者の行動をゆがめて消費者の利益を害する社会的コストのほうが大きいのではないかという分析を示している[40]。

　この判決によって帰結された社会状況については，判決から現在までの消費者行動に関する調査を踏まえた実証が必要であるものの，筆者の確認できる範

---

(34)　石田剛「判批」消費者法判例百選［別冊ジュリ200号］（2010年）126頁。

(35)　山本豊「最三判平成19・4・3と消費者団体訴権のことなど」NBL858号（2007年）21頁。

(36)　潮見佳男「特定継続的役務提供契約の中途解約と提供ずみ役務の対価確定法理」ジュリ1302号（2005年）88頁。

(37)　鎌田薫「提供済役務対価相当額の算定と損害賠償額の予定」NBL858号（2007年）12頁。

(38)　大澤彩「違約金・損害賠償額の予定条項の規制法理（一）」法学志林106巻4号（2009年）61頁以下。

(39)　柳川隆「市場化社会を支える法律家の役割——経済学の視点から」神戸法学雑誌56巻1号（2006年）119頁。

(40)　森田果・前掲注（2）263頁以下。

［消費者法研究 第 5 号(2018. 9)］

囲では，最高裁判決以降も，数量（期間）割引は行われており，また，意図的に大量（長期）購入をして中途解除するという消費者行動も確認できないように思われる。その原因は，山本豊がすでに示唆していたように，特商法の違約金上限規制のあり方と最高裁自体射程を特商法の解釈に限定する説示をしていた点にあると考える。すなわち，特商法の違約金の上限は，行政庁解説によれば，その額までとれるという趣旨ではないと説明されてはいるが，現実に，事業者は上限まで徴収する中途解除時の契約条件を用意しており，この不当性を争うことは容易ではない。比較的高額な違約金の負担は，多数・長期間契約して中途解除した場合に割引清算が行われないというメリットを上回ることが多く，消費者は数量割引制度の濫用という行動に走ることはないと考えられる。また，最高裁の判断は明確に特商法 49 条の解釈論として展開されているので，その他の数量割引制度に影響することもなかったと考えられる[41]。

NOVA 事件という一事例だけから業法中の民事ルールの解釈論に顕著な特徴があるか否かを語ることは難しいが，指摘できることとしては，業法中の民事ルールは，そもそも解釈の余地が狭いルールが多いということ，また，裁判で争われる場合でも，条文ごとに明確に趣旨目的が設定され，裁判官はまずは狭い適用範囲を念頭に置く立法趣旨に拘束され，類推適用や拡張解釈は回避される傾向にあるものと考えられる。立法趣旨の尊重は当事者を超えた利益・波及効果への配慮を排除するものではないが，何を悪しき帰結ととらえるのか，その帰結が予測できるのかが難しいことを，NOVA 事件は示しているように思われる。

6 2008(平成 20)年改正の審議過程

(1) 2008 年改正

2008 年改正は，訪問販売への過量販売解除権導入，指定商品・指定役務制廃止，再勧誘規制，電子メール広告規制の強化（迷惑メールオプトイン規制），消費者団体による差止請求の対象化がその内容である。したがって，特定継続的役務提供との関係では，民事ルールに変更はないものの，過量販売解除権導入の議論の出発点は，状況濫用論や適合性原則の議論を参考に開始されており，

---

(41) 消費者契約法 9 条 1 号では，特商法 49 条のような具体的上限金額を設定しているわけではなく，同種の継続的役務であるということから，ただちに同じ解決とはならないと考える。拙稿『中途解除と契約の内容規制』（有斐閣，2015 年）437 頁以下。

〈論 説〉 4 業法中の民事ルールの意義と消費者契約法・民法〔丸山絵美子〕

どのような議論を経て,「訪問販売」における「過量販売」の解除権に収斂したのかを,特商法における民事ルール形成の特徴を把握するためにも確認しておく。

（2） 特商法における民事ルールの形成に係る議論の特徴

悪質訪問販売による高額被害の増加を社会背景として特商法による規制を審議するため産構審消費経済部会の下に特定商取引小委員会が設置され,2007(平成19)年3月から2008(平成20)年2月まで13回の審議が行われた。そのとりまとめである「産業構造審議会消費経済部会特定商取引商委員会報告書」において訪問販売において通常必要とされる量を超える過量販売の取消という提案がされたため,この委員会における議論のされ方を確認することする。

第1回委員会において,指示対象行為として省令に規定されている判断力不足に乗じた勧誘や知識・経験・財産状況に照らして不適当な勧誘に結び付ける形での取消権が構想できないかが言及され（青山[理]委員,池本委員,山本委員），取消権に関し判断力不足に着目する方向性を支持する意見など（丸山委員）が述べられた。第2回委員会では,指示対象行為の禁止行為化とその違反への取消権付与が提案される（青山[理]委員）一方で,「禁止行為違反＝取消し」の発想は民事ルールの体系的思考から困難ではないか,暴利行為論の緩和・状況濫用論などを参考に要件を立てられないか,高齢者取消権とすると取引からの排除問題が生じないかとの意見も出される（丸山委員）。判断能力不足に乗じた契約は取り消しできるといった民事ルールは問題があるとしても,民法・消費者契約法それぞれのポジショニングでのルール形成があって,特商法ではある程度明確で,コマーシャルプレディクタビリティも担保できるルール形成ができるかがポイントとなる（山本委員），判断力不足なのか,他の要素のミックスなのか検討の余地があるとして,具体的列挙方式は実務的運用のしやすさがある（池本委員），といった意見が述べられた。第3回委員会では,民事ルールの展開に関し,特商法9条の2（不実告知取消等）は本来一般法マターであるが,非常に問題の多い領域において特商法で先行的な法整備がされる意義はあるという評価が述べられ（山本委員），ルール形成にあたり消費者契約法で本来対応できるルールを先取りという趣旨なのか自覚的に議論したほうがよいといった意見（丸山委員），あるいは民法・消費者契約法の規定と違って特商法では実効性のある規定を創意工夫してよい分野だと考えれば具体的要件をどんどん書き込むという工夫もあるといった意見（池本委員）もみら

157

れた。第9回委員会で，事務局より，不意打ち的勧誘を受け，状況濫用などが生じやすいという訪問販売の形態において通常は必要とされていないほどの財やサービスの取引がされていれば相当の注意払う義務違反があると推認でき，取消しできるといった考え方が提案される。この提案に関し，意思の抑圧や判断力不足などが要件となっていない以上，不相当な量を売ってはいけないという義務を課すものなのか，注意義務の内容はどのようなものなのかについて質問（丸山委員）があり，通常必要とされない量を売ったことで自由意思の抑圧や能力低下への付け込みがあったものとするといった説明がなされている。事務局としては，客観的な過量販売でいったんアウトにし，本人の状況に応じての適切な対応ならアウトにしないという構想であることが確認される（松本委員長）。今回の提案は数量基準のアプローチで何が許されるかがみえやすい基準であるとして賛成が示される（池本委員）。

『産業構造審議会消費経済部会特定商取引小委員会報告書（平成19年12月10日）』においては，「過量販売取消」に関する具体的措置の提案として，「（1）消費者は，訪問販売においては，『通常必要とされるもの』を超えることとなる商品や役務の契約を取り消すことができるとするべきである。（2）同時に，事業者が，消費者がその契約を本当に必要とする事情が存在しているかどうかについて，相当程度の注義務を果たしていたり，消費者の「弱者性」を利用していないのであれば，その場合には，消費者は取消しできないとされるべきである。（3）『通常必要とされるもの』の個々具体的な判断は，個々の事例，民事訴訟において明とされるべきものではあるが，過量販売に係る取消を巡る紛争の発生を予防するためにも，消費者団体，訪問販売業界，クレジット業界等が協力して，ガイドラインを作ることが適当である。」

このような議論の経過からみえることとしては，一方で，民法との接合や矛盾回避，私的自治を出発点として民事ルールを構想する意見があり，他方で，実効的具体的客観的ルール形成を重視する意見がある。事務局提案は，訪問販売の状況と結びつけることで前者に配慮しつつも，結果として形成された取消ルールの要件は，数量に関する適合性原則といえるものである。客観的数量に照らしての事業者の注意義務を問題とするのであれば，訪問販売に限定する必然性はなかったことになる。のちに，2017年の消費者契約法の改正において，状況濫用型の取消権が議論されるも，結果として，裁量性の高い要件は忌避され，客観性の高い過量販売取消権を消費者契約法に導入するという帰結となっ

ている。消費者契約法においては訪問販売か否かと問わず，多数回にわたる継続的役務も過量販売取消権の対象となる。業法における民事ルール形成が消費者契約法のルール形成に影響を与えている側面を指摘できると考える。

7　2016（平成28）年改正による指定役務の拡大

（1）　2016年改正

　2016年改正は，ここ10年，消費者苦情相談が年間約90万件という高水準で推移し，その全相談のうち，特商法関係の取引が全体の6割近くを占め，とくに認知症等高齢者については，特商法関連が7割以上で，かつ，訪問販売・電話加入販売の割合が高いという状況を背景に行われた。具体的内容は，アポイントメントセールスの誘引方法にSNS等を追加，特定権利制，金銭借入や貯金引出し等に関する禁止行為の導入，取消期間の伸長，ファクシミリ広告の規制，電話勧誘への過量販売規制導入，定期購入契約の表示義務追加，美容医療契約の特定継続的役務への追加である。そして法執行力の強化（処分後ただちに別法人を立ち上げるケースの増加に対し業務禁止命令の創設），罰則強化，公示送達による処分，指示に関する規定の整備，検査報告徴収の対象に密接関係者の追加，立入検査時の質問権導入といった改正が行われた。

（2）　美容医療の追加の端緒と経緯

　特定役務提供規制との関係では，この2016年特商法改正に伴う政令改正によって「美容医療」が特定継続的役務提供規制の対象に追加された。その経緯として，すでに平成26（2014）年8月『特商法関連被害の実態把握等に係る検討会報告書』において，美容医療に関する苦情相談件数の増加が指摘されていた。本格的な検討は，2015年の内閣府消費者委員会特定商取引専門調査会で行われ，その第3回会議において，美容医療について，契約内容や解約に関する相談が増加したなどの資料（契約解約相談件数：2011年1,166，2012年1,447，2013年1,743，2014年1,973。2013年度に寄せられた相談のうち，期間が判明している相談170件中，1か月超えの契約は158件。158件中解約相談が半数を占めるなど）に基づき，美容医療の追加が検討された。規制の目的と手段に関連する議論としては，役務の内容が同じであるのに契約相手が医療機関かエステティックサロンかで特商法の適用が異なることへの疑問が提起され，また問題のある広告の存在などが指摘された（河野委員）。指定の仕方に関し，実態から定義を考える（池本委員）。エステの解釈変更ではなく美容医療しっかり指定する

［消費者法研究 第5号(2018.9)］

(野坂委員) という方向性が示され，協会の組織率が50％程度であることと問題を起こす事業者への懸念が示されていた (野坂委員)。

中間整理と意見受付後，第13回会議において，規制対象の考え方を中心に議論が行われた。「美容の向上を主たる目的として行う医療行為」で，「対象となる役務を列挙方式」とし，「1か月・5万円超えのもの」という事務局提案が示された。参考人の意見聴取も行われ，たとえば，歯のホワイトニングは美容向上目的が多いが，歯科矯正は障害への医療行為でもあり，列挙の対象にならないのではという意見が述べられるなどした。委員からは，契約ごとに判断するのは混乱を招くので施術列挙方式の採用が合理的であるという意見 (池本委員)，即日のみの施術が対象とならないのは (特定継続的役務規制なので) 仕方がないが具体的列挙方式では対象外が生じることへの懸念 (鈴木委員) などが示され，専門家の意見を聞いて適用対象を検討すべきといった意見 (杤原委員) が示された。

最終的に，「人の皮膚を清潔にし若しくは美化し，体型を整え，体重を減じ，又は歯牙を漂白するための医学的処置，手術及びその他の治療を行うこと (美容を目的とするものであって，主務省令で定める方法によるものに限る)」(別表4の2) とされ，省令30条の4において，①脱毛 (光の照射又は針を通じて電気を流すことによる方法)，②にきび，しみ，そばかす，ほくろ，入れ墨その他の皮膚に付着しているものの除去又は皮膚の活性化 (光若しくは音波の照射，薬剤，医薬品若しくは医薬部外品の使用又は機器を用いた刺激による方法) ③皮膚のしわ又はたるみの症状の軽減 (薬剤等の使用又は糸の挿入による方法) ④脂肪の減少 (光若しくは音波の照射，薬剤等の使用又は機器を用いた刺激による方法) ⑤歯牙の漂白 (薬剤等の塗布による方法) が定められた。1か月超え5万円超えの契約について，規制が及ぶことになった。関連商品としては，健康食品，化粧品，マウスピース，医薬品，医薬部外品が挙げられ，中途解除時の違約金上限は，開始前が2万円，開始後が提供済役務の対価＋5万円または契約残額の20％である。

（3） 特商法の一般的な立法スタンスに関わる議論

2015年の内閣府消費者委員会特定商取引専門調査会においては，第1回目の開催時から，特商法の一般的な立法スタンスにかかわる事項が議論されていたことが注目される。一つ目は，PIO-NET その他の消費者の苦情相談や被害数被害額などのデータの内訳などに関し，その信頼性や立法根拠たり得るかが

〈論 説〉4 業法中の民事ルールの意義と消費者契約法・民法〔丸山絵美子〕

議論された（第 1 回議事録［阿部委員］からみられる指摘であり，その後も勧誘規制の回などで議論された。消費者委員会特定商取引法専門調査会『特定商取引法専門調査会報告書』（平成 27 年 12 月）［以下，『報告書』］15〜17 頁）。データ関連では，相談する消費者は全体の数％といわれることがあるが，そのようなデータの存在についても質問があった（第 1 回議事録・池本委員）[42]。二つ目は，これまでの規制の効果について検証する必要性が指摘された（第 1 回議事録［阿部委員］，『報告書』15 頁）。三つ目は，消費者契約法と特商法との関係である。同時並行的に改正が議論されていたこともあり，両法の関係を問う質問があった（第 1 回議事録［阿部委員］）。四つ目は，ルール形成の視点に関する意見である。一方で，悪質業者の排除には異論はないというスタンスが示されるのに対し，競争の質を高める，消費者・事業者双方にとって最終的に利益となるようなルール作りという視点の重要性が指摘されるなどした（第 1 回議事録・石戸谷委員長代理）

（4）　国　会　審　議

美容医療は政令改正事項であるが，上記特商法の一般的な立法スタンスに関連して交わされた国会審議における議論を確認しておく。2016（平成 28）年 4 月 27 日衆議院消費者問題に関する特別委員会において，専門調査会における PIO-NET 情報の信頼性をめぐる議論に関連しその存在意義・活用実績，立法事実たり得るのかに関し質問が出された（水戸委員）。政府側は，信頼性に足る情報であるということを基本的スタンスに，しかし，精査作業が十分かについては引き続き検討していくといった答弁がされている（井内政府参考人，川口政府参考人）。同年 5 月 18 日参議院地方・消費者問題に関する特別委員会においては，PIO-NET は立法根拠たり得ない，信頼性に欠けるといった議論が

---

(42)　2013 年に消費者庁が実施した「消費者意識基本調査」では，被害トラブルにあったという消費者相談窓口に相談がされるのは全体の 2.5％とされている。また，消費者被害に伴う経済損失額や消費者被害の数値指標の整備・精度の高い実用的指標の整備を目指し，消費者庁は 2013（平成 25）年 11 月から「消費者被害に関連する数値指標の整備に関する調査検討会」を設置し，消費者被害・トラブル額の推計値を算出している。その結果は，2014（平成 26）年 6 月公表の消費者白書に掲載されており，消費者被害・トラブル額は GDP の約 1.2％，家計支出の約 2.1％といった数値を出している。もっとも，資料とする PIO-NET 情報から得らえる金額は契約購入金額や既払支払額であり，被害金額とは異なるが，その数値で代替していることや，消費者意識調査のデータはサンプル数が少なく，推計に利用するには不十分といった判断がなされたことが注記されている。

［消費者法研究 第5号（2018. 9）］

事業者から展開され，結論として勧誘規制の強化が見送れたことを問題視する質問がなされた（吉田委員）。これに対し，PIO-NET 情報は相談者からの申出情報だが，専門性を有する相談員が事実を聴取，チェックしてシステム入力し，決済登録されている相応の信頼性を有するデータであるが，さらなる精度向上に努めると説明されている（河野太郎国務大臣）。

同年5月20日参議院地方・消費者問題に関する特別委員会においても，消費者行政をすすめるうえで，PIO-NET 情報という一番根幹にかかわる部分が否定されているような現状に対してどう考えているのかといった質問がされ（森本委員），十分に信頼性を有する情報であり，信頼性がないなどということはないという明確な政府意見が示されている（河野太郎国務大臣）。

特商法の改正は，PIO-NET 情報に依拠する消費者の苦情・相談の増加を主たる立法事実とすることが多い。ある取引について苦情相談が増加したという事実はこれまでも資料をもって示されてきたといえるが，規定の新設を要請する苦情相談内容なのか，それとも法執行の強化や法遵守徹底，解釈の明確化を要請する内容なのかといった何がもっとも適合的な解決策なのかを判断するにあたりより詳細なデータが存在する方が望ましいということであろう。しかし，データを蓄積・分類する現場への人的物的手当，専門家の助力が必要であることはいうまでもない。また，幾度となく指摘されてきたように，相談をしないが，商品やサービスに不満を抱き，あるいは被害にあったという認識を抱いている潜在的消費者層の存在をいかに説得的に取り上げることができるかも立法事実に関する課題であると思われる[43]。

Ⅲ　検　討

1　特定継続的役務提供規制にみる業法中の民事ルール展開の特徴
（1）　規制の導入・拡大の仕方

業法である特商法における規制導入や拡大を後押しするのは，消費者の苦情・相談の増加である。これは数的な多さも勿論であるが，高額性など被害の重大さも指摘される。特定継続的役務提供への規制導入に際しては，対象取引

---

(43)　2014(平成26)年には，消費者被害に関連する数値指標の整備に関する調査などが行われており，数値や推計の整備は今後進んでいくものと考えられる。

162

を行う業種の所管行政庁による委員会設置による調査検討のほか，長年にわた
る国民生活センターの調査や PIO NET 情報等の分析，日弁連の消費者問題対
策委員化の活動も問題状況の認識に大きな役割を果たした。指定役務が追加さ
れるときも，基本的には，PIO-NET 情報における消費者の苦情・相談件数の
増加が根拠とされている。規制の結果に関しては，新たな規制拡大時に，一定
の評価分析は行われている。しかし，特商法規制対象の取引について苦情相談
数が増加し，あるいは一定数が維持される原因が，規制の欠缺にあるのか，そ
れとも法執行・法遵守の不徹底や法内容の教示不足にあるのかは，筆者が探索
できた範囲の資料データ自体からはみえにくい状況となっていた。このような
状況は特定継続的役務提供以外の消費者問題にも当てはまるものと考えられる。
消費者問題の領域に応じて，苦情・相談，消費者行動のビックデータ，実験
データの収集・活用，立法後の評価のあり方などコストや現場への体制支援も
含め考えていく必要がある。

（2） 民事ルール形成の特徴

特商法における民事ルールの形成の仕方の特徴としては，研究者や実務家に
よる民法等の解釈論による解決提案が先行している中で，「実効性」のある解
決と「過剰規制の回避」が念頭に置かれる。ここでの「実効性」とは，事業者
に明確なルールが示されることで，事業者はルールを遵守しやすくなり，消費
者相談や話し合いによる解決が容易となり，悪質なケースでは所轄行政庁によ
る法執行により目的達成ができるということである。行政規制や罰則の対象と
もなるということから，最小限の範囲での規制が志向され，また，民事ルール
の導入にあたっては自主規制や行為規制では不十分である理由が説明されるこ
とになる。このようなコンセプトの下，継続的役務提供規制も，当初は4業種
についてのみを対象とし，役務の追加指定は，同種の問題を生じる継続的役務
の特徴を有するという理由だけでは難しく，苦情相談の増加があってはじめて
指定役務に追加されている。

特定継続的役務規制の目玉であった違約金上限規制を伴う強行規定としての
中途解除権は，その額の算定が明確となるよう一律の額や計算式が採用される。
この中途解約権と民法原理との関係については所管行政庁による明確な説明は
確認できないところであるが，情報の非対称性や役務の効果・目的実現の不確
実性からトラブルが生じていることを理由としており，中田裕康の提唱した
「不確実性の均衡論」と共通する発想が伺われ，民法原理との接合は一定の範

囲では意識されているのではないかと考える。もっとも，すでに指摘したとおり，一律的な強行法規化と上限額規制は，個々の取引の個別消費者の保護というよりは，特定継続的役務提供契約を締結した消費者層に過少過剰を伴う包括的一律的な保護を与えていると評価することができると考えた。そして，特商法の民事ルールは，裁判官による解釈の余地が狭い形で形成されることが多く，裁判官も立法趣旨に拘束され，類推や拡張解釈は控えられる傾向となるものと考えられる。

　このような特商法の民事ルールについて検討を要するのは，私法的な正当化の観点からは適用範囲が限定されていると評価し得る民事ルールの展開は「等しきものは等しく」という観点からすれば問題があるようにも思われ，また，民法の特別法ではあるものの，民法原理との接合が「間接的」となることを，いかに評価すべきかである。

　前者の問題を具体的に示すと，特定継続的役務提供の定義自体には該当しそうであるにもかかわらず，指定されていない役務として，従来から問題とされてきたものに，資格取得講座，自己啓発セミナー，育毛サービス，予備校生のみを対象とする学習塾のコースなどが挙げられる。これらは指定役務ではないので，特商法の行為規制も民事ルールも適用外となる。中途解除問題が発生した場合，解除権自体を排除するような条項は消費者契約法10条によって，また違約金規制が，消費者契約法9条1号による規制によることになる。割引清算をどちらで扱うかは学説上の立場は分かれ得る。大きな違いとなるのは，平均的な損害の具体的基準と立証問題であろう。また，事業者の不実告知や事実不告知に関しても，消費者契約法4条1項2項と比較すれば，特商法における要件のほうが緩和されている状況が維持されている。さらに，業法中の民事ルールが発展している領域とそれ以外の領域における不平等の存在である。特定継続的役務提供に該当しない役務であって，苦情相談が一定数あるものとして，たとえば，通信サービス契約などがあるが，同種の不確実性はないタイプの役務であり，問題の発生の仕方も異なるので，特定継続的役務として規制されることはない。しかし，①契約締結時の難解な取引条件への理解不足，②長期拘束による競争不全問題，③業者側の事情変更リスクの押し付け問題などがみられるところである。ある種の業種についてのみ業法中の民事ルールが発展し，業種によって法的規制にかなりの格差があることになる。

　このように狭い業種や取引範囲に限定された業法中の民事ルールの展開をど

のように説明し評価することができるのであろうか。業法中の民事ルールがなくとも，消費者契約法は適用されることを考えれば，この問題は，業法中の民事ルールと消費者契約法や民法との関係をいかに説明するのかという問題にかかわるように思われる。

以下，これらの点について，より一般的な検討を加えてみよう。

2　三層の民事ルールの関係性
（1）　森田修・山本豊の検討

森田修[44]は，限定的目的を掲げる個別政策民事立法と民法・民法学の間における抵触を取り上げ，政策的思考様式と法的思考様式との相克を検出し，その類型論を通じて民法の原理変容の新段階を浮き彫りにし，一つの民法という思想を維持できるのかを考えてみるという課題を設定し，検討を行っている。大村敦志の論文において，「自由・平等」が民法に体現されたものの考え方として取り上げられているのを参考に，意思自律原理が個別立法の前提とされているのか，否定されているのか，再建が志向されているのかに従って，民法典と個別立法の位置関係を考えるというアプローチをとる。クーリング・オフや抗弁の接続を自律否定類型に位置づけ，自律の個別的再建を目指すものとして当時審議中であった成年後見法や消費者契約法を位置づける。そのうえで，クーリング・オフや抗弁の接続については，裁判官の裁量の余地は乏しいことを指摘する。それに対し，立法に向けての審議中であった消費者契約法については，提案されていた情報提供義務や不当条項のグレーリストなどにおいて，未来志向的裁量性を裁判官に与え得るものと評価し，「支援された自律」という新しい法技術思想による古典的私法の変容において，法案検討中であった成年後見法や消費者契約法にみられた個別・未来志向的な裁判官の裁量性，すなわち個々の状況の継続とその集計によって具体的に出現する法律関係の形成という方向性に法システムの再帰性・自律性を高める処方箋を見出そうとする[45]。

また，山本豊[46]は，消費者契約私法は一般契約法と区別されるべき独自の価値を体現する私法なのか，その法典化のあり方はいかにあるべきかという問題を設定し，検討を行っている。個別的検討では，消費者契約法や特商法の不

---

(44)　森田・前掲注(6)。

実告知等取消し規定はそもそも民法への取込みを問題とできるものであり，不
当条項規制も不随条項性に着目したものと考えるならば，一般契約法に接合で
きるとする。特商法のクーリング・オフ，中途解除権，過量販売解除権につい
て，別の見方を留保しつつも，民法の解釈では賄えないものであり，独特の限
定がされることから，一般契約法に属するとは考えにくいとする。結論として，
消費者契約私法には，一般契約法と接合するものとしないものとがあり，消費
者契約私法の共通原理としては，消費者の私的自治（決定自由）を支援する法
と自身の不合理な決定から弱者たる消費者を保護する法の混在によって特徴づ
けられるのではないかとする。

　森田・山本ともに，業法中の民事ルールについては，意思自律や一般契約法
と接合できるものとできないものとが混在しているという結論となっている。
また，森田によれば，裁量性の高い自律再生型の民事ルールが，裁判官の未来
志向の判断の中で状況に応じて正義性や効率性などを実現できる手段であると
位置づけられているように思われる。ここで問題となるのは，意思自律や一般
契約法と接合できないとされた民事ルールは，各立法目的に資する手段として
投入されたということは当然であるとして，どういった価値に基づく民事ルー
ルと評価されるのか，また，消費者契約法は当時の法案を練る前段階における
議論とは異なり，業法中のルールを参考にしたものが消費者契約一般の民事
ルールとして昇華する形で形成され，あるいは，問題となる行為の具体的記述
を行うような要件設定が増えており，この現象をいかに評価するかである。

（2）　三層の民事ルールの関係性に関する一試論

　特定継続的役務提供規制において導入されたクーリング・オフ，中途解除権，
誤認取消権を手掛かりにすると，前二者は，①個別取引ではなく，取引全体と
の関係において，規制の導入を正当化できるものといえそうである。これに対

---

(45)　この方向性は，村上淳一による「支援された自律」の規範理念化に対する批判，す
　なわち法システムは，法規に依存せずに，利益考量を法的にコード化してその自己準
　拠性を崩壊から守る必要があり，法律学の任務は自己決定などの価値概念を用いて論
　理的体系を構築すること自体にあるわけではなく，価値概念を道具として使いながら，
　柔軟な法的決定を可能とするためできるだけ多くの選択肢を用意することではないか
　との指摘（「1997 年私法学会シンポジウム『転換期の民法学』コメント」私法 60 号
　［1998 年］51 頁以下）を説得的なものと評価したうえで，その処方箋を具体化するて
　がかりとして提示されている。
(46)　山本・前掲注(6)。

し，誤認取消権は，②少なくとも，個別消費者の誤認を問題とする要件の立て方などからも消費者契約法に取込み可能であり，また消費者契約法の立法時の議論からは意思表示の瑕疵による取消し規定の拡張として，誤認した個別消費者の保護を図っている。

しかしながら，①のルールも，民法原理と無関係に展開されるわけではないと考える。民法においては，個別の取引の状況に着目し，無効取消しの要件充足基準がかなり高めに設定されるものを，ある取引について，「規制の実効性」と「費用便益」を考慮して，客観的かつ定型的に判断できるような要件化を大胆に行い，かつ適用範囲の限定を行っているものと捉えられるのではなかろうか。たとえば，クーリング・オフに関していえば，個別に困惑・誤認状況が起きやすい（起きている）取引において，一方では消費者にとって非常に明確で使いやすく，他方で，事業者にとってもそのコストやその回避対策をあらかじめ計画しやすい要件効果を設計していると考えられる。中途解除権・違約金規制についても，不確実性の均衡論を考慮して民法90条や消費者契約法10条を用いる場合には，個別事情を相当に考慮する必要が生じるが，特定継続的役務提供については，強行規定としての中途解除権の付与と一律の違約金額の設定によって，消費者事業者双方に，損得計算を可能としている。業法中の民事ルールの①類型は，民法の解釈論や法理として展開される理論との関連性を意識しつつ，民法的観点からみれば，過剰過少規制を伴い，等しいものを等しく扱わない帰結ともなる大胆な定型化とリスク・ベースによる適用範囲の絞りこみを，規制の実効性確保とコスト回避の観点から行っている特徴を有するように思われる。したがって，苦情相談の増加や同種のトラブル傾向がみられたとしても，業界組織率や自主規制の実効性によっては，業法中の民事ルールという対応に進まないという判断がなされるのである。

現在の消費者契約法のルール形成の仕方の傾向は，少なくとも，裁判官に広い裁量を与えて将来志向的法規範形成を行う方向性にはない。業法のルールをベースにした要件の設定や，業法ルールが欠けているところでも，可能な限り，具体性客観性限定性を有する要件設定を追求する近時の立法傾向は，①への接近がみられることを指摘できる。個別消費者の誤認や困惑が要件とされ，過量販売取消権についても消費者契約法のそれは，消費者の認識・事業者の悪意を要件としている点において，なお個別性を維持してはいる。しかし，消費者の主観的態様がほぼ常に推定され，かつ具体的要件から適用事例の絞り込みが相

［消費者法研究　第 5 号（2018. 9）］

当に図られる方向性においては（恋人商法，契約前履行商法など），業法的行為
規制ルールへの接近は事実上進んでいるということになる（個別消費者の意思
決定の不全というよりも，事業者が一定の行為・販売方法を採用した場合に，当該
契約を無効とできるため，当該事業者の行為・販売方法に直面した消費者層全体を
個別消費者の主観的事情を問わず保護できることになる）。

　①のような民事ルールの展開を積極的に評価できるのか，それとも消極的に
評価すべきかは，次の価値基準論にかかわると考える。

3　消費者契約法私法の立法論および解釈論において考慮されるべき価値基準

　消費者契約私法も市場を前提とし，民法を一般法と位置づける以上は，出発
点は，自由と競争にあると考える。そのうえで，情報・交渉力格差のみならず，
自然人としての消費者の判断力の弱さ・認知行動の傾向，経済力の弱さ（消費
者の不合理性・脆弱性）にも着目する形で，事業者との格差是正のための強行
規定が導入されているものと考えらえる。

　ただし，規制の導入時には，実効性および取引費用増大への配慮を行う結果，
適用範囲を狭め，かつ客観的に判断できるような要件設定が行われる。この傾
向は業法中の民事ルールにみられたものだが，近年，消費者契約法もこれに接
近する傾向にあると評価した。

　まず，上述の格差に着目した消費者契約私法の展開は，市場に対する正義性
基準による介入のうち，適格付与市場による市場的決定の修正[47]を行うもの
として，積極的に評価することができると考える。市場に参加する当事者の能
力に格差があるところで，その格差を是正する措置を投入するものである。で
は，要件の具体化・客観化・適用範囲の絞り込みはなぜ行われるか。すべての
取引についてきめ細かい格差是正を行うことには，費用がかかりすぎる。そこ
で，問題の多い取引や被害が重大な取引類型に，そこをターゲットとする明確
な是正策を投入し，その他の取引については，個別のハードケースに民法が，
その中間に個別の消費者に着目する個別性を維持し消費者契約全般を射程とす
る本来構想されていた消費者契約法のルールが対応する構造となっていたので
はなかろうか。中間に位置付けられた消費者契約法は，実効性やコスト面での

（47）　平井・前掲注（5）135 頁以下参照。

168

問題を抱えることから，近年，業法への接近がみられるものと考える。

　したがって，消費者契約私法は，価値基準という点では，自由市場を前提に，主として正義性基準による介入を行うものであるが，費用便益（効率性基準）という帰結主義にも比較的強く配慮した制度構築が行われる傾向にあると整理できるのではなかろうか。このような消費者契約私法の展開の是非について判断を下すには，問題とすべき市場参加者の格差はどこまでか，消費者に自己決定させないルール（パターナリズム）の許容性についてどう考えるかについて，行動科学などの知見を踏まえた検討が必要であろうし，逆に，実効性確保・コスト回避・過剰規制回避を理由に行われている適用範囲の制限や要件立てが必要なものとして成功しているのか（その切り分けが合理的なのか。費用・便益として何が実際に秤にかけられているのか）も検討が必要と考える。これらについて検討を進めることが今後の課題である[48]。

---

(48) アメリカのみならず。ヨーロッパ全体においても，政策決定・立法・事後評価にあたり，行動科学の知見の活用が促進されている。たとえば，Behavioural Insights Applied to Policy European Report 2016; Ed. Alberto Alemanno and Anne-Lise Sibony, Nudge and the Law A European Perspective, 2017 参照。
※本稿は，JSPS 科研費（課題番号：25380102）の助成を受けた研究成果の一部である。

研究ノート

多様化する決済手段の概要と課題

―― 近年の取引被害（主にインターネット取引）への対応という観点からの考察

山 田 茂 樹

1　概　　況

2　典型的な取引トラブル類型と検討ポイント

3　個別クレジット（個人事業者案件）

4　前払い式支払い手段（悪質加盟店型）

5　送金代行型（海外サクラサイト）

6　アプリマーケット事業者介在型

7　プラットフォーム事業者が決済代行業を兼ねる類型

8　プリカ詐欺類型

9　ま と め

1　概　　況

（1）決済に関する近年の法改正

ア　資金決済法の改正　平成 29 年 4 月 1 日施行

（情報通信技術の進展等の環境変化に対応するための銀行法等の一部を改正する法律）[1]

● 前払式支払手段発行者の苦情処理措置義務の法定（法 21 条の 2），仮想通貨交換業に係る制度整備（法 63 条の 2 以下等）[2] ―― 登録制，利用者に対する情報提供，分別管理等 ――

---

(1)　銀行法については，FinTech を推進するため平成 28 年改正により，①金融グループにおける経営管理の充実，②共通・重複業務の集約，③IT の進展に伴う技術革新への対応が図れた。なお，同法は引き続き平成 29 年改正も行われた（平成 30 年 6 月 1 日施行）。同改正は①電子決済等代行業者（フィンテック企業）につき登録制を導入すること，②金融機関に対しオープン API（接続方式の解放）の体制整備に努めること等を内容とする。

(2)　仮想通貨については，七サミット等におけるマネロン対策に関する国際的な要請も踏まえたものであり，併せて犯収法の改正によって，仮想通貨交換業者は同法の特定事業者とされ（法 2 条 31 号），アカウント開設時における本人確認等が義務付けられた。

[消費者法研究　第 5 号（2018 年 9 月）]

［消費者法研究 第5号(2018. 9)］

イ 割賦販売法の改正（平成28年改正） —— 平成30年6月1日施行
● カードセキュリティ対策（法35条の16等），オフアス取引における加盟店契約会社（アクワイアラ）・実質的な承認権限を有するPSPを対象とする登録制（法35条の17の2），加盟店調査措置義務（法35条の17の8，規則133条の5, 133条の6等），包括信用購入あっせん業者の苦情処理義務（法30条の5の2，規則60条等）

【書式例】改正割販法後のイシュア（包括信用購入あっせん業者）宛通知書

通知の趣旨

1 混乱を避けるため，今後，依頼者への連絡や取立行為は中止願います。
2 通知の理由のとおりであるから，割賦販売法第30条の4に基づき，上記「カード取引」係る支払いを拒絶します。
3 通知の理由のとおりであるから，貴社におかれましては，上記「カード取引」記載の取引につき，以下の対応をお取りいただきますようお願いいたします。

記

（1）アクワイアラ等に対する本件事案に関する苦情につき直接の通知（伝達）（割賦販売法30条の5の2・割賦販売施行規則60条2号・包括信用購入あっせんに係る自主規制規則第60条）
（2）国際ブランドルールに基づく，①アクワイアラに対する伝票請求（Retrieval Request），②チャージバック，③リファンドの促し等返金処理に資する行為。
（3）上記（1）を受けたアクワイアラから，同人が行った調査に関する情報の提供を受けた場合（割賦販売施行規則133条の9第5号）は，その内容を当職宛に開示。

通知の理由

（省略）

（2）多様化する決済手段

ア 複数の決済手段の組み合わせによるサービスの普及
● 例えば，①クレジットカード決済によるチャージを可能とするプリペイドカード（オートチャージ機能にすれば実質的にはポストペイ型ともいえる），②スマホにつき，AppstoreやGoogleplayなどのアプリマーケットプレイス事業者を介して，複数の決済手段により別の決済手段を取得する（例：アプリマーケットプレイスを通じてクレジットカード，キャリア決済などで，資金決済法の「前払式支払手段」に当たるゲームアプリのゲーム内通貨を購入）など，以下のように複数の決済手段・決済事業者が一体となって一つのサービスが提供される例が多くみられる。

172

〈研究ノート〉多様化する決済手段の概要と課題〔山田茂樹〕

【参考1】 1枚のカードに複数の支払方法を設定

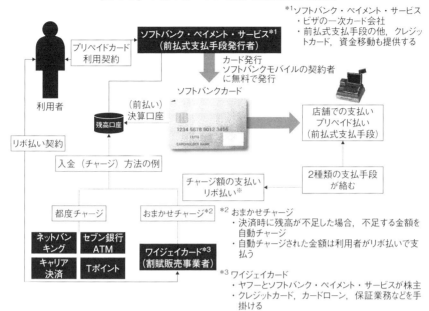

（出典）山本正行「決済サービスの概要 Part Ⅲ〈補足編〉」

【参考2】 送金・決済手段として利用

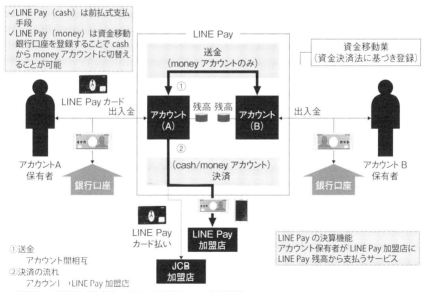

① 送金
　アカウント間相互
② 決済の流れ
　アカウント→LINE Pay 加盟店

（出典）山本正行「決済サービスの概要 Part Ⅱ〈応用編〉」

［消費者法研究 第5号 (2018. 9)］

イ　現行法と多様な決済手段との乖離？

●　上記アのように，法律の枠組みを横断する決済の仕組みが存在するのに対し，現行法は，このような決済に対応しているものとは言い難い。

　　→　別添図表。

（3）問 題 点

ア　不正利用の場合のリスク増大・責任の所在

●　このようなサービスは多大な利便性を有する一方，不正利用をされた際のリスクが大きくなる危険性を孕んでいるといえる。また，当事者・契約が複数になるため，責任の所在が不明確である場合もありうる。

【参考判決】　サーバ型電子マネー＋ポストペイチャージ機能の不正利用

　　⇒　責任はスマホ通信事業者？　クレジット事業者？　電子マネー提供事業者？

■東京高判平成29年1月18日（判例時報2356号121頁）

要旨
「プリペイド型電子マネーを登録したスマートフォンを紛失した場合，携帯電話の電話回線の停止を届け出るだけではなく，当該電子マネーの提供事業者にも届け出なければ第三者による不正使用を防止することができないことを認識していない登録会員がいると想定される以上，その旨を十分に周知しなかった当該事業者には，周知義務に違反した不法行為責任がある」

電子マネー提供事業者の注意義務	考慮要素
登録携帯電話の紛失等が生じた場合に，本件サービスの不正利用を防止するため，登録会員がとるべき措置について適切に約款等で規定し，これを周知する注意義務	①　既存の機能（登録携帯電話の画面ロック機能等）による安全性の確保に全く問題がないとまではいえず，登録携帯電話の紛失等に伴い第三者が本件サービスを不正に利用するおそれが皆無とはいえないことは十分に想定し得ること ②　本件サービスは登録携帯電話について携帯電話事業者との通信サービス契約を停止又は解除しても利用することができないことはないことを，発行者は認識していたと認められること ③　携帯電話は，携帯電話事業者が提供する通信サービスを利用することを前提に，新たな機能の追加，データの更新等が可能となるとの認識が一般的であるといえるのであり，本件サービスにおけるチャージについても，同様の認識が一般的であると推認されるのであるから，登録会員の中に，登録携帯電話の紛失等が生じて

| | も，上記通信サービスの利用を停止すれば，少なくとも新たにチャージがされることはないと考える者が現れ得ることは，特に想定として困難であるとはいえないこと。 |
| | ④　本件サービスの技術的専門性 |

イ　詐欺の手段として悪用される

● 　インターネット取引被害における詐取（例：サクラサイトにおいて相手方との個人情報の交換に必要であるとして高額のポイント料を購入させる）の手口たる支払手段として，従来から見られた①　クレジットカード決済（オフアス・PSP 介在型），②加盟店契約に基づく電子マネー（プリカ）決済に加え，

　⇒　「プリカ詐欺」[3]や「コンビニ収納代行の悪用」[4]，決済についてのみフリマアプリの決済手段を利用するケース[5]，仮想通貨決済用口座を悪用するケースなどがみられる。

● 　国家公安員会「犯罪収益移転危険度調査書」（平成 29 年 11 月）[6]では，以下のとおり分類されている。

類型	決済手段
危険性の認められる主な商品・サービス	預金取扱金融機関が取り扱う商品・サービス
	資金移動業者が取り扱う資金移動サービス
	仮想通貨交換業者が取り扱う仮想通貨
	クレジットカード事業者が取り扱うクレジットカード
引き続き利用実態等を注視すべき新たな技術を活用した商品・サービス	電子マネー

（3）　国民生活センター「プリペイドカードの購入を指示する詐欺業者にご注意！！──「購入したカードに記載された番号を教えて」は危ない！」（平成 27 年 3 月 26 日）http://www.kokusen.go.jp/pdf/n-20150326_2.pdf
（4）　国民生活センター「速報！コンビニ払いを指示する架空請求にご注意！　──詐欺業者から支払番号を伝えられていませんか？」（平成 28 年 7 月 7 日）http://www.kokusen.go.jp/pdf/n-20160707_1.pdf
（5）　国民生活センター「相談急増！フリマサービスでのトラブルにご注意──個人同士の取引であることを十分理解しましょう」（平成 30 年 2 月 22 日）http://www.kokusen.go.jp/pdf/n-20180222_1.pdf
（6）　https://www.npa.go.jp/sosikihanzai/jafic/nenzihokoku/risk/risk291130.pdf

［消費者法研究 第 5 号（2018. 9）］

（4）法の適用を巡る問題

ア　オンラインゲーム上のいわゆる「通貨」と前払式支払手段

● 　平成 28 年 4 月，アプリゲームのゲーム内通貨（LINEPOP の「宝箱の鍵」）につき，資金決済法の前払式支払手段の該当性が問題となったケースの発生[7]。

　⇒　ゲーム内の"一次通貨"（前払式支払手段該当）をもって，購入する"対象コンテンツ"をもって，ゲーム内のアイテムを購入することが出来るという仕組みとした場合，当該対象コンテンツにつき，「前払式支払手段」に該当しうる。

● 　その後，金融庁は，法令適用事前確認手続（ノーアクションレター制度）において，上記のような"対象コンテンツ"につき，「前払式支払手段」に該当しないと考えられる仕組みを回答[8]。

イ　エスクローサービス（資金移動業該当性）

● 　ネットオークションやフリマアプリで利用者にとって安全な決済手段として，広く利用されている「エスクローサービス」につき，多くの場合，エスクロー業者（オークション運営者等）に代理受領権限を付与させることで[9]，「資金移動業」（為替取引)[10]に該当しないとの前提で運用している模様[11]。

（7）　LINEPOP では，①現金でルビーを購入する→②ルビー（いわゆる一次通貨……厳密には「通貨」ではないが便宜）で「宝箱の鍵」を購入する→③「宝箱の鍵」を使って宝箱を空けるという仕組みであるところ，ルビーは前払式支払手段に該当（価値の保存，対価発行，代価の弁済）することは事業者においても認識し，資金決済法上の対応もしていた。しかしながら，「宝箱の鍵」については，当初は単に宝箱を開けるだけであり，それが「代価の弁済」なのか単に鍵があれば宝箱が開けられるといった関係であったか不明であった。しかし，その後「宝箱の鍵」を使って他のアイテムの購入にも利用できるようになったということであれば，前払い式支払手段に該当するという結論も妥当だと思われる。
　　　報道によれば，関東財務局は「宝箱の鍵」が「前払式支払手段」に該当すると認定したとのこと。
　　　⇒　参考記事　http://irorio.jp/nagasawamaki/20160518/321390/
（8）　対象コンテンツにつき，『ネットワークゲームごとに，その利用者に対して，当該ネットワークゲーム内に存在する対象コンテンツの取得をもってこれに係る商品・サービスの提供がなされたものとし，前払式支払手段に該当しない旨を利用者に周知し，利用者がこれに同意していただく仕組みを設けること。』とした場合は，前払式支払手段の要件である①価値の保存，②対価発行，③権利行使のうち，③に該当しないため，前払式支払手段には当たらないとの見解を示している。
　　　https://www.fsa.go.jp/common/noact/kaitou/027/027_05b.pdf
（9）　例えば，利用規約において「出品者は，弊社に対して，購入者から支払われる代金を代理受領する権限を付与するものとします」などと規定されている。
（10）　顧客から，隔地者間で直接現金を輸送せずに資金を移動する仕組みを利用して資金を移動することを内容とする依頼を受けて，これを引き受けること，又はこれを引き受けて遂行することをいうものと解されている（最高裁平成 12 年（あ）第 873 号同 13 年 3 月 12 日第三小法廷決定・刑集 55 巻 2 号 97 頁参照）。

⇒　なお，以上であっても，売上金についての，フリマアプリ運営者の預かり期間が長期に及び，これを他の決済の支払に利用できるとする仕組みの場合。

ウ　収納代行（資金移動業該当性）
● 収納代行についても代行業者に代理受領権限を付与していること等から，この場合は「資金移動業」（為替取引）に当たらないと解されている。
（例：Paymo などのいわゆる「割り勘アプリ」）

エ．送金代行業（資金移動業該当性）
● 上記イ・ウ同様に送金代行業者に弁済受領権限が付与されていれば資金移動業には該当しないと言えるか。

オ　後払い決済
（ア）概要

【図 1 】

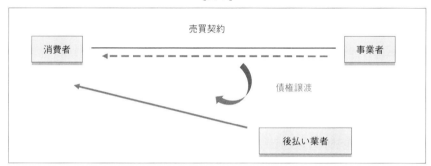

● 主にインターネット取引における決済手段として，近年，EC サイト事業者の有する売買代金債権を他の事業者が債権譲渡を受け，あるいは立替払いをし，最長 2 か月以内に一括で，当該事業者が債権者として，当該債権相当額の支払いを消費者に請求する仕組み（後払い決済）が利用されている（別添表のとおり，ZOZOTOWN のツケ払いを除くと，概ね限度額 5 万 4000 円，支払期日は利用日から 14 日以内で横並びである）。
● なお，後払い決済類似のサービスとしては，携帯電話事業者のいわゆる「キャリア課金（決済）」がある。
● 今後の EC サイトにおける決済手段につき，現在利用されている「収納代行型の

---

(11) 金融庁のいわゆるノーアクションレター制度における平成 16 年 7 月 9 日付照会に係る回答をみると，同庁が弁済受領行為は為替取引に該当しないとの見解を示しているように読むことが出来る。
https://www.fsa.go.jp/common/noact/kaitou/001/001_08b.pdf

［消費者法研究 第5号（2018.9）］

コンビニ払い」は後払い型に移行がすすむともいわれている[12]。

（イ）問題の所在

① 対象となる法律

● 2か月後に特定の売買契約の対価についての「後払い」という方式であるため，割販法，資金決済法，貸金業法等のいずれの対象事業にもあてはまらない。

② 対販売業者

● 規約上「異議をとどめない承諾」をしていないのかが問題となる[13]。

【参考】異議をとどめない承諾条項

（債権譲渡）

第＊＊条　契約者は，第●条の申込みをしたことにより当該各債権譲渡につき，予めなんらの異議なく承諾したものとします。

● 単純な承諾も「異議をとどめない承諾」と解されること[14]，「異議をとどめない承諾」に関する判例法理，クレジット契約における契約条項等からすれば，後払い

---

(12)　その理由としては，従来の収納代行型と後払い（立替払い型）のサービスを比べると，明らかに立替払い型のほうが良い条件（支払タイミングの早さ，未回収リスクがないこと，手数料が明示されていること［⇔コンビニ収納代行は数量が公開されていないとのこと］）で営業していることが理由としてあげられる。「後払い」決済の利用が伸びているネットプロテクションズ，その理由は？（yahoo!ネットショップ担当者フォーラム4/20（木）　9:01配信）「ネットプロテクションズは4月13日，債権未回収リスク保証型の後払い決済サービス「NP後払い」の累計利用者数が3月までに1億人に達したと発表した。加盟店数は2万3000店。年間流通総額は年々増加し，2016年度は1400億円を超えている。利用者数と流通総額を押し上げた要因の1つは，自社で顧客の与信管理から請求書の発行などを行う，いわゆる「自社後払い」を行ってきた大手通販事業者からの受託が増えているため。ライオンや日清食品，ルタオ，フランツなどが「NP後払い」を利用している。

　大手通販会社は「自社後払い」の提供に付随して発生する与信管理業務や請求業務といった間接コストを削減する目的で，後払い決済をアウトソーシングする傾向があるという。」

https://headlines.yahoo.co.jp/hl?a＝20170420-00000003-netshop-sci

(13)　「異議をとどめない承諾」については，判例法理においては承諾時に具体的な抗弁事由の発生までは必要ではなく，抗弁事由の発生の基礎があれば足りると解されている（最判昭和42・10・27民集21巻8号2161頁）ことからすれば，包括的な規約における事前承諾も，「異議をとどめない承諾」と解されうる。債権発生原因たる契約が公序良俗違反となる場合は，異議をとどめない承諾をしていたとしても，債務者は履行を拒むことができるとされる（最判平成9・11・11民集51巻10号4077頁）。

　なお，新民法では債務者が異議をとどめない承諾をした場合には，抗弁が切断される旨の規定（現行民法468条1項前段）は廃止される。

(14)　遠藤浩編『基本法コンメンタール 債権総論［第4版］』（日本評論社，2005年）159頁。

178

サービスにおける承諾条項も「異議をとどめない承諾」と解される可能性がある[15]。

● 「異議をとどめない承諾」であると解されるならば，利用者は後払事業者からの支払請求を拒めないし，仮に支払った場合は不当利得とはならない結果となり不合理な結果となる。このため実務においては上記承諾条項につき，消費者契約法等に基づき有効性を争うことになろう[16]。

③　多重債務等の端緒となりうる

● 利用者にとっては，クレジットカードのいわゆるマンスリークリアと比べると，後払い決済サービスは，カード番号の漏洩の自衛手段（信用力の高い著名な EC サイト以外のサイトで買い物をする場合など特に）という点を除くと，支払期限についてのメリットもなく，手数料は利用者負担になるなど（⇔マンスリークリアの場合は販売店負担）大きな利点があるとはいえない。そうすると，本決済の主な利用層は，①クレカをまだ保有していない年齢層（未成年者含む），②クレカをもてない層であるとも考えられる。後者については回収リスクが伴うことを考えると，結果として上記①を対象利用者として推進していく後払い決済業者も存在すると思われる。

● 仮に「後払い決済」の支払期日に返済原資を用意できない場合，利用者はその他の与信手段の利用や，ネット上のヤミバイトに手を出すことにより結果として犯罪行為に加担することも起こり得る。

2　典型的な取引トラブル類型と検討ポイント

(1) 個別クレジット（個人事業者案件）

> 【事例1】自宅で料理教室を営む A は，ホームページ制作を業とする B の勧誘を受け，その対価につき，Y クレジットの個別クレジットを利用することとして，A＝B 間で A の料理教室のホームページ制作契約（3 年間の SEO 対策等のサポート付），A＝Y 間で個別クレジット契約（60 回分割払い）を締結した。Y から B に対価相当額が支払われた後，B はホームページを完成させないまま

---

(15)　一方，学説においては「異議をとどめない承諾」が抗弁切断という重大な効果を伴うことからこれを限定的に解する見解がみられる。例えば，潮見佳男『債権総論 II［第 3 版］』（信山社，2005 年）641 頁は，「異議をとどめない承諾は抗弁切断という厳しい効果を伴うものである以上（まして，禁反言・矛盾行為禁止の観点から抗弁切断を正当化する場合は，いっそう）当該債務者にとって問題の抗弁事由を主張することが承諾時に期待可能であったこと（抗弁事由の提出の期待可能性）を要するのではないか。承諾時に具体的に提出することが期待可能であった抗弁のみが切断されるというべきである」とする。

(16)　消費者契約法における不当条項研究会「消費者契約における不当条項の実態分析」別冊 NBL92 号（2009 年）114 頁，日弁連『コンメンタール消費者契約法（第 2 版）』（商事法務，2010 年）230 頁などを参照されたい。

［消費者法研究 第5号（2018.9）］

破産に至った。YからはAに対し個別クレジット契約に基づく立替金の支払い
を請求されている。

〈検討ポイント〉
ア　特別法（割販法等）における適用除外の実務上の位置づけ

イ　債権関係の相対性の原則とその例外
（2）オフアス取引（クレジットカード決済）

【事例2】いわゆる占いサイト詐欺の被害にあった（呪文系）。占い師の指示に
したがって，ひたすら指示通りのメッセージの送信を繰り返した。メッセージの
送信1回あたり150pt（1500円）を購入する仕組みだったため，同ポイントをク
レジットカード決済（リボ払い）で購入し，その額は合計80万円となった。返
金希望。

〈検討ポイント〉
ア　平成28年改正割販法の規定の意義
　⇒　利用者（消費者）と直接の契約関係にあるイシュアの義務の内容[17]

（3）前払い式支払い手段（悪質加盟店型）

【事例3】いわゆるサクラサイト詐欺の被害にあった。支払方法はクレジット
カード決済に加え，X社を発行者とするプリペイド型電子マネー「Xキャッ
シュ」の購入も可能であったため，Xキャッシュを100万円分購入し，サクラ
サイトのポイント購入等に使ってしまった。電子マネー発行会社に返金処理等の
対応を求めたところ，同社からは，「サイト業者と直接交渉をしてほしい」など
と言われている。どうしたらよいか。

---

(17)　東京地判平成21年10月2日及びその上級審である東京高判平成22年3月10日判
　　決（消費者法ニュース84号）は，イシュアにつき「支払請求を停止すべき法的義務は
　　ないものの，購入者と加盟店との間のトラブルの有無や内容の状況を確認調査する等
　　して，むやみに購入者が不利益を被ることのないよう協力すべき信義則上の義務を有
　　する」とし，抗弁の対抗規定の適用がないことから，抗弁の対抗規定の適用を否定し，
　　立替金請求を認容する一方（イシュアを原告とする本訴），反訴については，当該クレ
　　ジットカード会社につき本文のとおりの信義則上の義務違反があるとして損害賠償を
　　認めた（控訴審も原審を維持）。なお，改正割販法は，販売店（アクワイアラ加盟店）
　　が取消事由等に該当する行為をした場合などは，イシュアはこれをアクワイアラに通
　　知する苦情の伝達義務が新設されている（割販法30条の5の2，施行規則60条2号
　　等）。このため，冒頭の「書式例」などのようにイシュア宛に通知をすることになる。

180

〈検討ポイント〉
ア　電子マネー発行会社の責任

（4）送金代行型（海外サクラサイト）

【事例4】いわゆるサクラサイト詐欺の被害にあった。ウェブサイト上の「会社
概要」をみると海外法人のようであった。サイト内ポイントは銀行振り込みを指
示され，国内の合同会社X名義の口座に振り込み手続きをした。返金希望

〈検討ポイント〉
ア　送金代行業者の行為の位置づけ
（行為そのものの特別法との関係，サイト運営者との関係）

（5）アプリマーケット事業者介在型

【事例5】　Y（未成年者）は，自分のスマホを使って，アプリマーケットプレ
イスで，ゲーム等，複数の有料アプリをダウンロードした。決済については父親
のクレジットカードを無断で利用した。当該事実はYの両親の知る所となった。
未成年者取消による清算を希望。

〈検討ポイント〉
ア　アプリマーケット事業者の取引における位置づけ
（6）プラットフォーム事業者が決済代行業を兼ねる類型

【事例6】
　情報商材の勧誘メールを受信した。興味をもったので返信すると，X運営事
務局と名乗る送信者からのメールに「購入手続きはコチラから」とURLがリン
クされていたため，同URLにアクセスすると，専ら情報商材のダウンロードの
場を提供するPF事業者Zのウェブサイトだった。クレジット番号等を入力する
画面だったため，これを入力し，決済完了後，同ウェブサイト上で情報商材をダ
ウンロードした。情報商材はまったくのインチキだった。返金希望。なお，クレ
ジット利用明細書上の「ご利用先」欄には，「Z」（※PF事業者）の表記があっ
た。

［消費者法研究 第5号（2018. 9）］

〈検討ポイント〉

ア　PF事業者の位置づけ

（7）プリカ詐欺類型

【事例7】

　○月○日，A（20歳代女性）は，興味本位でスマホからGoogleにアクセスし，アダルトなワードを検索ワードとして検索し，検索結果上位に表示されたあるウェブサイトにアクセスしたところ「カシャ」というシャッター音と共に登録完了の画面が表示された。このため，不安になって，ウェブサイト上の「退会申請メール送信」をタップし，メールを送信すると，「Z運営事務局」というタイトルでEメールの返信があり，当該メールに記載された電話番号（03－＊＊＊＊－○○○○）に電話した。電話に出た男性からは，「退会するためには合計20万円分のQ社ギフトカード（プリカ）の購入をする必要がある」と言われ，コンビニでこれを購入し，カード裏面のPINコードを電話で相手方に伝えてしまった。

〈検討ポイント〉

ア　相手方特定の困難性

イ　電子マネー発行者の責務

（8）コンビニ収納代行悪用型

【事例8】

　Yは，検索サイトで検索ワードをアダルトなワードを入力して検索した。検索結果のうち上位に表示されたウェブサイトにアクセスした。本件サイト内のボタンをクリックしたところ，「登録完了」及び退会手続きの画面が表示された。ID番号は123456，連絡先電話番号として「03－＊＊＊＊－＊＊＊＊」（以下「本件電話番号」という）が表示されていた。不安になって，上記電話番号に架電すると，電話に出た男性から「入会金のみ支払は必要である」「30万円を払ってもらう」，「コンビニついたら連絡をください」といわれた。

　同日，コンビニに到着し本件電話番号に架電し，Yが「コンビニに到着した」旨を伝えると，男からは「10分くらい待っていてください」と告げられた。その後，上記男性から電話があり「コンビニに入って，店頭設置端末の前に立ったら電話をするように」と告げられ，，本人が本件電話番号に架電。したところ「お支払番号」（11桁）を口頭で告げられる。本人は店頭設置端末を「各種番号をお持ちの方をタッチ」，「（同人から告げられた）お支払番号を入力」，「確認番号8888を入力」をしたうえで，レジにて30万円を支払ってしまった。Yは，大手通販サイトにおける特定のショッピングの対価の支払い方法としてコンビニ収納代行による支払いを指示されたのであった。

返金希望。

〈検討ポイント〉
ア　収納代行業者の法的位置づけ
　（9）取引の場を提供する PF 事業者のエスクロー悪用型

【事例9】
　SNS やブログで「簡単にお金が儲かる」というコメントを見て興味を持ち，メッセージアプリ上のグループに参加した。そのアプリ内で「このツールを使えば儲かる」と紹介している人 A がおり，為替のバイナリーオプションの情報商材を約 35 万円で申し込んだ。A から代金のうち約 27 万円はフリマアプリで別の取引をしたことにして支払うよう指示され，フリマアプリで決済後，情報商材の入った USB メモリが届いた。しばらくバイナリーオプションを続けたが儲からず，約 60 万円の損をした。メッセージアプリ上で A をブロックしたら，A に伝えていた電話番号宛てに商品代金の残り約 8 万円の請求が来た。

（出典）国民生活センター「相談急増！フリマサービスでのトラブルにご注意――個人同士の取引であることを十分理解しましょう――」（平成 30 年 2 月 22 日）http://www.kokusen.go.jp/pdf/n-20180222_1.pdf【事例8】

【図2】

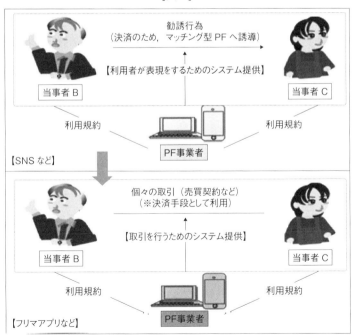

〈検討ポイント〉
ア　各 PF 事業者の責任
(10) 仮想通貨悪用型　〈参考〉
● 　トランザクション上は，A・B 間の取引となる。
　→　実体は詐欺業者による詐取の実行行為と思われる。

【図 3】

架空請求詐欺で，仮想通貨購入口座が利用された事例

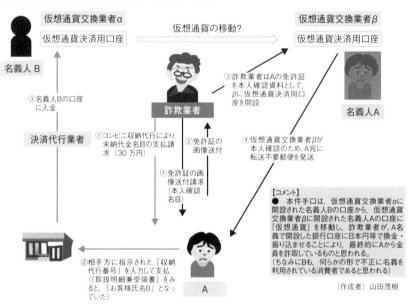

(※　全容は不明であるため，一部想像部分が含まれる点に留意されたい。)

3　個別クレジット（個人事業者案件）

【事例 1】	〈検討ポイント〉
自宅で料理教室を営む A は，ホームページ制作を業とする B の勧誘を受け，その対価につき，Y クレジットの個別クレジットを利用することとして，A = B 間で A の料理教室のホームページ制作契約（3 年間の SEO 対策等のサポート付），A = Y 間で個別クレジット契約（60 回分割払い）を締結した。Y から B に対価相当額が支払われた後，B はホームページを完成させないまま破産	ア　特別法（割販法等）における適用除外の実務上の位置づけ イ　債権関係の相対性の原則とその例外

に至った。YからはAに対し個別クレ
ジット契約に基づく立替金の支払いを請
求されている。

（1）特別法の意義

ア　発展の阻害要因となりうる？

● 抗弁の対抗につき，以下のとおり，特別法たる割賦販売法に規定されたことの功罪があるといえるのではないか。

イ　メリット

● 適用される要件へのあてはめ→抗弁対抗可能（明確化）

　⇒　相談現場，訴訟外の交渉等で有益といえる。

ウ　適用除外に当たり得る事案の場合

● ①なんとか特別法の適用対象となるよう検討するか（事実上の営利性否定等），②特段の事情アプローチの検討をすることになる。

　⇒　特別法でせっかく明文化された規定の意義によっては（創設的規定か，確認的規定か），それ以前の議論の発展（蓄積）が途絶える。

（2）抗弁の対抗について

● 抗弁の対抗規定につき，「創設的規定説」（最判平成2・2・20判時1354）が判例

> ・販売契約と立替払契約は経済的・実質的には密接な関係にあるとしても，法的には別個の契約関係であり，当然には抗弁を対抗することはできない。
> ・本規定は購入者保護の観点から方が抗弁の対抗を新に認めたもの

● 「知り得べき場合」場合など「特段の事情」がある場合は，履行請求を拒むことができる（上記最判）。

> あっせん業者において販売業者の債務不履行に至るべき事情を知り若しくは知り得べきでありながら立替払を実行したなどの上記不履行の結果をあっせん業者に帰せしめるのを信義則上相当とする特段の事情があるときは，あっせん業者の履行請求を拒むことができる

［消費者法研究 第5号（2018. 9）］

（3）注意義務の根拠

ア　要　点

● 「知り得べき場合」であったか否かを判断するにあたっては，①だけでなく，②
の注意義務が存在するという法規範上の論点整理が重要である[18]。

> ①　販売業者等の不適正な販売方法や欺瞞的な取引実態をクレジット業者が認識
> していたかまたは容易に認識し得る事情があったか否かという事実認定上の問題
> ②　クレジット業者は販売契約等の内容について積極的に調査しトラブルを防止
> すべき注意義務

イ　発生根拠

義務の種類	内容
①履行確保義務	クレジット契約に付随する<u>信義則上の義務</u>として，販売業者等が販売契約上の義務を確実に履行することにつき履行確保義務を負うので，これに基づき販売業者等の債務不履行を理由に立替金の支払いを拒否することができる
②善管注意義務	クレジット契約は<u>準委任契約</u>。当事者の意思解釈として，クレジット業者は商品の引渡しをしたうえで立替払を行うべき義務がある。 　これを怠って立替払いをしたときは購入者等は債務不履行による損害賠償請求権をもって立替金債務と相殺できるとする見解 ・この場合，分割払いの対象は，「委任事務処理費用（民法650条）及び報酬（648条）」で構成されることになる。

（以上の整理についても条解消費者三法）

ウ　参考判決

【1】仙台地判平成17・4・28（消費者法ニュース65-99）※ジェイメディア事件
　（中小企業を対象とした電光表示器による5年間の広告掲載契約）

【要旨】

> ●　以下①～④から，信義則上，請求を拒むことが出来ると認定。
> ①経営が成り立たなくなることを容易に予想しえたのだから，通常の場合よりも
> 経営の健全性等を調査する必要があり，加盟店契約上調査協力義務を負わせてい

---

(18)　後藤巻則・齋藤雅弘・池本誠司『条解消費者三法』（弘文堂，2015年）1469頁。

たのだからその調査も容易であったにも関わらずこれを怠ったこと（加盟店契約時にジェイメディアの社長から経営を続けるためには広告料の事前一括立替払いを受ける必要がある旨等を聞いていた），②クレジット契約の利用につき，利用者側にはメリットがない反面，クレジット会社にはメリットがあること，③クレジット契約の利用につき利用者側に落ち度はない事，④加盟店契約上，立替払の実行は役務提供後とされていたにも関わらず，役務の提供の確認をしないまま一括立替払いをした事実

【判決抜粋】

……以下の事情を考慮すれば，本件クレジット契約書において抗弁切断条項の記載があったとしても，原告からの融資がなければ経営を行い得なかったジェイメディアの債務不履行の結果を，原告からの融資がなければ経営が成り立たないことの認識がありながらジェイメディアに融資を行った原告に帰せしめるのが信義則上相当である。

すなわち，①ジェイメディアの経営にとってクレジット契約による事前一括立替払は不可欠の要素であった。そのような前提でジェイメディアの経営が成り立っていること，広告契約という費用対効果が重視される役務の提供契約であることや契約期間が3年又は5年間という長期間であることなどからも中途解約される可能性が高く，中途解約がされて顧客から立替金の支払が継続されない可能性があり，結局，クレジット契約による既払立替金の返還が必要となって，事前一括立替払に依存した経営が成立しなくなる可能性が高いことを原告は容易に予想し得た。このような事情があれば，原告には通常の場合よりも加盟店であるジェイメディアの経営の健全性や信用性の調査を行う必要があり，加盟店契約18条においてジェイメディアにその財産・経営状況・原因取引等について資料等を添えて報告する義務及び調査協力義務を負わせていたのであるから（甲A8），ジェイメディアの平成11年3月期以前の決算報告書等を徴求したり，ジェイメディアに対し中途解約の数等を聴取することは容易であったということができる。加えて，昭和57年，昭和58年，平成4年等，通商産業省（当時）から継続的に役務を提供する加盟店等については通常の物販加盟店に比べて消費者トラブルの防止に特に配慮する必要があるとの指導が行われており（甲C1,2），原告と同じ信販会社でジェイメディアと加盟店契約を締結していた○○○は，原告がジェイメディアと加盟店契約締結をした平成11年ころ，役務の提供についてのクレジット契約等の利用について通商産業省の指導が厳しくなったことや，中途解約が増えてきたことなどから，暫定保証金制度の導入を図ってジェイメディアとの関係を解消しようとしていた。このような事情があったにもかかわらず，原告は，ジェイメディアの経営の安全性等に対する検討をほとんど行うことなく，ジェイメディアと加盟店契約を締結し，○○○のクレジット契約書を流用するなどした。そして，原告はジェイメディアがクレジット契約による立替金残金を顧客ではな

くジェイメディアの負担として処理していたことを容認し、ジェイメディアの立替金支払の包括保証債務について極度額各10億円もの連帯保証人を付けていた。②本件広告契約を利用するに当たり原告とクレジット契約を締結することについて、被告らにほとんど利益はなく、抗弁の対抗ができず、ジェイメディアが広告を掲出できなくともクレジット代金を支払い続ける必要があったなど不利益だけがあった。それに比して、ジェイメディアにとっては経営資金を得るのにクレジット契約が不可欠であり、原告にとっては5年契約の場合立替金額の16パーセントという多額の手数料収入が得られるというように、ジェイメディアと原告にとっての利益は大きかった。③被告らが本件クレジット契約を利用したのは、ジェイメディアによる取引の公正さを欠くと認められる勧誘があったためで、被告らはいずれも事業者であるとはいえ契約締結につき被告らの責めに帰すべき事情があったとはいえない。④原告とジェイメディアとの加盟店契約において、原告がジェイメディアの役務提供後に立替払を行うことを前提とする規定があるにもかかわらず、原告は役務の提供を確認しないまま一括立替払を行っていた。

（4）善管注意義務違反　構成

ア　仕事完成前の立替払実行が注意義務違反となるか

（ア）考　え　方

①（金融法務事情 1041 号〔1983 年〕特別座談会「消費者信用取引における法律構成と射程距離」）

●山下俊六弁護士
・「支払委託をする際に、はたして購入者は無条件で信販会社に支払委託をしたのだろうか、たとえば、売買の目的物の引渡しもなされないというのに支払委託だけするということはちょっと購入者の意思からして考えられないでしょう。支払委託の中身として、少なくとも売買の目的物の引き渡しがなされたことを確認したうえで支払いをせよという契約内容になっているのではないでしょうか」
・「物の引渡しのない場合の信販会社の責任としては、委託契約の不履行、不完全履行ということですから、顧客側に対する損害賠償義務が発生して、それが委託事務処理費用の償還請求権との間で相殺される」
・「信販会社に顧客が支払を委託するわけですが、委託の趣旨としては、商品の引渡しを確認したうえで支払いをしてくれと言うこと・・」
・「物の引渡しということであれば、信販会社に確認義務を課しても、外形的な判断がある程度できます。そういった実際上の問題を考慮して当事者の意思解釈をするわけです」
・「物の引き渡しがまったくなされなかったという場合は、おそらく買主は売買契約を通常であれば解除しますね。そうすると、売買代金支払義務というものも

〈研究ノート〉多様化する決済手段の概要と課題〔山田茂樹〕

なくなるわけです。ですから，誰に対しても本来支払義務を負う必要がなかったのに，信販会社が建立替払いして費用償還請求権で請求された，それはまさにまったく損害と理解していいと思うのです」

●山岸良太弁護士

「善管注意義務の内容としては，立替払いでは，通常の一括払いの売買契約が予定されていますので，売買契約上の同時履行関係からいって契約の本旨に従った商品が引き渡された場合には，買主は代金を支払わなければならないわけで，そのときに信販会社も，買主に代わって支払うのが原則だと思います。その意味で，善管注意義務の基本的内容は，買主に対する物の引渡しの確認義務になると考えています」

② 簡易裁判所判事会同における消費者信用関係事件の処理に関する問題及び協議結果

● 善管注意義務の内容につき，単に商品代金相当額を販売店に立替払する義務のみを負うのか，商品の引渡しの有無を確認したうえで立替払いをする義務を負うのか等の検討に際しては，「契約書の文言だけでなく，信販会社と販売店との契約締結における代行関係，契約の成立手続き，両者の経済的関係等の実質関係をも考慮すべきである」とされる(19)。

イ 参考判決（信販会社の善管注意義務の範囲）

【1】大阪地判平成20年4月23日（判時2019号39頁）

　　信販会社と買主との間の立替払契約は，売買契約において買主が負う代金支払債務の支払を信販会社に委託するという準委任契約であり，信販会社は，売主に対する売買代金の支払という準委任事務の履行において，善良なる管理者の注意をもって処理する義務を負う。しかし，原告が主張する加盟店管理義務や過剰与信防止義務とは，信販会社が一般的に加盟店の販売方法を調査，是正することや信用情報機関への照会等による支払能力の調査をして与信の可否を判断することを内容とするものであり，これは準委任事務の処理の範囲を超えるものである。したがって，被告信販会社は，準委任契約であるということから導かれる善管注意義務の一内容として加盟店管理義務及び過剰与信防止義務を負うとはいえない。

（※ ただし不法行為の成立は認めた）

──────────

(19) 最高裁事務総局民事局「消費者信用関係事件に関する執務資料（その二）」に収録されている。「簡易裁判所判事会同における消費者信用関係事件の処理に関する問題及び協議結果」(17)を参照。

［消費者法研究　第5号（2018.9）］

【2】前掲仙台地判平成17・4・28（消費者法ニュース65-99）
（前提）立替金請求権の不発生との主張に対する判断部分
＊　クレ・販社間の「加盟店契約」は，ジェイメディアが役務提供後（施行を伴うものはその完了後）クレジット業者がジェイメディアに対し立替金を支払うものとなっている。これを受けて，顧客側は「原告とジェイメディアとの加盟店契約書7条（甲Ａ8）において役務提供が終わった後立替金を支払うことになっていること，委託者（顧客）が現に支払義務を負う債務（広告料の支払時期が到来した債務）を立替払することがクレジット契約の性質に合致することなどから，広告契約上の料金債務が未発生ないしは履行期限が未到来の分については原告が被告らに対し立替金を請求することはできない」と主張した。

確かに，上記7条の規定があるにもかかわらず，役務の提供を確認せずに事前一括立替払を行うことには問題がなくはないが，上記契約は，原告とジェイメディアとの間の合意であって，原告と被告らとの合意ではない。他方，原告と各被告との間のクレジット契約書（乙Ｂ1ないし16の各1,17）によれば，その裏面柱書において，各被告が原告に対し，各被告とジェイメディアとの間の役務提供契約（広告契約）に基づき提供を受ける役務の現金価格合計から頭金を除いた額（残金）を，原告が各被告に代わってジェイメディアに対し立替払することを委託し，原告はこれを受託することが記載されており，契約書表面には3年又は5年分の広告料の合計額，頭金（0円），残金（広告料の合計額と同額）が記載されている。
そうすると，原告と各被告との間においては，原告がジェイメディアに対し広告料の合計額を一括立替払をすることが合意されていたものというべきであるから，原告のジェイメディアに対する一括立替払が被告らの委託に反したものということはできない。

（なお，上記のとおり，加盟店契約の内容は，特段の事情の考慮要素にはなっている）

（5）論　　点
①　クレジット会社・加盟店間の加盟店契約における立替払実行時期の定めにつき，クレジット会社・購入者間のクレジット契約への影響

②　原因取引たるホームページの制作（請負契約）につき，報酬の支払時期の定めがない場合，クレジット契約については，ホームページの完成の有無に関わらず，一定の時期から割賦金の支払がスタートする旨につき合意が成立している場合の評価。
　⇒　仕事の完成を確認したうえで，立替払を実行しない場合は善管注意義務違反になるといえるか。

190

（6）その他の主張について
● 別添表のとおり

4 前払い式支払い手段（悪質加盟店型）

【事例3】	〈検討ポイント〉
いわゆるサクラサイト詐欺の被害にあった。支払方法はクレジットカード決済に加え，X 社を発行者とするプリペイド型電子マネー「X キャッシュ」の購入も可能であったため，X キャッシュを 100 万円分購入し，サクラサイトのポイント購入等に使ってしまった。電子マネー発行会社に返金処理等の対応を求めたところ，同社からは，「サイト業者と直接交渉をしてほしい」などと言われている。どうしたらよいか。	ア　電子マネー発行会社の責任

（1）発行者の法的位置づけ

ア　概　　況

● サーバ型プリペイドカードを含む電子マネーの利用による決済（以下「電子マネー決済」という）の法的性質については，例えば，以下【表】のように諸説がみられるところ，「これを一義的に定めることは困難な状況にある」とされる[20]。

⇒ 決済スキームとしては，電子マネーの利用により原因取引の債務が消滅するという効果を発生させること等を内容とするシステムである。

種別	概要
①債権譲渡構成	利用者のチャージにより利用者が発行者に対する一種の預金債権を取得し，原因取引の代物弁済として，当該債権を加盟店に債権譲渡するという構成[21]
②更改構成	利用者のチャージにより利用者が発行者に対する一種の預金債権を取得し，利用者・発行者・加盟店間で当該預金債権の債権者を発行者から加盟店に変更し，同時に原因取引における利用者の加盟店に対する債務は消滅することを合意する

---

(20) 電子取引法制に関する研究会（法務省）「電子取引法制に関する研究会（実体法小委員会）報告書」（平成 11 年 12 月）（第 7 電子マネー・3 電子マネーの法的性質）。

(21) 本構成につき，北浜法律事務所編『バーチャルマネーと企業法務』（民事法研究会，2011 年）77 頁は，発行者が「預金の受け入れ」（銀行法 2 条 2 項 1 号）・「預り金」（出資法 2 条 2 項）に該当する行為を行っていると捉えられるおそれがあると指摘する。

［消費者法研究 第5号(2018.9)］

	との構成[22]
③支払指図構成	利用者のチャージにより利用者が発行者に対する一種の預金債権を取得し，利用者が発行者に対し利用者の指図に従い支払いをなすことを委託する，利用者は発行者に加盟店への支払を指図することにより加盟店が発行者に対する当該預金債権を取得するという構成
④免責的債務引受構成	利用者と発行者間でチャージした金額の範囲内で発行者が利用者の加盟店に対する債務につき免責的債務引受の合意をしたとする構成
⑤価値構成	電子マネーのデータそれ自体が価値を有するものとする考え方で，チャージにより利用者が発行者から電子マネーを購入し，電子マネーは原因取引の弁済（代物弁済あるいは本旨弁済）として使用される，加盟店は発行者に当該電子マネーを売却することにより代金の支払いを受けることができるとする構成である[23]。

● 資金決済法では，これら諸説のうちいずれの立場をとるかを明らかにせずに「前払式支払手段」につき機能的な定義を置く（資金決済法3条1項1号）[24]。

イ　考　　察
● 上記諸説のうち，例えば「支払指図構成」（上記③）や「免責的債務引受構成」（同④）の立場をとる場合，発行者＝利用者間には一種の支払委託契約が成立し，受託者たる発行者は委託者たる利用者に対し，善管注意義務を負うものとも解され（民法644条），発行者の利用者に対する具体的な義務の内容については，かかる視点からの検討も考えられる。

（2）資金決済法等
ア　苦情処理に関する措置
● 以下のとおり，苦情処理に関する措置が法律上新たに規定された。

---

(22)　本構成についても，前掲注(18)78頁は同様の指摘をする。
(23)　北浜法律事務所編・前掲注(21)83頁。
(24)　このように，決済手段につき様々な契約形態や法的性格に関する考え方がみられるところ，これら契約形態等に踏み込まず定義規定を置く法律として，割賦販売法の「包括信用購入あっせん」等の定義規定（法2条等）がある。

（苦情処理に関する措置）
第二十一条の二　前払式支払手段発行者は，前払式支払手段の発行及び利用に関する利用者からの苦情の適切かつ迅速な処理のために必要な措置を講じなければならない。

● ガイドライン（金融庁事務ガイドライン（第三分冊：金融会社関係 5 前払式支払手段発行者関係））(25)

Ⅱ－2－4　苦情処理態勢
　苦情処理態勢に関する前払式支払手段発行者の監督に当たっては，例えば，以下の点に留意するものとする。
Ⅱ－2－4－1　主な着眼点
① 苦情等に対する業者の取組み
経営陣は，利用者からの苦情等によって，自社の信用失墜等の不利益を被るおそれがあることを認識し，適切な方策を講じているか。
② 苦情等処理体制の整備
　苦情等に対し迅速かつ適切な処理・対応ができるよう，苦情等に係る担当部署や処理手続が定められているか。苦情等の内容が経営に重大な影響を与え得る事案であれば内部監査部門や経営陣に報告するなど，事案に応じ必要な関係者間で情報共有が図られる体制となっているか。
③ 加盟店における前払式支払手段の使用に係る苦情等について，利用者等から前払式支払手段発行者への直接の連絡体制を設けるなど適切な苦情相談態勢が整備されているか。
④ 委託業務に関する苦情等について，利用者等から委託元である前払式支払手段発行者への直接の連絡体制を設けるなど適切な苦情相談態勢が整備されているか。
⑤ 利用者に対する説明の履行
申出のあった内容に関し，利用者に対し十分に説明が行われているか。また，苦情等の対応状況について，適切にフォローアップが行われているか。
⑥ フィードバック
　苦情等の内容は，正確かつ適切に記録・保存されるとともに，蓄積と分析を行うことによって，勧誘態勢や事務処理態勢の改善，再発防止策の策定等に十分活用されているか。
⑦ 認定資金決済業者協会の会員である前払式支払手段発行者については，当該協会における解決に積極的に協力するなど迅速な紛争解決に努めることとしているか。

---

(25)　http://www.fsa.go.jp/common/law/guide/kaisya/05.pdf

［消費者法研究 第5号（2018. 9）］

Ⅱ－2－4－2 監督手法・対応

　検査の指摘事項等によって把握された苦情処理態勢に関する課題等については，上記の着眼点に基づき，原因及び改善策等について，深度あるヒアリングを実施し，必要に応じて法第24条に基づき報告書を徴収することにより，前払式支払手段発行者における自主的な業務改善状況を把握することとする。

　さらに，前払式支払手段の利用者の利益の保護の観点から重大な問題があると認められるときには，前払式支払手段発行者に対して，法第25条に基づく業務改善命令を発出することとする。また，重大，悪質な法令違反行為が認められるときには，法第26条又は第27条に基づく業務停止命令等の発出を検討するものとする（行政処分を行う際に留意する事項はⅢ－3による。）。

イ　加盟店管理
● 　以下のとおり，ガイドラインにおいて，加盟店管理の内容が具体化された。

Ⅱ－3　事務運営
Ⅱ－3－3　加盟店の管理
（第三者型発行者のみ）

　第三者型発行者については，利用者に物品・役務を提供するのは主に加盟店であるため，前払式支払手段に係る不適切な使用を防止する趣旨から，加盟店が販売・提供する物品・役務の内容について，公序良俗に反するようなものではないことを確認する必要がある。

　なお，法第10条第1項第3号に規定する「公の秩序又は善良の風俗を害し，又は害するおそれがある」とは，犯罪行為に該当するなどの悪質性が強い場合のみならず，社会的妥当性を欠き，又は欠くおそれがある場合を広く含むものであり，こうしたものが含まれないように加盟店管理を適切に行う必要があることに十分留意する。

　また，前払式支払手段の決済手段としての確実性を確保する観点から，加盟店に対する支払を適切に行う措置を講じる必要がある。

（3）参考判決
【1】東京地判平成27年6月25日（判時2280号104頁）
（ア）事　　案
● 　いわゆるサクラサイト詐欺につき，詐取の手段としてプリペイド型電子マネーによる決済が利用されていた事例につき，原告側が電子マネー発行者に対し，「発行者が，漫然と違法行為を営むサイト業者のために本件サイトの利用代金の第三者型前払式支払手段（本件では電子マネー）の方法による決済の代行をしたことは，原告と発行者との間の電子マネーに関する契約[26]上の加盟店の調査・管理義務に違反するとして，債務不履行責任又は不法行為に基づく損害賠償請求した事例である。

194

〈研究ノート〉多様化する決済手段の概要と課題〔山田茂樹〕

(イ) 判決の概要

● 以下のとおり，発行者の損害賠償責任を否定した。

① 公法上（資金決済法上）の義務があることは認める

> 被告Ｙ４社（注：発行者）は，資金決済法により，サーバ型の第三者型前払式支払手段の発行者として，加盟店契約の締結に当たり，加盟店の営業の適法性ないし相当性について調査することを求められ，契約締結後においても加盟店の営業について引き続き監視し，問題があった場合には，契約解除を含めた対応を求めることが法律上義務づけられていること，さらに，本件における被告Ｙ４社は，上記法律の趣旨に則り，被告Ｙ１社（注：サイト業者）について，本件サイトに問題があることを理由として，実際に解除していることなどが認められる。

② システム等から「契約上ないし信義則上」に基づく加盟店管理義務を否定

● 以下のとおり，a. サイト業者の行為との密接関連性（ア），b. システムからみた要求される注意の程度（イ），c. 結果回避可能性（システムの社会的機能－（ウ），加盟店契約－（エ））の点から否定した。

> イ　しかしながら，前記第二の一前提となる事実で認定した事実に加え，前記（1）で認定した事実を踏まえると，次のとおりの事実を指摘できる。
> （ア）　利用者は，本件サイトのポイントを購入する際，本件電子マネーのほか，クレジット決済等の複数の支払手段の中から，支払方法を選択することになっていた。
> 　利用者は，自らの意思で，本件電子マネーによる支払を選択し，コンビニエンスストアで本件電子マネーの対価を支払って，被告Ｙ４社の定める利用規約に従い，決済システムを利用しているに過ぎない。
> （イ）　前払式支払手段の発行者は，個々の利用者から金銭の預託を受けて具体的な決済代行事務の受任をしているというのではなく，自ら構築した決済システムを利用させて，支払の手段（支払方法の多様化）を提供しているにとどまる。前払式支払手段の発行者が得る利益は，電子マネーによる決済システムによる利用料の対価であり，利用料自体の実質は，決済システムの維持管理にかかる事務手数料といえる。
> （ウ）　前払式支払手段の発行者は，公法上，一定の加盟店の調査・管理義務を求められてはいる。しかし，コンビニエンスストアで購入できるような本件電子マネーのような場合にまで，電子マネーの発行者において，加盟店が提供する商品を全て把握することを義務づけることとなれば，資金決済法のもう一つの趣旨

---

(26)　「利用者が後日，発行者の加盟店から商品を購入し，又は役務の提供を受ける等の場合に，利用者が発行者に支払った対価の範囲内で，被告Ｙ４社が社当該加盟店にその物品又は役務の対価の弁済を行うことを発行者に委託する旨の契約」と構成。

［消費者法研究　第 5 号（2018. 9）］

である，前払式支払手段の普及，利便性をかえって阻害することにもなりかねない。また，電子マネーの発行者が，日々入れ替わる多種多様な商品を事前にチェックすることも事実上不可能である。

（エ）　前払式支払手段の発行者は，加盟店に対し，継続的契約たる加盟店契約に基づき，契約上，商品の購入又は役務提供の代金決済義務を負っている。したがって，前払式支払手段の発行者が，調査管理義務を負うとしても，客観的事情を考慮して公序良俗に照らして問題があることが判明した場合か，すくなくともこれに相当すると客観的かつ合理的に判断可能でなければ，自らの判断で加盟店契約の解除をすることは期待できない。

ウ　以上のイで指摘したところによれば，前記アで説示したところから，直ちに，本件電子マネーの利用者保護の観点等から，前払式支払手段の発行会社である被告 Y 4 社が本件電子マネーの利用者に対し，契約上ないし信義則上，原告主張の加盟店管理義務を負うと解することはできない。

● 　原告側のクレジット契約との類似性に基づく主張についても否定

また，原告は，前払式支払手段の発行会社と加盟店の関係につき，立替払契約に係る信販会社と加盟店との関係に類似しているところを根拠として，原告主張の加盟店管理義務を主張するが，（ア）立替払契約においては，販売会社が信販会社の信用供与を利用して顧客を獲得し，信販会社が販売店の獲得した顧客に信用を供与することによって報酬利益を得るという相互依存の関係にあるが（なお，割賦払契約の事務手続は販売会社で通常代行する。），前払式支払手段の発行会社は，信用を供与して取引を拡大させているわけでなく，決済システムを利用させて，支払の手段（支払方法の多様化）を提供しているに過ぎず，（イ）前払式支払手段の発行会社が得る利益は，本件電子マネーによる決済システムによる利用料の対価であり，利用料自体の実質は，事務手数料であって，信用供与の対価（利息）とは本質を異にすることから，原告のこの点に関する主張も前提を欠いており，採用しえない。

エ　よって，原告の，前払式支払手段の発行会社である被告 Y 4 社が本件電子マネーの利用者に対し，契約上ないしこれに付随する信義則上の義務として，原告主張の加盟店管理義務を負うとまでは認められない。

【2】東京高判平成 28 年 2 月 4 日（消費者法ニュース 113 号 284 頁）[27]
　　——上記【1】の控訴審判決——
●　一審とは異なり，次のとおり，電子マネー発行業者に，一定の契約上ないしはこれに付随する信義則上の義務があるとの考え方を示した。
（参考）判決文抜粋

〈研究ノート〉多様化する決済手段の概要と課題〔山田茂樹〕

> ・・被控訴人（報告者注：電子マネー発行業者）は，商品や役務の販売業者との間の加盟店契約（包括加盟店契約に基づき加盟店として承認することを含む）に基づき本件電子マネーによる決済代行を行い，その利用者が本件電子マネーを用いて加盟店から商品や役務を購入等することに関与しているということができるから，被控訴人が，資金決済法の規定を前提とする金融庁ガイドラインに示されている確認や対応を怠り，そのために本件電子マネーの利用者に損害が生じた場合には，電子マネーに関する契約上ないしこれに付随する信義則上の義務に違反するものとして，債務不履行ないし不法行為による損害賠償責任を負うと解すべきである。

● ただし，結論としては控訴棄却となった。
（※最高裁への上告受理申立てについては同年 11 月 11 日付け上告不受理）

　⇒　電子マネー発行業者が債務不履行又は不法行為責任を負う場合があるとしたうえで，本件事案については当該発行業者にサクラサイトの認識・認識可能性は認められないとした。

5　送金代行型（海外サクラサイト）

【事例 4】	〈検討ポイント〉
いわゆるサクラサイト詐欺の被害にあった。ウェブサイト上の「会社概要」をみると海外法人のようであった。サイト内ポイントは銀行振り込みを指示され，国内の合同会社 X 名義の口座に振り込み手続きをした。返金希望	ア　送金代行業者の行為の位置づけ（行為そのものの特別法との関係，サイト運営者との関係）

（1）概　　要

● いわゆる「送金代行業務」[28]については，詐欺的投資勧誘やサクラサイト詐欺などで利用されているケースがある。すなわち，これらの事例では，サイト運営事業者自体は海外事業者であるところ[29]，対価等の振込先として，当該サイト運営事業者

---

(27)　本判決については，消費者側の代理人による記事として，大塚陵「電子マネー発行会社に対する損害賠償請求事件判決報告」消費者法ニュース 110 号（2017 年）158 頁がある。

(28)　ある人から委託を受け，当該人と他人との取引に基づく対価の支払方法としての預金口座への振込み先を提供し，あらかじめ定められた時期において当該預金口座に振り込まれた対価相当額を当該人に送金することを業とするものをいう。

［消費者法研究 第5号（2018.9）］

等の名義の預金口座ではなく，送金代行を業とする国内法人名義の預金口座を指定している。送金代行業者は，サイト運営業者等との契約に基づき，一定期間ごとにあらかじめ定められた預金口座に，振り込まれた金員を送金している。

【図4】

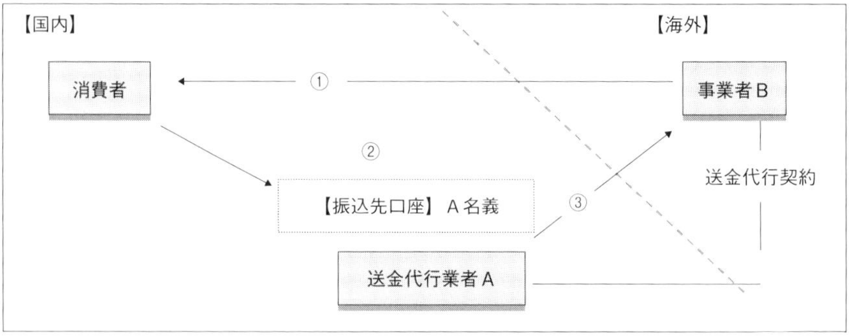

（2）問題の所在

● こうした「送金代行業務」は，「為替取引」[30]に該当するという見解もある。為替取引に該当するとすれば，当該業務は銀行あるいは資金決済法の資金移動業者としての免許あるいは登録が必要になる。この点については，近年これを否定する高裁判決がある[31]。

● 送金代行業務が「為替取引」にも該当しないということであれば，現行法上当該業務を規制対象とする法律は存在しない。

_____

(29) 事業者のウェブサイトにおける「特定商取引に基づく表示」には，海外の法人名，所在，電話番号等が記載されているが，実際に表記のとおりであるのかについては必ずしも明らかではない。

(30) 顧客から，隔地者間で直接現金を輸送せずに資金を移動する仕組みを利用して資金を移動することを内容とする依頼を受けて，これを引き受けること，又はこれを引き受けて遂行することをいうものと解されている（最高裁平成12年（あ）第873号同13年3月12日第三小法廷決定・刑集55巻2号97頁参照）。

(31) 東京高判平成25年7月19日（判タ1417号113頁）は，「銀行法が，為替取引を銀行業の内容の一つと位置づけ，これを免許制の対象としたのは，隔地者間の資金授受の媒介をするに当たり，媒介となる機関において，直接現金を輸送することなく隔地者への支払等を確実にするための資金手当のシステムを確立するなど，利用者（顧客）との間で高度の信用を保持できる体制を構築することが求められることから，十分な信用を持たない者が当該取引を行えないようにすることにより，利用者（顧客）を保護し，かつ，金融の円滑の確保を図ることにあると解される。このような銀行法の趣旨に鑑みると，依頼人の資金を依頼人に代わって受取人に送金するようないわゆる送金代行業務は，銀行法にいう「為替取引」には該当しないというべきである」とする（なお，原審である，さいたま地判平成25年3月13日は，送金代行業務の為替取引該当性を認めていた）。

〈研究ノート〉多様化する決済手段の概要と課題〔山田茂樹〕

　そうすると，送金代行業務を利用した消費者取引被害が存在し，ましてや事業者自体が海外事業者である場合，被害の回復あるいは未然防止という観点からは国内事業者たる送金代行業者につき，詐欺的な事業者との送金代行契約の際等における注意義務や，苦情処理体制の構築などにつき検討する必要があるのではないか。

● 　なお，送金代行業務については，これに類似するサービスとして収納代行サービス[32]があり，同サービスも含めて検討すべきであるか，これとは峻別して検討する合理的な理由があるかといった点についても留意が必要である。

6　アプリマーケット事業者介在型

【事例5】	〈検討ポイント〉
Y（未成年者）は，自分のスマホを使って，アプリマーケットプレイスで，ゲーム等，複数の有料アプリをダウンロードした。決済については父親のクレジットカードを無断で利用した。当該事実はYの両親の知る所となった。未成年者取消による清算を希望。	ア　アプリマーケット事業者の取引における位置づけ

（1）概　　要

● 　以下のような，アプリ上のスキームにつき，経産省の以下の研究会報告書が公表されている。

---

(32)　収納代行業については，資金決済法の立案段階において「資金移動業」該当性が議論されたが，代理受領権限を有すること等から「資金移動業」にあたるものとはされていない。

[消費者法研究 第 5 号(2018. 9)]

【図 5 】

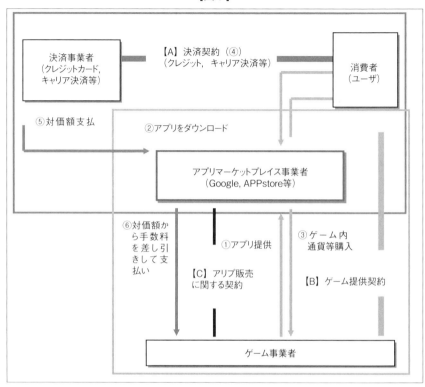

記

a 「第四次産業革命に向けた横断的制度研究会報告書」(平成 28 年 9 月)[33]
b 「第四次産業革命に向けた競争政策の在り方に関する研究会報告書～Connected Industries の実現に向けて～」(平成 29 年 6 月 24 日)[34]

● これら報告書では,「確認できた取引事例」として,例えば以下を取り上げている。

---

(33) http://www.meti.go.jp/press/2016/09/20160915001/20160915001-3.pdf
(34) http://www.meti.go.jp/press/2017/06/20170628001/20170628001-2.pdf

〈研究ノート〉多様化する決済手段の概要と課題〔山田茂樹〕

①決済手段に対する拘束

アプリストア事業者は，アプリを提供する事業者（以下「アプリ提供者」という。）に対し，自らを経由しない決済手段を原則禁止とすることで，自らの提供する決済手段を利用させるとともに，利用するたびに売上の30％程度の手数料を徴収している場合がある。

③アプリ間での共通の仮想通貨の禁止

アプリストア事業者が，複数のアプリ間で使用できる仮想通貨を禁止しており，一度購入した仮想通貨は当該アプリでしか使えないこととされている場合がある。そのため，ユーザーからすれば余った分を他のアプリで使うことができず，アプリ提供者からすれば自らのアプリ群に顧客を囲い込むことができない。

⑤販売や返金処理等に関する情報提供の少なさ

アプリストア事業者は，アプリ提供者に代わってユーザーに対して返金を行うことができる契約を締結しているが，返金が発生した際に，理由，相手，金額等の情報がアプリ提供者に伝わっておらず，二重返金の防止や購入前の状態への原状回復の適切な対応ができない場合がある

● aの議論の中では，独占禁止法上の違法行為に当たる可能性があるとの指摘もされたが「独占禁止法等の法令違反に当たるかは詳細かつ精緻な検討が必要であり，一概に結論付けることはできない。」と整理された（引き続き状況注視）。

● bでは，「個別の行為が独占禁止法等の法令違反に当たるかは詳細かつ精緻な検討が必要であり，一概に結論付けられるものではないが，これらの内容については，その正当性も含めて法令違反の判断に当たって留意されるべきものであると考えられる」とされた。

（2）実務上の処理

● 例えば未成年者による親権者のクレジットカード無断利用によるアプリゲーム内通貨の決済事案につき，アプリマーケットプレイス事業者の裁量により，取消処理がされるケース（ゲーム会社はユーザの個人情報を保有せず，上記取消処理は次の清算時に適宜処理される）[35]。

→ 通知書の発送先，交渉先としてアプリマーケットプレイス事業者を指定される等

---

(35) 実務においては，ゲームアプリについてトラブルが発生した場合（未成年者のカード不正による高額課金等），プラットフォーム事業者においてゲーム事業者に連絡せずに返金対応するケースがある。この場合，プラットフォーム事業者は，返金額相当額につき，ゲーム事業者に支払うべき次回以降の支払額から差し引くといった対応をするようである。こうしたプラットフォーム事業者とゲーム事業者の関係については，森亮二「プラットフォーマーの法的責任」現代消費者法25号（2014年）42頁を参照されたい。

[消費者法研究 第 5 号（2018. 9）]

7　プラットフォーム事業者が決済代行業を兼ねる類型

【事例 1 】	〈検討ポイント〉
情報商材の勧誘メールを受信した。興味をもったので返信すると，X 運営事務局と名乗る送信者からのメールに「購入手続きはコチラから」と URL がリンクされていたため，同 URL にアクセスすると，専ら情報商材のダウンロードの場を提供する PF 事業者 Z のウェブサイトだった。クレジット番号等を入力する画面だったため，これを入力し，決済完了後，同ウェブサイト上で情報商材をダウンロードした。情報商材はまったくのインチキだった。返金希望。なお，クレジット利用明細書上の「ご利用先」欄には，「Z」（※ PF 事業者）の表記があった。	ア　PF 事業者の位置づけ

（1）概　　要
● 　FX，仮想通貨関係など多様な投資を勧誘するメールが消費者宛に送信される。
● 　投資経験のない消費者に対し，「預けてもらえれば運用はこちらで行うから安心」，「預金よりも高いターンがある」かのように誤信させる。
● 　形式上は，以下のように「デジタル情報商材を購入する」ケースもある。
● 　PF 上の情報商材の対価支払（クレジット決済等）は，PF を通じて行われる。
　決済完了後，PF 事業者が利用者にその旨及びダウンロード先の URL（利用者ごとの PF 事業者のウェブサイト上のマイページなど）を通知し，利用者は上記 URL にアクセスし，情報商材を DL する。
● 　契約当事者間の関係を整理すると【図 6 】のようになると思われる。

（2）PF の利用規約
● 　PF の利用規約には，例えば以下のような免責規定がみられる。

第＊条　1 . 当社は，以下の各号を保証するものではなく，従って，以下の各号が発生した場合に購入者に生じる損害については，当社は責任を負わないものとします。
（＊）商品コンテンツ・販売ページに記載されている内容の再現性
2 　購入者，販売者間における取引において紛争が生じた場合には，当事者間で解決するものとし，当社は，一切の責任を負わないものとします。

【図6】

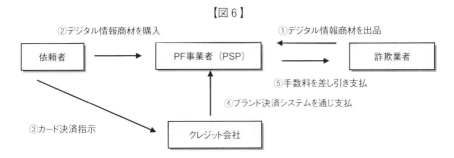

(2) プラットフォーム事業者の位置づけ

● プラットフォーム事業者の位置づけを整理するに際しては，例えば，以下ア及びイがポイントとなる。また，参考判決としていわゆるヤフオク判決（後掲）に加え，例えばウがある。

ア　クレジット決済における決済代行業としての立場
イ　取引の場の提供者としての立場
　①プラットフォーム市場の位置づけ
　②PF事業者の権限と義務
　③PF上の取引契約当事者がB2Bか，B2Cか[36]
ウ　参考判決

【1】東京高判平成25年7月24日（判例時報2198号27頁）
　　　——ジェイコム株式誤発注事件——

---

(36) 森田修「みずほ証券対東証事件控訴審判決を読む<M—>「市場管理者」の責任と過失相殺・重過失」は，「「市場で結ばれる契約」がB2C型となる市場取引においては，「市場を作る契約」それ自体がB2C型であることをに着目して，「市場で結ばれる契約」から市場参加者の一方に生じた損害について，「市場を作る契約」に基づく市場管理者の責任を認める消費者保護的な発想もあり得る。それによれば，「市場を作る契約」における市場管理者の上記の積極的介入義務と消極的中立義務とのバランスは前者に触れることになる」とする。

【図5】

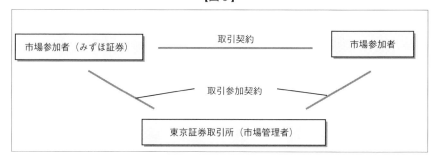

(ア) 取引参加契約における市場管理者の債務
● ①につき不完全履行であるとしたものの重過失には当たらないため，免責規定による免責（民事責任を故意・重過失に限定）。②につき，著しい裁量の逸脱等の特別の事情もないので債務不履行には当たらないとした。

広義のシステム提供義務	具体的義務
取引参加者に対し，取引参加者が入力した注文につき取消処理を含み適切に対応することができるコンピュータ・システム（売買システム）を提供する債務	①【基本的債務】 ●適切に取消処理ができるコンピュータ・システムを提供する債務（義務）
	②【付随義務】 ●信義則上，基本的債務のほかに，コンピュータ・システム以外にフェールセーフ措置を講じるなど適切に取消処理ができる市場システムを提供する債務（義務） ● 上記については，付随義務だから，市場管理者にとって，市場システムの制度設計の問題であり，専門的・技術的な判断が必要となり専門的見地からどのようなルールを設定するかについては一定の裁量に委ねられるから著しい裁量の逸脱等の特別の事情がない限り，債務不履行になるものとはいえない。

(イ) 不法行為責任
● 証券取引法の趣旨・目的から，Yは，証券市場及び株式売買の管理者として公益及び投資者保護のため売買停止の権限のみならず，売買停止義務を負っており，裁量の範囲を逸脱して売買停止義務に違反して第三者に損害を与えた場合には，不法行為を構成する。
● 本件において，Yは，遅くとも午前9時33分半ば過ぎの時点（約定株式数が発

行済株式数の３倍を超えた時点）で，本件銘柄の売買の状況につき，市場における円滑な流通を阻害する異常があることを認識することができたから，公益[37]及び投資者保護のために，売買停止に必要な手続を取るべきであった。その後の売買停止オペレーションの実行に要する時間１分程度を考慮しても，遅くとも午前９時３５分までには，本件銘柄の売買停止が可能であった。Ｙは，その時点において売買停止義務を負っていたにもかかわらず，裁量の範囲を逸脱した義務違反があったというべきであり，不法行為を構成する。

8　プリカ詐欺類型

【事例7】	〈検討ポイント〉
○月○日，Ａ（20歳代女性）は，興味本位でスマホから Google にアクセスし，アダルトなワードを検索ワードとして検索し，検索結果上位に表示されたあるウェブサイトにアクセスしたところ「カシャ」というシャッター音と共に登録完了の画面が表示された。このため，不安になって，ウェブサイト上の「退会申請メール送信」をタップし，メールを送信すると，「Ｚ運営事務局」というタイトルでＥメールの返信があり，当該メールに記載された電話番号（03－＊＊＊＊－○○○○）に電話した。電話に出た男性からは，「退会するためには合計20万円分の Q 社ギフトカード（プリカ）の購入をする必要がある」と言われ，コンビニでこれを購入し，カード裏面の PIN コードを電話で相手方に伝えてしまった。	ア　相手方特定の困難性 イ　電子マネー発行者の責務

(37)　事業者の事業の「公益性」に着目して，信義則に基づく請求制限という効果を導いた判例として，後記【関連資料】掲載の，ダイヤル Q2 事件の最高裁判決（最三小判平成 13 年 3 月 27 日民集 55 巻 2 号 434 頁）がある。ダイヤル Q2 における NTT の立場も，加入者＝ NTT 間の電話サービス契約を基礎とした電話回線を通じて，情報提供業者・利用者間の情報提供契約に基づく契約が締結され，サービスが提供されているといった点からすれば，一種のプラットフォーム事業者であるといえる。そうすると，本文のジェイコム事件も併せて考慮すれば，プラットフォーム事業者の提供する事業が「公益性」を有するか否かも重要な考慮要素になるのではないか。

［消費者法研究　第5号（2018. 9）］

（1）これまでの対応と問題点

ア　問　題　点

（ア）資金決済法

● 　プリカ詐欺で利用される「プリカ」の多くは資金決済法の「前払式支払手段」に該当する。

● 　「前払式支払手段」は原則として発行業者による払い戻しを禁止している（法20条5項）

　　⇒　IDを詐取しただけでは現金化ができない。

（イ）規約からみたプリカ詐欺の位置付け

● 　規約で第三者への有償譲渡等は禁止されている[38]。

　　→　サイト利用に関する正規の決済手段とはいえない。

（ウ）現金化の手段

● 　プリカの売買の場を提供するウェブサイト（転売サイト）が利用されているケース。

　　→　当該プリカを実際に利用した者＝加害者とは限らないことになる。

● 　こうしたウェブサイト運営事業者については厳格な本人確認義務等（犯罪収益移転防止法，古物営業法等の対象外）も課せられていない点が問題のひとつといえる。

● 　プリカ詐欺による被害事例が散見され，逮捕につながった事件等も存在するが，国家公安委員会「犯罪収益移転危険度調査書」（平成29年11月）では，上記のとおり，依然として「引き続き利用実態等を注視すべき新たな技術を活用した商品・サービス」として整理されている。

（2）相手方の特定について

ア　概　　要

● 　特定のための検討対象を図示すると以下【図6】のとおりとなる。

---

(38)　例えば，Amazonギフトに関する「Amazonギフト券細則」は，「法律で要求されている範囲を除き，ギフト券に金額を補充すること，およびギフト券を再販売その他対価をもって譲渡すること，換金することまたは他のアカウントで使用することはできません。これらの制限に反して取得されたギフト券につきましては，アマゾンまたはその関連会社は，利用をお断りする場合がございます。アマゾンサイトのアカウントに登録されたギフト券の未使用残高は譲渡できません。」とする（下線は報告者による）。

https://www.amazon.co.jp/gp/help/customer/display.html/ref＝aw?ie＝UTF8＆nodeId＝201936990

【図6】

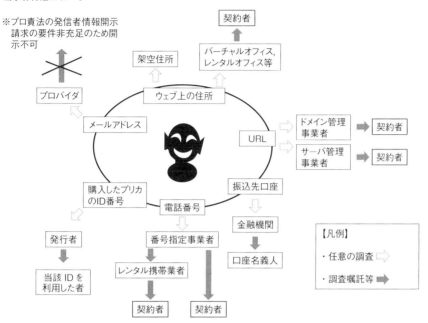

イ　プリカ発行者等
● そもそもプリカについては発行・利用のいずれの段階においても本人確認は義務付けられていない。
● なお，ショッピングサイト系の発行者（Amazon，楽天等）であれば，利用に際してアカウントを開設する必要があるため，詐取されたPINコードに係るプリカを利用した者のアカウント情報（自己申告による住所，氏名，電話番号，メールアドレス等）は保有している。
● 発行者が調査嘱託による開示に応じるか否かについては，契約に基づく守秘義務と調査嘱託に基づく開示の優劣や個人情報保護法上の論点。→　本人の同意を得ないで第三者に個人データを開示できる場合について触れられた関連する個人情報保護に関するガイドライン[39]や，本人のみなし同意を含む規約等を調査
● プリカ詐欺については，以下のとおりの問題がある。

【図7】

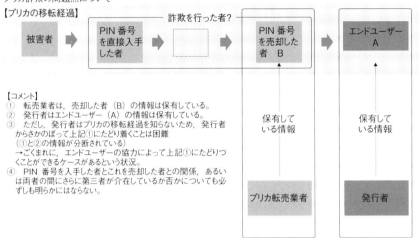

ウ　実際の事件における顛末
● 当該アダルトサイトの運営者ないし当該プリカを転売したと考えられる者を特定し，これらの者に対し，共同不法行為構成で損害賠償請求訴訟を提起していたところ，和解が成立し，詐取された金額相当額，慰謝料，司法書士費用を含む請求全額を，相手方から回収した。

9　まとめ
(1)　決済事業者の位置づけ
● 個々の取引における，一方の債務の履行としての決済手段の提供者から，個々の取引についての「場の提供者」を担っている場合もみられるようになった（例：アプリマーケットプレイス事業者の位置づけ）

(2)　トフフルと着目点
● 着目点としては，人的関係，契約間関係，システム提供者などがあげられる。
【関連資料】

---

(39) 事業等を所管する各府省において，審議会の議論等を経て，27分野について38のガイドラインが策定されている。https://www.ppc.go.jp/files/pdf/personal_guideline_ministries.pdf。電話事業者等の電気通信事業法の対象事業者であれば，総務省「電気通信事業における個人情報保護に関するガイドライン」(http://www.soumu.go.jp/main_content/000365000.pdf)が，営利事業者であれば経産省「個人情報の保護に関する法律についての経済産業分野を対象とするガイドライン」(http://www.meti.go.jp/policy/it_policy/privacy/downloadfiles/161228kojoguideline.pdf) が対象になる。

〈判決〉
【1】ダイヤル Q2 判決
（1）事案の概要
● 加入電話契約者 Y の子（未成年者）が，Y の承諾なしにダイヤル Q2 サービスを利用。NTT が Y に対し，上記利用に伴う通話料金を請求した事件（最三小判平成 13 年 3 月 27 日民集 55 巻 2 号 434 頁）[40]。

【図表 5】

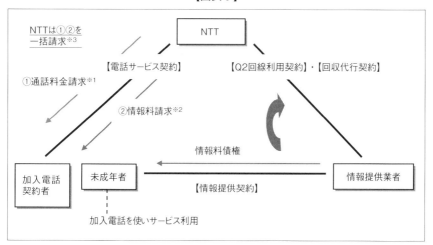

※1　当時の契約約款（118 条 1 項）には，「加入電話契約者は，その契約者回線から行った通話については，加入契約者以外の者が行ったものであっても，所定の通話料金の支払いを要する旨」定められていた。
※2　当時の契約約款（162 条）には，「Q2 情報サービスの利用者（その利用が加入電話からの場合はその加入電話の契約者）は情報提供者に支払う当該サービスの料金等を NTT がその情報提供者に代わって回収することを承諾する旨」が規定されていた。また，NTT・情報提供者間の「回収代行契約」においては，利用者・情報提供者間について標準約款に規定する契約約款を定めて利用者の閲覧に供するものとされており，標準約款（6 条）には「Q2 サービスの利用者（その利用が加入電話からの場合はその加入電話契約者）は，その利用時間と情報提供者が選択した料金種別に応じて算定される情報料の支払いを要する旨」定めていた。
※3　本件当時（平成 3 年）は，情報料についても「ダイヤル通話料」の項目の下に通話料と一体として請求されていた（その後，NTT は請求の際に両者を区別し，さらに情報料については，情報提供者に代理して請求する旨記載に改められた）

---

(40) 第三小法廷に係属し，同日判決が出された事件は 8 件あるが，便宜上記判決を主に取り上げる。なお，「情報料」の支払義務については，加入電話契約者が既払の情報料相当額の返還を求めた事件（平成 11 年（受）766 号集民事 201 号 667 頁）において，有償情報提供契約の当事者は「利用者」と「情報提供者」であるとし，特段の事情がない限り，同契約の当事者ではない加入電話契約者は情報料債務を負うものではないとした。

［消費者法研究 第５号（2018.9）］

（2）判 決
ア 約款の適用について
● 原則論として適用される

> 加入電話契約者は，加入電話契約者以外の者が当該加入電話から行った通話に
> 係る通話料についても，特段の事情のない限り，上告人に対し，支払義務を負う。
> このことは，本件約款118条１項の定めるところであり，この定めは，大規模な
> 組織機構を前提として一般大衆に電気通信役務を提供する公共的事業においては，
> その業務の運営上やむを得ない措置であって，通話料徴収費用を最小限に抑え，
> 低廉かつ合理的な料金で電気通信役務の提供を可能にするという点からは，一般
> 利用者にも益するものということができる。したがって，被上告人は，本件約款
> の文言上は，上告人に対して本件通話料の支払義務を負うものといえる。

イ 約款と民法の信義則の関係について
● 一定の場合においては信義則の法理に照らして権利義務に影響が及ぶ
　　⇒ 「契約のよって立つ事実関係の変化」

> しかし，加入電話契約は，いわゆる普通契約約款によって契約内容が規律される
> ものとはいえ，電気通信役務の提供とこれに対する通話料等の支払という対価関
> 係を中核とした民法上の双務契約であるから，契約一般の法理に服することに変
> わりはなく，その契約上の権利及び義務の内容については，信義誠実の原則に照
> らして考察すべきである。そして，当該契約のよって立つ事実関係が変化し，そ
> のために契約当事者の当初の予想と著しく異なる結果を招来することになるとき
> は，その程度に応じて，契約当事者の権利及び義務の内容，範囲にいかなる影響
> を及ぼすかについて，慎重に検討する必要があるといわなければならない。

ウ 結 論
● 信義則ないし衡平の観点に照らして通話料のうちその金額の５割を超える部分に
　ついてはその支払を請求することが許されない。

> 以上を要するに，ダイヤルQ2事業は電気通信事業の自由化に伴って新たに創
> 設されたものであり，Q2情報サービスは当時における新しい簡便な情報伝達手
> 段であって，その内容や料金徴収手続等において改善すべき問題があったとして
> も，それ自体としてはすべてが否定的評価を受けるべきものではない。しかし，
> 同サービスは，日常生活上の意思伝達手段という従来の通話とは異なり，その利
> 用に係る通話料の高額化に容易に結び付く危険を内包していたものであったから，
> 公益的事業者である上告人としては，一般家庭に広く普及していた加入電話から

210

〈研究ノート〉多様化する決済手段の概要と課題〔山田茂樹〕

一般的に利用可能な形でダイヤルQ2事業を開始するに当たっては，同サービスの内容やその危険性等につき具体的かつ十分な周知を図るとともに，その危険の現実化をできる限り防止するために可能な対策を講じておくべき責務があったというべきである。本件についてこれを見ると，上記危険性等の周知及びこれに対する対策の実施がいまだ十分とはいえない状況にあった平成3年当時，加入電話契約者である被上告人が同サービスの内容及びその危険性等につき具体的な認識を有しない状態の下で，被上告人の未成年の子による同サービスの多数回・長時間に及ぶ無断利用がされたために本件通話料が高額化したというのであって，この事態は，上告人が上記責務を十分に果たさなかったことによって生じたものということができる。こうした点にかんがみれば，被上告人が料金高額化の事実及びその原因を認識してこれに対する措置を講ずることが可能となるまでの間に発生した通話料についてまで，本件約款118条1項の規定が存在することの一事をもって被上告人にその全部を負担させるべきものとすることは，信義則ないし衡平の観念に照らして直ちに是認し難いというべきである。そして，その限度は，加入電話の使用とその管理については加入電話契約者においてこれを決し得る立場にあることなどの事情に加え，前記の事実関係を考慮するとき，本件通話料の金額の5割をもって相当とし，上告人がそれを超える部分につき被上告人に対してその支払を請求することは許されないと解するのが相当である。

【2】ヤフオク判決
（1）前提事実
ア　事案の概要
● 本件は，被告（ヤフー）の提供するインターネットオークションサイトを利用して，商品を落札し，その代金を支払ったにもかかわらず，商品の提供を受けられないという詐欺被害にあった原告らが，被告の提供するシステムには，契約及び不法行為上の一般的な義務である詐欺被害の生じないシステム構築義務に反する瑕疵があり，それによって原告らは，上記詐欺被害にあったとして，被告に対し，債務不履行並びに不法行為及び使用者責任に基づき，損害賠償金等の請求をした事案

【図表６】

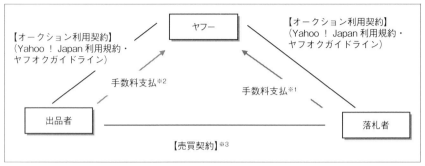

※１　オークションを利用するためには、「プレミアム会員」になる必要がある。同会員は月額 294 円（税込み）の会員費が発生。
※２　出品者は、上記※１の会員費に加え、①出品システム利用料（出品時に１商品につき 10.50 円（税込み・自動車等の一部商品は別途定める金額））、②出品取消システム利用料（出品後入札者のいるオークションを取り消した場合に、１オークション〔１オークションで同一商品を複数出品することができる。〕につき 525 円（税込み））、③落札システム利用料（出品した商品が落札された場合に、落札額に 0.03 を乗じた金額（税抜き・自動車等の一部商品は別途定める金額）が発生する。
※３　落札者が決定したとしても出品者・落札者間で売買契約が成立することにはなっておらず、その後、双方の交渉を経て合意に達した時点で売買契約は成立する（控訴審判決）

イ　ヤフオクにおける取引実態（＊本件当時）

① 本件サービスを利用しようとする者は、まず ID 登録をして、ID を取得し、さらにプレミアム登録をする（一人について複数の ID 登録可能）。
↓
② 出品者は、目的商品の情報（文字情報・画像データ）、入札開始価格、希望落札価格、入札期間等を設定して、被告のサイト上にオークションを掲載する。

● このとき、出品者は、落札者との売買の条件（代金先払い、配送方法・業者の指定など）を、目的商品の情報等と一緒に文字情報として設定することができる。
● 本件サービスの利用者は、被告のサイト上に、自己紹介情報（文字情報）を設定・掲載することができる。

↓
③ 入札者は、被告のサイト上に掲載されたオークションに対し、希望買取価格で入札。

● このときに入札者が参照できる当該オークション及び当該出品者に関する情報は、

〈研究ノート〉多様化する決済手段の概要と課題〔山田茂樹〕

> a．出品者が設定した自己紹介，b 当該オークションの内容，c 出品者の
> その他の出品オークション，d 利用者による出品者の評価等。
> ● 利用者による出品者の評価は，被告の提供する利用者評価システムによ
> る。
> ● 同システムは，本件サービスによって成立した利用者間の取引について，
> 出品者及び落札者が相互に相手方を「非常に良い」「良い」「どちらでもな
> い」「悪い」「非常に悪い」の5段階で評価し，具体的なコメントも設定でき
> るもので，ID ごとに評価ポイント（「非常に良い」「良い」の場合はプラス
> 1 ポイント，「悪い」「非常に悪い」の場合はマイナス1 ポイント。）が累積

↓

④ 原則として，入札期間終了時において最高買取価格であった入札者が当該
オークションの落札者となる。

> ● 被告は，本件サービス上，他の入札者の入札価格に対応して，入札者が
> 設定した最高入札価格まで自動的に入札する自動入札の機能を提供している。

↓

⑤ 落札が決定すると，被告から出品者及び落札者に対して落札を通知する電子
メールが自動的に送信される。

↓

⑥ その後，出品者に対して落札者の連絡先が知らされる。

↓

⑦ 出品者及び落札者の間で具体的な取引に関する協議が行われ，売買契約が成
立する。

> ● 代金支払方法及び目的物引渡方法等は，出品者が目的商品の情報等と一
> 緒にオークションに設定した条件を基礎として，出品者及び落札者の協議に
> より，定められる。

ウ 利用規約（ヤフオクガイドライン）の要旨

本件サービスの概要や利用上の注意点のほか
〈1〉 本件サービスは，利用者に，交流の場と品物の売買の機会を提供するもの
　　であること
〈2〉 実際に売買を行うかどうかは，利用者の責任で行われること
〈3〉 被告は，利用者から提供される個々の商品や情報を選別，調査，管理しな

［消費者法研究 第 5 号（2018. 9）］

いこと
〈4〉 被告は，本件サービス利用に際して，被告の定める本人確認基準を満たす
こと以外は，利用者の選別，調査，管理をしていないこと
〈5〉 被告は，本件サービスの利用をきっかけにして成立した売買の取消し，解
除・解約や返品・返金，保証等の取引の遂行には一切関与しないこと
〈6〉 利用者は，契約の成立，販売及び商品の送付，代金の支払・回収に関し，
全て責任を負い，成約，商品の送付，受領の手配等の協議は利用者間で行い，
利用者自身が責任を持って履行すること

（2） 原審（名古屋地判平成 20 年 3 月 28 日判時 2029 号 89 頁）判決

ア 争　点

【1】	被告（ヤフー）の注意義務の有無及びその内容
【2】	被告（ヤフー）の義務違反の有無
【3】	原告らの損害の有無及びその額　※割愛
【4】	被告の免責　※割愛

イ 争点【1】について
● 注意義務の構成

原告の主張の要旨	被告の主張の要旨
【契約責任】 　被告は，本件サービスの利用者に対し，仲立契約に準じた内容の責任を負う。 ● 被告は，本件契約が①仲立，②準委任にあたるから善管注意義務を負い，あるいは③請負契約にあたることから（一方的仲立契約にあたるため）仕事完成義務ないし瑕疵担保責任から導かれる請負人類似の注意義務を負う。 ● システムの流れ等から，売買契約は被告の落札通知で成立する。 ● また，上記①～③に当たらないとしても，ネットオークションは，情報が限られていたり，入金済みの落札者宛に商品が届くかなどのリスクを伴うところ，	● 被告が提供する本件サービスは，利用者に自己の判断によって自由に商品売買を行う機会を提供することを中核としており，被告は取引の「きっかけ」を提供する「場の提供者」であって，本件サービスをきっかけとして行われる売買は，売主（出品者）と買主（落札者）の自己責任で行われるものである。取引の場の提供者に過ぎない被告は，利用者間の個別の取引の成立や履行に関与することはなく，対価を支払ったにもかかわらず商品が届けられなかった詐欺被害も含め，個別の取引に起因する利用者間のトラブルについて，契約上及び不法行為上の責任を負うことはない。

被告の信用を前提に機能していることから，取引の場を提供して個々の取引に直接関与している以上，一定の注意義務を負う。

● 本件利用契約は，出品者と落札者との間の売買契約の成立を目的とし，利用料を徴収している以上，被告は，利用者に対して，本件サービスを瑕疵のないかたちで提供する義務がある。
【不法行為責任】
　被告は詐欺被害が多発するシステムを社会に提供し続けており，不法行為責任を負う。

● 本件利用契約は，仲立契約やそれに類する契約類型には当たらない。

● 注意義務の具体的内容

原告の主張の要旨	被告の主張の要旨
a　詐欺の被害防止に向けた注意喚起	注意喚起は十分に行っている。
b　第三者機関による信頼性評価システムの導入	信頼性を評価する機関が存在しない
c　利用者に対する出品者情報の提供・開示	憲法・電気通信事業法の「通信の秘密」上困難
d　エスクローサービス[41]の利用義務付け	利用するか否かを利用者に委ねても不合理ではない
e　詐欺被害に対する補償制度の完備	事後的な救済であって，これによって詐欺が防止できるわけではない。

---

(41)　以下の仕組み（①落札者がエスクローサービス事業者に代金を入金，②エスクローサービス提供事業者は出品者に入金があった旨を伝える，③出品者が商品を発送，④商品到着後に落札者はエスクローサービス事業者に商品到着を連絡，⑤エスクローサービス事業者は出品者に代金を送金）。
　　なお，ヤフーは，2018年3月，ヤフオクにおける決済手段をエスクローである「Yahoo! かんたん決済」に一本化している。

ウ　争点【2】について（義務違反の有無）

原告の主張の要旨	被告の主張の要旨
●　被告は，詐欺被害が多発して社会問題化していたにもかかわらず，詐欺被害を防止しえない内在的かつ構造的瑕疵のあるシステムを社会に提供し続けた。 ●　平成14年にはインターネットオークションの詐欺被害の存在とその増加が指摘されていたから，被告は，遅くとも，そのころまでには本件サービスのシステムに存在する瑕疵を認識することができた。したがって，被告は，遅くとも平成14年ころには，上記被害防止措置をとることは十分可能であったのである。	●　被告においては，本件サービスの利用者に詐欺等の被害が発生することを可及的に防止するために，格別の注意喚起や被害発生防止策を実施している。 ●　被告において詐欺被害を漫然と放置したことはなく，被告は，利用者に対する積極的な注意喚起と可及的な詐欺被害防止対策をとってきたのであって，このような被告の対応が，利用者に対する注意義務違反を構成することはない。

エ　判決
① 仲立等類似の契約との主張につき

　　被告が利用者間の取引に積極的に介入してその取引成立に尽力するとまで認めるに足りる証拠はなく，本件利用契約が仲立ちとしての性質を有するとはいえない。
　　また，本件利用契約は，上記認定によっても，事実行為を委任したり，目的物の完成を請け負わせたりするものとか，あるいはこれに類似するものともいえない。

② 信義則上の義務を認める【抽象的義務】

　　他方，本件利用契約の内容となっている本件ガイドラインにおいては，被告は利用者間の取引のきっかけを提供するに過ぎない旨が定められており，被告は，これを指摘して，被告には利用者間の取引について一切責任を負わない旨主張する。
　　しかし，本件利用契約は本件サービスのシステム利用を当然の前提としていることから，本件利用契約における信義則上，被告は原告らを含む利用者に対して，欠陥のないシステムを構築して本件サービスを提供すべき義務を負っているというべきである。

③ 上記②の具体的義務の考慮要素[42]

> 被告が負う欠陥のないシステムを構築して本件サービスを提供すべき義務の具体的内容は，そのサービス提供当時におけるインターネットオークションを巡る社会情勢，関連法規，システムの技術水準，システムの構築及び維持管理に要する費用，システム導入による効果，システム利用者の利便性等を総合考慮して判断されるべきである。

④ 具体的義務

> 被告には，上記認定のとおり，本件サービスを用いた詐欺等犯罪的行為が発生していた状況の下では，利用者が詐欺等の被害に遭わないように，犯罪的行為の内容・手口や件数等を踏まえ，利用者に対して，時宜に即して，相応の注意喚起の措置をとるべき義務があったというべきである。

⑤ 義務違反の有無
● 以下のとおり義務違反は認められないとした。

> 上記判断によれば，被告には，時宜に即して，相応の注意喚起措置をとるべき義務があったというべきところ，上記認定によれば，平成12年から現在まで，被告は，利用者間のトラブル事例等を紹介するページを設けるなど，詐欺被害防止に向けた注意喚起を実施・拡充してきており，時宜に即して，相応の注意喚起措置をとっていたものと認めるのが相当である。

● 原告の主張した各義務に対する判断を整理すると以下のとおり

原告（落札者）の主張	判断（【○】肯定／【×】否定）
a 詐欺の被害防止に向けた注意喚起	【○】 上記④⑤参照
b 第三者機関による信頼性評価システムの導入	【×】 原告らの主張するような第三者機関による信頼性評価システムの導入は被告にとって相当な困難を強いることになる。

---

(42) スマートフォンの高い普及率，ヤフオクのシステムが決済手段のエスクローに一本化されたことなど，本件当時の状況と現在とは異なっている。このため，名古屋高裁判決が示した考慮要素にしたがって考えると，その具体的な義務の内容は本判決とは異なるものとなる可能性もあろう。

［消費者法研究 第5号（2018. 9）］

c 利用者に対する出品者情報の提供・開示	【×】 「詐欺を行おうとする者は，被告との本件利用契約においても，虚偽の情報を申告したりするなどして，当初から追求されにくいように行動するものと考えられるのであって，出品者情報を開示したからといって，その一般予防的効果を期待することはできない」 「被告が詐欺被害にあったと主張する落札者の求めに応じて出品者情報の開示をすることは，関係法令の規定上，被告に相当の困難を強いることになる（個人情報保護法23条等参照)」
d エスクローサービスの利用義務付け	【×】 「利用者の代金その他手数料に関する心裡を考慮することなく，エスクローサービスを利用者間の全ての取引に義務付けることは，被告の営利事業としての本件サービスの運営に困難を強いることになると言わざるを得ない」
e 詐欺被害に対する補償制度の完備	【×】 「補償制度は事後的に被害を補償するものであって，これを充実させることが，詐欺被害の事前防止に結びつくといった関係にあるとは認めがたい」

⑥ 結　果
● 請求棄却。原告側控訴

（3）控訴審（名古屋高判平成20年11月11日裁判所ウェブサイト）判決
● 控訴審判決も，原審判決を引用したうえで，上記（2）エ②～⑤と判示。
● 控訴審において，原告（控訴人）から，新たに，Yが民事仲立人（あるいはそれに類似した立場）の法的地位に立つことを前提とする主張が出されたところ，「売買契約の成立時期」につき，判断を示したうえで，それを踏まえ，民事仲立人該当性を否定した。
ア　売買契約の成立時期

　　被控訴人は，落札者が決定した場合，自動的に落札者に電子メールで通知をする。その通知の内容には，落札商品，落札価格は記載されているが，出品者を特定する情報は記載されていない。そして，上記電子メールには，「このオークションの出品者にも通知されています。支払方法や商品の受取方法については，出品者からの連絡をお待ちください。」と記載されている。
　　そして，その後，落札者は，出品者からの連絡を待ち，交渉をすることになる

〈研究ノート〉多様化する決済手段の概要と課題〔山田茂樹〕

が，この交渉は，両者が直接電子メール等を使用して行い，被控訴人はこの交渉に何ら関与することはない。この交渉の結果，出品者と落札者が合意に達すれば，商品の受渡し及び代金の支払がされることになる。しかし，合意に達しなければ，出品者は，落札者の意思に関わりなく出品を取り消すことができ（これは，出品取消システム利用料が存在することから認められる。他方，落札者も，落札後落札を辞退することが可能であり，この場合には，出品者が，最高額落札者を取り消すことになる。

　以上の認定事実に照らすと，落札されても，出品者も落札者もその後の交渉から離脱することが制度上認められており，必ず落札商品の引渡し及び代金の支払をしなくてはならない立場に立つわけではない。そうすると，落札により，出品者と落札者との間で売買契約が成立したと認めることはできず，上記交渉の結果合意が成立して初めて売買契約が成立したものと認めるのが相当である。

イ　民事仲立人該当性

　控訴人らは，被控訴人（ヤフー）は民事仲立人（あるいはそれに類似した立場）であると主張するところ，仲立人は，他人間の法律行為の媒介をすること，すなわち他人間の法律行為（本件では売買契約の締結）に尽力する者をいう。本件においては，被控訴人は，上述のとおり，落札後の出品者，落札者間の上記交渉の過程には一切関与しておらず，何ら，出品者と落札者との間の売買契約の締結に尽力していない。確かに，被控訴人は，本件システムを運営しているが，出品者は自らの意思で本件システムのインターネットオークションに出品し，入札者も自らの意思で入札をするのであり，被控訴人が，その過程で両者に働きかけることはない。そして，落札者は，入札者の入札価格に基づき，入札期間終了時点の最高買取価格で入札した者に対し自動的に決定され，その者に，自動的に電子メールで通知が送られる。この過程は，本件システムのプログラムに従い自動的に行われており，被控訴人が，落札に向けて何らかの尽力をしているとは認められない。したがって，控訴人らの上記主張は，採用できない。

〈2〉商法（総則・商行為）の規定

着眼点	商法の規定及び概要
①外観法理 【取引の相手方保護】 ※【視点⑤】関連	a　名板貸しによる責任（商法14条，会社法9条） 【概要】自己の商号等を使用して営業を行うことを他人に許諾した商人は，その商人がその営業を行うものと誤認して，上記他人と取引をした者に対し，その他人と連帯して，上記取引によって生じた債務につき弁済責任を負うという規定。

	【参考判決1】 ●最一小判平成7年11月30日（民集49巻9号2972頁） （スーパーマーケットのテナント店の行為についての責任：類推適用）
②契約への関与度合 【視点③】関連	a　代理商（商法27条以下）  ●　「代理商」とは，「商人のためにその平常の営業の部類に属する取引の代理又は媒介をする者で，その商人の使用人でないもの」をいう（商法27条）。 　→　もっぱら特定の個人の商品・サービスの販売を補助する役割を担う。 ●　本人のために取引の代理をする「代理商」と，取引の媒介をする「媒介代理商」がある。 b　仲立営業（同法543条以下） 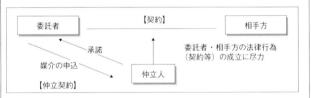 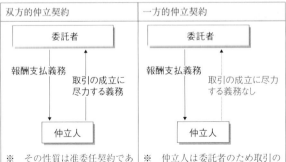

〈研究ノート〉多様化する決済手段の概要と課題〔山田茂樹〕

るとされる[6]

● 他人間で行われる商行為の媒介をなすことを業とする者をいう（商法543条）。
● 「媒介」とは，「他人の間に立って，両者を当事者とする法律行為の成立に尽力する事実行為」のことをいう[43]。
● 商行為以外の他人間の法律行為の媒介をなすことを業とする者は「民事仲立人」と呼ばれる（例：結婚仲介業者，非商人間の非投機的な不動産取引のみを行う宅地建物取引業者）。
● 仲立人は，善管注意義務として，①取引の成立に尽力すべき義務（双方的仲立契約の場合），②成立する契約が支障なく履行され委託者が契約の目的を達し得るものであるように注意をつくすべき義務を負うとされる。
● その他，氏名黙秘義務（当時が氏名等を相手方に示さないように命じたときは，仲立人はその命令に従うことを要する・548条），介入義務（仲立人が当事者一方の氏名等を相手方に示さなかったときは，相手方に対し仲介人が自ら履行責任を負う・549条）などがある。

【参考判決2】
①名古屋地判平成20年3月28日（判タ1293号172頁）【ヤフオク事件】
②名古屋高判平成20年11月11日（裁判所ウェブサイト）【①の控訴審判決】

c　問屋営業（同法551条以下）

＊【契約】は，問屋・相手方間で成立
＊【契約】による経済的損益は委託者に帰属するから，【契約】に基づく代金は委託者が負担する（問屋が"仕切り"（自己資金で物品購入）をする必要なし）

● 自己の名をもって（自分が権利義務の帰属主体），他人のために（経済的損益を他人に帰属させる）法律行為をなす

---

(43) 江頭憲治郎『商取引法〔第6版〕』（弘文堂，2013年）217頁。

221

［消費者法研究 第5号(2018.9)］

	ことを引きうける行為を「取次」(商法502条11項)という。 ● このうち，①物品の販売又は買入をすることを引き受けることを業とする(手数料を得る)者を「問屋」(551条)，②それ以外の行為の取次を業とする者を「準問屋」(558条)とする。 ● 問屋契約の性質は委任契約であるとされる。問屋と委託者の関係については「委任」「代理」に関する規定を準用すると規定されている(552条2項)。
③その他 【視点①】関連	a 寄託を受けた商人の責任 (同法593条) ● 一般に商人が自己の営業の範囲内で寄託を受けたときは，無報酬であっても善管注意義務を負う旨を規定(593条) 　⇒ 付属的商行為(503条)として寄託を受けた商人の責任を一般的に規定 ● さらに「客の来集を目的とする場屋の主人の責任」につき，以下のとおりの規定がある。

	場面	責任
原則 (594条)	客から寄託を受けた物品の減失又は毀損	不可抗力によることを証明できなければ損害賠償責任を負う
	客が特に寄託を受けないまま，自ら場屋に持ち込んだ物品につき，減失又は毀損	場屋の主人又はその使用人の不注意によって減失・毀損した場合は損害賠償責任を負う
高価品についての責任 (595条)	客がその種類及び価額を明告して場屋の主人に寄託しなかった場合	減失又は毀損によって生じた損害を賠償する責任を負わない。

(表)

インターネット取引等における主な決済手段

(作成) 山田茂樹　2018 年 ver.

	決済種別	サービス名称（具体例）	対象法律	開業規制	民事規定等	法律上の加盟店管理義務・苦情処理義務	留意点
前払い	自家型前払式支払手段	資金決済法	届出（5条）	—	—	●発行保証金の供託（法14条〜20条）義務 ●原則として払い戻しは禁止（20条5項）
	第三者型前払支払手段 サーバ型電子マネー（ビットキャッシュ）前払式国際カード（Vプリカ）	資金決済法	登録（7条）	—	加盟店管理義務（10条3号、27条1号、ガイドライン）※2 苦情処理義務（21条の2）	●発行保証金の供託（法14条〜20条）義務 ●原則として払い戻しは禁止（20条5項）
即時払・同時払い	デビットカード決済 デビットカード（visaデビット）	—	—	国際ブランドルール（チャージバック等）	—	●同上 ●クレジット決済と同様のシステムを利用
	代金引換 代引（ヤマト：宅配便コレクト）	—	—	—	—	●公益社団法人全日本トラック協会「代金引換サービス業務の取扱いに関するガイドライン」●一般的に「代理受領」と解せる（※4）
	エスクローサービス インターネットオークション（ヤフオク、フリマアプリ（メルカリ））	—	—	—	—	●落札者がエスクロー業者に入金。その連絡を出品者が受け商品発送。商品が届いた後、対価を出品者に支払うサービス ●場合により資金移動業（為替取引）に該当しうる。
後払い	包括信用購入あっせん ①分割払い、②リボ払い、③2ヶ月超一括払い	割賦販売法	登録（31条、②リボ等）〈イシュア〉登録（35条の3の2）〈アクワイアラ等〉登録（35条の17の2）	抗弁の対抗（30条の4）	〈イシュア〉苦情処理等義務（30条の5の2）〈アクワイアラ等〉加盟店調査措置義務（35条の17の8）	●平成28年割販法改正により、アクワイアラ等の役割を分化
	クレジットカード決済 ①マンスリークリア ②paypal here等のドングル型	※4	〈イシュア〉〈アクワイアラ等〉登録（35条の17の2）	国際ブランドルール（チャージバック等）	加盟店調査措置義務（35条の17の8）	●債務引受型（立替払い）、債権譲渡型、報償委託型がある。●抗弁の対抗は当然にはできないが、モール等は購入者が不利益を被ることのないよう協力すべき義務を有するとした下級審判決あり（東京高判平成22・3・10）
	後払い決済サービス（ツケ払い、NP後払い）	—	—	—	—	●債務引受型（立替払い）、債権譲渡型、報償委託型がある。●既済年利用限度額は5万4000円。支払期は、14日以内（2月以内とするものもあり）
	携帯（スマホ）キャリア決済（ソフトバンクまとめて支払い（課金））	—	—	—	—	●回収代行型と債権譲渡型がある。●債権譲渡の規約には譲渡承諾条項あり ●通常料金等一括して請求
事案による	収納代行 コンビニ収納代行（スマートビット）	—	—	—	—	●一般的に「代理受領」と解せる（※5）●「為替取引」コンビニ収納代行について、コンビニ事業者は「為替取引」に該当しないとした判決あり ●管理義務類似の規律あり
振込送金(送金)	振込送金(送金)	—	—	—	—	●「為替取引」と解せる（※5）

※1　一定の権限を有する場合、平成28年改正の…（法35条の17の3）。

※2　加盟店が契約違反行為や不良行為等の取引を行わないことを確保するために必要な措置を講じていないと登録取消し等の対象。

※3　加盟店業等を有する決済代行業者（PSP）も対象となる（経産省解説50頁）

※4　後払い手段がある場合においては…リボ払い後は、変更後は割賦販売の適用対象となる。後払いの実質的な枠組みとして…資金を移動させずに決済する仕組み。

※5　隔地者間で直接現金を移動させずに…資金決済法の「資金移動業」「為替取引」が銀行法の「為替取引」に該当しないとした判決もある。

構成	概要	A クレジット契約と役務提供契約の関係【契約の密接性】	B クレジット会社と加盟店の関係【人的密接性】	C 加盟店の原因取引契約の履行に関する認識 ①クレジット会社	②加盟店	③利用者	D クレジット契約締結に関する加盟店の関与の度合い	E 原因取引に関する抗弁事由の限度（債務不履行／公序良俗違反）
別契約＋創設的規定説（債権関係の相対性原則）	【支払拒絶】・履行請求を拒み得る旨の特別の合意があるとき or ・販売業者の不履行に至るべき事情を知り若しくは知り得べきでありながら立替払を実行したなどの不履行の結果をクレジット会社に帰せしめるのを信義則上相当とする特段の事情							
	【無効】販売業者による公序良俗に反する行為の結果をあっせん業者に帰せしめ、売買契約と一体的に立替払契約についてもその効力を否定することを信義則上相当とする特段の事情 ⇒クレジット契約も無効（考慮要素の例示）①販売業者とあっせん業者との関係、②販売業者の立替払契約締結手続への関与の内容及び程度、③販売業者の公序良俗に反する行為についてのあっせん業者の認識の有無及び程度等		○	○			○	○
動機の不法構成	・不法な動機（原因取引契約が公序良俗違反であることを認識していた等）に基づき、クレジット会社がクレジット契約を締結した場合はその動機を理由にクレジット契約が無効であるとする考え方【クレジット契約自体の無効】			○			○	○
複合契約論（原則型）	・契約が相互に密接に関連する場合一つの契約の解除（無効）が他の契約に伝播して解除（無効）となるという考え方。【無効の伝播】	○						○
複合契約論（ハイブリッド型）	・契約相互の密接性に加え、人的密接性、クレジット契約についての加盟店の関与の度合いも考慮要素に入れた構成	○	○				○	○
本来的効果説	・抗弁事由が否認的抗弁（無効・取消・解除等）である場合は、クレジット契約も抗弁の対抗により消滅する。	○						○
三面契約論（非分解＝独自）	クレジット契約というのは三人の当事者の登場する特殊な三面契約であるという見方	○						○
錯誤無効（表示上の錯誤）						○		
錯誤無効（動機の錯誤）			○	△【注】	○	○		

【注】Bなどから加盟店はクレジット契約につき、クレジット会社の締約代行者であるとして、「クレジット会社の認識＝加盟店の認識」とする

個別クレジット契約と原因取引契約の関係 　　　　　　　　　　　　　　　　　　　(作成)山田茂樹

類型につき、大村敦志「消費者法［第4版］(150頁以下)　　　　　　　　　　　以下の各構成につき

類型1「分解＝独立論」現行の典型契約類型に極力分解するというやり方	類型1 －構成 1,2,7,8
類型2「分解＝結合論」クレジット契約とは、加盟店契約＋売買＋立替払契約という三つの契約が密接	類型2 －構成 3,4,5

不可分に結びついたものであるととらえるやり方
→ 売買と立替払契約とでは、相互に他を条件とする・動機とするという関
係にあり、そのことは各当事者によって知られているので、条件・動機と
して把握されている一方契約の瑕疵等は、他方契約の効力を妨げる要素と
なるという分析が可能

類型3「非分解＝独自論」クレジット契約というのは、三人の当事者の登場する特殊な三面契約であるという見方　　　類型3 －構成 6
→ 相互依存性は契約類型の内部に取り込まれる。三者間における権利義務関係を
発生させるにふさわしい要件を決定させるということが必要

主な判例（裁判例）	参考論文・備考
★最三小判平成2年2月20日（集民159号151頁）【債務不履行による合意解除】 【特段の事情を認めた裁判例】 ①東京高判平成15年7月16日（法ニュース57号133頁）【アイディック節電器】 ②仙台地判平成17年4月28日（法ニュース65号99頁）【ジェイメディア：JR継続的広告契約】 ③大阪地判平成18年9月29日（法ニュース71号178頁）【原因取引につき、①②は債務不履行、③は公序良俗違反】【判断力を欠く者に対する呉服等】	・鹿野菜穂子（金融商事判例1336号158頁以下） ⇒平成2年判決の判断ロジックは既払金に結びつきうる旨指摘
★最三小判平成23年10月25日（原因取引：公序良俗違反）民集65巻7号3114頁） ・①につき、加盟店のひとつにすぎない。資本関係等の密接性を要請 ・②につき、契約の締結の手続を全て加盟店に委ねていたわけではなく、自ら立替払契約の申込みの意思、内容等を確認していたこと消極 ・③につき、長期間分割支払後・本件契約時に苦情等が寄せられていない事案	【調査官解説＊】・他の考慮要素があり得ないわけではない。／①ないし③の要素がいずれも備わっている必要なし。一つの要素が極めて強ければ、他の要素が希薄であっても「特段の事情」があるとされることもあり得る。／③の要素が極めて強いゆえに立替払契約自体も公序良俗に反し無効であるといえる場合には、上記特段の事情の有無を問題とするまでもなく、既払金返還請求が認められることは当然。 【島田勝（消費者法ニュース91号127頁以下） 「①②点は、いずれも、通常のクレジット契約について述べているだけであり、信義則上の特段の理由があると判断する根拠となるものではない」 【平田元秀（同号131頁以下） 「認識の有無及び程度等」の「等」の中には、「通常の注意を払えば知り得た事情」を含むと解する余地 【川地宏行「第三者与信取引と多角的な法律関係」 ・動機の不法判例について何ら言及していない点につき指摘
●三者間（与信契約＋販売契約） 名古屋高裁金沢支部昭和62年8月31日（判時1254・76）【マルチ＋個別クレジット】 名古屋地判昭和63年7月22日（判例時報1303号103頁） 東京地判平成16年8月27日（判時1886・60）【偽ブランド販売等＋金消契約】 ●三者間 最二小判昭和30年10月7日民集9巻11号1616頁] 最判平成8年11月12日（民集50巻10号2673頁） ※ 但し、同一事業者の複数契約に関する債務不履行事案）	・都筑論文参照（国民生活研究47巻2号） ・最判平成23年の調査官解説は、最判昭和30年（金消契約＋酌婦稼働契約）につき、一体の契約としてとらえており、複数契約の例としては不適切と指摘
●倉敷簡判平成20年4月5日法ニュース76号213頁＊原因取引は公序良俗違反） ①立替払い契約は加盟店がクレジット会社を代行して締結されたものであること、立替払い契約は立替払消費者信用法5条の媒介の委託を受けた第三者に該当すること、各立替払い契約が消費者契約法4条の適用対象となる事、②立替払い契約は売買契約の成立を前提としたものであることから、「書く売買契約と各立替払契約が一体の契約関係にあり、各売買契約が公序良俗違反により無効と解れる以上各立替払契約も無効になると解するのが相当」とした	小林和子 現代消費者法16号128頁以下は、本判決につき「販売業者の公序良俗に反する行為についての信販会社の認識を検討せずに、契約関係の一体性をもって、公序良俗違反を認めている」こと、最判H23につき、「(本判決のように）消契法5条の法理の影響を受けさせて、公序良俗違反か否かを判断するための視点を緩和し、立替払契約の公序良俗違反を認めることはできなかっただろうか」とする。 ・千葉恵美子「第三者与信型消費者信用取引と契約関係の清算（上）―多数当事者間の不当利得論と消費者法の交錯―（北大法学論集、39(5-6): 75-103) https://eprints.lib.hokudai.ac.jp/dspace/bitstream/2115/16652/1/39(5-6)1_p75-103.pdf
●松江簡判昭和58年9月21日判タ520号219頁＊原因取引は債務不履行【なお、上級審で否定】 ●名古屋高判平成21年2月19日判時2047号122頁＊原因取引は公序良俗違反【最判H23の原審】	
●京都地判平成25年7月30日法ニュース97号343頁［内心的効果意思］ホームページ制作請負契約／［表示行為 CD-ROM購入］ ●横浜地判平成17年3月25日兵庫県弁護士会web［内心的効果意思］集金代行契約／［表示行為］立替払契約 ●最小 判平成14年7月11日（判時1805号56頁）7か8か不分明】保証契約における主債務の内容（売買契約の成否）	・「要素性」の検討必要
●岐阜地裁多治見支部判平成19年7月19日法ニュース75号53頁 クレジット契約の締結代行者たる加盟店が原因取引契約につき欺的行為をし、これにより利用者が錯誤に陥った場合、クレット会社の認識＝加盟店として動機は相手方に表示されたとしクレジット契約につき、動機錯誤の無効を認めた）	・「要素性」の検討（金消契約の前提となる事情は主観的理由の錯誤か）⇒ 大阪地判平成2年10月29日（金法1284号26頁ほか）【締約補助者関係】 ・金山直樹「契約締結補助者の理論」（慶応義塾大学法学研究88巻7号） ・川島武宜・平井宜雄編「新版注釈民法（3）」(472頁)

〈編　者〉

河上正二（かわかみ・しょうじ）
　青山学院大学法務研究科教授
　東北大学名誉教授，東京大学名誉教授

消費者法研究　第5号
2018（平成30）年9月10日　第1版第1刷発行　6685-01011

責任編集　　河　上　正　二
発　行　者　　今井　貴　稲葉文子
発　行　所　　株式会社　信　山　社
〒113-0033　東京都文京区本郷6-2-9-102
Tel 03-3818-1019　Fax 03-3818-0344
info@shinzansha.co.jp
出版契約 No.2018-6685-6-01010　Printed in Japan

Ⓒ編著者, 2018　印刷・製本／亜細亜印刷・渋谷文泉閣
ISBN978-4-7972-6685-6　012-080-020 C3332
P248　分類324.523.a001

JCOPY　〈（社）出版者著作権管理機構　委託出版物〉
本書の無断複写は著作権法上での例外を除き禁じられています。複写される場合は、
そのつど事前に、（社）出版者著作権管理機構（電話 03-3513-6969, FAX 03-3513-6979,
e-mail:info@jcopy.or.jp）の許諾を得てください。

消費者法研究

河上正二 責任編集

創刊第 1 号

【論　説】

1　民法と消費者法〔河上正二〕
2　消費者の権利をめぐって〔吉田克己〕
3　消費者概念の外延〔谷本圭子〕
4　制定法からみた「消費者」と「消費者法」〔川口康裕〕

【海外事情】

イギリスの 2015 年消費者権利法──デジタル・コンテンツ関連部分の概説と翻訳
〔カライスコス・アントニオス〕

【立法の動向】

消費者契約法と特定商取引法の改正(2016 年 6 月 10 日現在)

〔解説〕　消費者契約法・特定商取引法の改正について〔河上正二〕

＊　　　＊　　　＊

1　特定商取引法／消費者契約法の一部改正法案
2　特定商取引法専門調査会報告書(平成 27 年 12 月)
3　同報告書　答申書(府消委第 8 号,平成 28 年 1 月 7 日)
4　消費者契約法専門調査会報告書(平成 27 年 12 月)
5　同報告書　答申書(府消委第 9 号,平成 28 年 1 月 7 日)
6　特定商取引に関する法律の一部を改正する法律案　新旧対照条文
7　消費者契約法の一部を改正する法律案　新旧対照条文
8　附帯決議
　　(1) 特定商取引に関する法律の一部を改正する法律案に対する附帯決議
　　(2) 消費者契約法の一部を改正する法律案に対する附帯決議

〒113-0033　東京都文京区本郷6-2-9-102　東大正門前
TEL:03(3818)1019　FAX:03(3811)3580　E-mail:order@shinzansha.co.jp

信山社
http://www.shinzansha.co.jp

消費者法研究

河上正二 責任編集

◆ 第 2 号

◆ 特集 若年成年と消費者保護 ◆

【論 説】
1 人間の「能力」と未成年者、若年消費者の支援・保護について〔河上正二〕
2 「能力」法理の縮減と再生・契約法理の変容〔熊谷士郎〕
3 成年年齢引下げと消費者取引における若年成年者の保護〔松本恒雄〕
4 若年者の契約締結における適合性の配慮について〔宮下修一〕
5 消費者被害救済法理としての未成年者取消権の法的論点〔坂東俊矢〕
6 我が国の威圧型不当勧誘論に関する解釈論的考察〔内山敏和〕
7 スマホゲームに関する未成年者のトラブルの現状と課題—いわゆる電子くじ（ガチャ）を中心として〔山田茂樹〕

〈参 考〉
未成年者保護規定の改正をめぐる動向—より充実した消費者保護のために〔加藤雅信〕

【海外事情】
「弱い消費者」に関する海外の認識と対応〔谷みどり〕

【立法の動向】
民法の成年年齢引下げについて（2017 年 1 月 17 日現在）

　〔解説〕 成年年齢引下げと消費者保護〔河上正二〕
　　　　　＊　　　＊　　　＊
1 民法の成年年齢引下げについての最終報告書（平成 21 年 7 月 29 日 法制審議会民法成年年齢部第 15 回会議）
2 「民法の成年年齢引下げの施行方法に関する意見募集」に対して寄せられた意見の概要（平成 28 年 11 月 法務省民事局）
3 成年年齢に関する提言（平成 27 年 9 月 17 日 自由民主党政務調査会）
4 民法の成年年齢の引下げに関する意見書（2016〔平成 28〕年 2 月 18 日 日本弁護士連合会）
5 成年年齢引下げ対応検討ワーキング・グループ報告書（平成 2901 年月 10 日 内閣府消費者委員会）
6 成年年齢引下げ対応検討ワーキング・グループ報告書の概要（平成 29 年 1 月 消費者委員会事務局）

〒113-0033 東京都文京区本郷6-2-9-102 東大正門前
TEL:03(3818)1019 FAX:03(3811)3580 E-mail:order@shinzansha.co.jp

信山社
http://www.shinzansha.co.jp

◆ 消費者法研究 ◆

河上正二 責任編集

◆第 3 号

◆ 特集　改正民法における「定型約款」と消費者法 ◆

【論　説】
- ◆ 1　「約款による契約」と「定型約款」〔河上正二〕
- ◆ 2　改正民法における「定型約款」の規制とその問題点〔山本敬三〕
- ◆ 3　「定型約款」規定の諸課題に関する覚書き〔鹿野菜穂子〕
- ◆ 4　「定型約款」のいわゆる採用要件について〔沖野眞已〕
- ◆ 5　「定型約款」に関する規定と契約法学の課題〔丸山絵美子〕
- ◆ 6　「定型約款」時代の不当条項規制〔大澤　彩〕
- ◆ 7　「定型約款」規定についての覚書を再び掲載するに当たって〔廣瀬久和〕

【立法の動向】
◆ 改正民法における「定型約款」について(2017 年 6 月 2 日現在)
　〈解説〉　「定型約款」に関する立法資料について〔河上正二〕
　　　　＊　　　＊　　　＊
1　改正法および附帯決議
　民法の一部を改正する法律(抄)
　民法の一部を改正する法律案に対する附帯決議(衆議院)
　民法の一部を改正する法律案に対する附帯決議(参議院)
2　衆議院法務委員会(4/5, 4/12 の議事概要について)
3　参議院法務委員会(4/25, 5/9, 5/11, 5/16, 5/23, 5/25 の議事概要について)
4　法制審議会資料
　①-(1) 民法(債権関係)改正に関する検討事項 (6) 詳細版
　　部会資料 11-2(平成 22 年 6 月 29 日)
　①-(2) 民法(債権関係)改正に関する検討事項 (8) 詳細版
　　部会資料 13-2(平成 22 年 6 月 29 日)
　②民法(債権関係)の改正に関する中間的な論点整理のたたき台 (2)
　　部会資料 22(平成 23 年 1 月 25 日)
　③民法(債権関係)の改正に関する中間的な論点整理の補足説明(平成 23 年 5 月)
　④民法(債権関係)の改正に関する論点の検討(14)
　　部会資料 42(平成 24 年 6 月 26 日)
　⑤民法(債権関係)の改正に関する中間試案のたたき台 (4)(概要つき)
　　部会資料 56(平成 25 年 1 月 22 日)
　⑥民法(債権関係)の改正に関する要綱案の取りまとめに向けた検討 (17)
　　部会資料 81B(平成 26 年 7 月 8 日)
　⑦民法(債権関係)の改正に関する要綱仮案(案)補充説明
　　部会資料 83-2(平成 26 年 8 月 26 日)
　⑧民法(債権関係)の改正に関する要綱案の原案(その 2)補充説明
　　部会資料 86-2(平成 27 年 1 月 20 日)
　⑨民法(債権関係)の改正に関する要綱案(案)補充説明
　　部会資料 88-2(平成 27 年 2 月 10 日)

〒113-0033　東京都文京区本郷6-2-9-102　東大正門前
TEL:03(3818)1019　FAX:03(3811)3580　E-mail:order@shinzansha.co.jp
信山社
http://www.shinzansha.co.jp